고등학교 졸업학력 검정고시 봉투모의고사

고졸
검정고시 모의고사

정답 및 해설

인쇄일 2026년 1월 1일 9판 1쇄 인쇄
발행일 2026년 1월 5일 9판 1쇄 발행
지은이 타임검정고시연구회
발행인 송인식
발행처 시스컴 출판사

주소 서울시 금천구 가산디지털1로 225, 514호(가산포휴)
홈페이지 www.nadoogong.com
E-mail siscombooks@naver.comr
전화 02.866.9311
FAX 02.866.9312
등록 제17-269호
판권 시스컴 2026
정가 15,000원
ISBN 979-11-6941-824-9 13370

고등학교 졸업학력 검정고시 모의고사

제1회 정답

1교시 국어

01 ③	02 ③	03 ④	04 ④	05 ②	06 ①	07 ④	08 ③	09 ③	10 ①
11 ②	12 ①	13 ④	14 ④	15 ④	16 ④	17 ④	18 ②	19 ①	20 ②
21 ④	22 ②	23 ④	24 ①	25 ①					

2교시 수학

| 01 ④ | 02 ② | 03 ③ | 04 ④ | 05 ④ | 06 ① | 07 ③ | 08 ① | 09 ① | 10 ① |
| 11 ④ | 12 ② | 13 ③ | 14 ② | 15 ③ | 16 ④ | 17 ① | 18 ① | 19 ② | 20 ③ |

3교시 영어

01 ③	02 ②	03 ④	04 ③	05 ②	06 ②	07 ①	08 ③	09 ②	10 ④
11 ①	12 ④	13 ④	14 ①	15 ④	16 ①	17 ④	18 ②	19 ②	20 ①
21 ③	22 ④	23 ④	24 ②	25 ④					

01 ②	02 ③	03 ①	04 ④	05 ②	06 ②	07 ③	08 ②	09 ①	10 ④
11 ①	12 ①	13 ③	14 ④	15 ①	16 ④	17 ①	18 ②	19 ②	20 ④
21 ③	22 ①	23 ④	24 ④	25 ③					

01 ①	02 ①	03 ①	04 ③	05 ②	06 ①	07 ①	08 ④	09 ④	10 ①
11 ④	12 ③	13 ①	14 ④	15 ④	16 ④	17 ③	18 ①	19 ③	20 ②
21 ④	22 ②	23 ④	24 ③	25 ②					

01 ①	02 ①	03 ④	04 ①	05 ④	06 ①	07 ②	08 ③	09 ①	10 ②
11 ③	12 ②	13 ③	14 ②	15 ④	16 ④	17 ③	18 ①	19 ④	20 ④
21 ①	22 ③	23 ③	24 ④	25 ④					

01 ②	02 ③	03 ④	04 ②	05 ③	06 ①	07 ①	08 ④	09 ②	10 ④
11 ③	12 ②	13 ①	14 ①	15 ②	16 ④	17 ②	18 ②	19 ③	20 ①
21 ③	22 ④	23 ④	24 ②	25 ④					

고등학교 졸업학력 검정고시 모의고사

제2회 정답

1교시 국어

01 ①	02 ①	03 ②	04 ②	05 ③	06 ①	07 ②	08 ④	09 ④	10 ②
11 ④	12 ④	13 ③	14 ④	15 ②	16 ①	17 ①	18 ②	19 ③	20 ②
21 ④	22 ①	23 ④	24 ③	25 ③					

2교시 수학

01 ④	02 ②	03 ①	04 ④	05 ①	06 ③	07 ①	08 ②	09 ①	10 ①
11 ③	12 ④	13 ④	14 ①	15 ①	16 ③	17 ③	18 ①	19 ①	20 ②

3교시 영어

01 ③	02 ④	03 ②	04 ②	05 ②	06 ②	07 ②	08 ①	09 ①	10 ②
11 ③	12 ④	13 ③	14 ②	15 ①	16 ①	17 ②	18 ②	19 ④	20 ①
21 ④	22 ②	23 ③	24 ③	25 ②					

01 ②	02 ②	03 ③	04 ③	05 ③	06 ③	07 ②	08 ④	09 ④	10 ②
11 ③	12 ④	13 ①	14 ④	15 ④	16 ③	17 ②	18 ④	19 ②	20 ①
21 ③	22 ②	23 ①	24 ④	25 ①					

01 ①	02 ④	03 ③	04 ②	05 ②	06 ④	07 ③	08 ④	09 ①	10 ③
11 ④	12 ②	13 ①	14 ③	15 ①	16 ①	17 ②	18 ④	19 ②	20 ④
21 ②	22 ②	23 ④	24 ④	25 ④					

01 ②	02 ④	03 ④	04 ①	05 ②	06 ④	07 ④	08 ②	09 ③	10 ③
11 ②	12 ②	13 ①	14 ①	15 ④	16 ④	17 ④	18 ②	19 ①	20 ③
21 ④	22 ③	23 ③	24 ④	25 ③					

01 ④	02 ③	03 ①	04 ②	05 ③	06 ③	07 ①	08 ④	09 ④	10 ①
11 ③	12 ①	13 ④	14 ④	15 ④	16 ④	17 ②	18 ①	19 ①	20 ③
21 ②	22 ③	23 ①	24 ④	25 ③					

고등학교 졸업학력 검정고시 모의고사

제3회 정답

1교시 국어

01 ③	02 ④	03 ④	04 ②	05 ④	06 ③	07 ③	08 ②	09 ④	10 ④
11 ③	12 ②	13 ②	14 ④	15 ①	16 ④	17 ④	18 ③	19 ①	20 ③
21 ①	22 ④	23 ③	24 ④	25 ①					

2교시 수학

| 01 ② | 02 ④ | 03 ④ | 04 ④ | 05 ④ | 06 ② | 07 ④ | 08 ② | 09 ① | 10 ③ |
| 11 ④ | 12 ④ | 13 ④ | 14 ② | 15 ② | 16 ④ | 17 ① | 18 ② | 19 ③ | 20 ② |

3교시 영어

01 ②	02 ③	03 ④	04 ④	05 ④	06 ①	07 ③	08 ②	09 ③	10 ③
11 ①	12 ①	13 ②	14 ③	15 ④	16 ①	17 ④	18 ④	19 ②	20 ③
21 ①	22 ③	23 ②	24 ①	25 ③					

01 ③	02 ①	03 ④	04 ④	05 ④	06 ④	07 ②	08 ①	09 ④	10 ①
11 ②	12 ③	13 ②	14 ③	15 ④	16 ②	17 ③	18 ①	19 ④	20 ③
21 ①	22 ④	23 ③	24 ④	25 ③					

5교시 과학

01 ②	02 ①	03 ③	04 ④	05 ②	06 ④	07 ①	08 ②	09 ④	10 ④
11 ④	12 ④	13 ④	14 ④	15 ①	16 ①	17 ③	18 ④	19 ②	20 ④
21 ②	22 ③	23 ②	24 ③	25 ④					

6교시 한국사

01 ③	02 ④	03 ①	04 ④	05 ②	06 ①	07 ③	08 ②	09 ②	10 ①
11 ③	12 ①	13 ①	14 ④	15 ①	16 ③	17 ②	18 ②	19 ④	20 ②
21 ④	22 ③	23 ④	24 ①	25 ③					

7교시 도덕

01 ④	02 ②	03 ④	04 ①	05 ④	06 ②	07 ④	08 ④	09 ①	10 ③
11 ④	12 ③	13 ①	14 ④	15 ④	16 ②	17 ④	18 ①	19 ③	20 ②
21 ②	22 ③	23 ③	24 ④	25 ①					

정답 및 해설

고등학교 졸업학력 검정고시 모의고사 |

정답 및 해설 활용법

(상) 기출문제를 뛰어넘는 고난도 문제! 교과 내용을 명확히 이해해야 풀 수 있어요.

(중) 기출문제와 유사한 수준의 문제! 교과 내용을 충실히 공부했다면 풀 수 있어요.

(하) 기출문제를 응용한 기본적인 문제! 틀렸다면 기출문제를 더욱 꼼꼼하게 공부하세요.

(tip) 문제와 관련된 중요 교과 내용이나 보충사항을 정리하여 효율적인 공부를 할 수 있어요.

▌제①교시 국 어

01	③	02	③	03	④	04	④	05	②
06	①	07	④	08	③	09	③	10	①
11	②	12	①	13	④	14	④	15	④
16	④	17	④	18	②	19	①	20	②
21	④	22	②	23	④	24	①	25	①

01.

정답 ③ 상 중 **하**

시끄럽게 떠드는 학생들에게 "밥 좀 먹자."라고 말하는 것은 간접적인 명령적 말하기에 해당한다.

02.

정답 ③ 상 중 **하**

동생의 지식수준을 고려하지 않은 채 어려운 단어들로 답을 하고 있어서 동생은 이해할 수 없는 상황이다.

03.

정답 ④ 상 중 **하**

'맏이[마지]'는 음절 끝소리 자음 'ㄷ, ㅌ'이 'ㅣ' 모음으로 시작되는 조사나 접미사를 만나 'ㅈ, ㅊ'로 바뀌는 구개음화 현상이다.

① 섭리 → [섬니]

② 독립 → [동닙]

③ 국물 → [궁물]

04.

정답 ④ 상 **중** 하

'수소와 산소라는 두 대상이 서로 같지 않다.'는 뜻이므로 '다르다'를 쓰는 것이 적절하다.

• 다르다 : 비교가 되는 두 대상이 서로 같지 아니하다.

• 틀리다 : 셈이나 사실 따위가 그르게 되거나 어긋나다. 2. 바라거나 하려는 일이 순조롭게 되지 못하다, 3. 마음이나 행동 따위가 올바르지 못하고 비뚤어지다.

① 올해도 건강하세요 → 올해도 건강하길 바랍니다 : '건강하다'는 형용사로 '-세요'와 같은 명령형 어미가 붙을 수 없는 말이다.

② 열려지지 않는다 → 열리지 않는다 : 피동사인 '열리다'에 통사적 피동인 '-어지다'를 더하여 이중 피동이 되었다.

③ 선생님이 빨리 오시래 → 선생님께서 빨리 오라고 하셔(오라셔) : 높임의 주체는 '오는'의 대상인 '너'가 아니기 때문에 '오시-'를 사용할 수 없다. 오라고 한 주체인 선생님을 높이므로 '하시-'를 사용해야 한다.

05.

| 정답 ② | 상 **중** 하 |

〈보기〉의 ㄴ은 음운 탈락 현상이다. '오-+-아서'는 음운 축약 현상이다. 따라서 ㄴ과 같은 음운 규칙이 적용된 예로 볼 수 없다.

① ㄱ에서는 'ㅎ'이, ㄴ에서는 'ㄹ'이 탈락하였다.

③ ㄷ은 첫음절의 어두에서는 'ㄴ→ㅇ', 'ㄹ→ㄴ'으로 표기하지만, ㄹ은 둘째 음절 이하에서는 'ㄴ, ㄹ'을 소리 나는 그대로 표기한다.

④ ㅁ, ㅂ 모두 'ㄷ, ㅌ'이 'ㅣ'를 만나 'ㅈ, ㅊ'로 발음되는 구개음화가 나타난다.

06.

| 정답 ① | 상  하 |

- **능동 표현** : 주어가 동작을 제 힘으로 하는 것을 나타냄.

  예 경찰이 도둑을 잡았다.

- **피동 표현** : 주어가 다른 주체에 의해서 동작을 당하게 되는 것을 나타냄.

  예 도둑이 경찰에게 잡혔다.

①은 친구가 제 힘으로 하는 능동 표현이다. ②는 윤호가, ③은 오해가, ④는 미현이 모두 동작을 당하는 피동 표현이다.

07.

| 정답 ④ | 상 **중** 하 |

미성년자의 담배 구입 단속 강화는 흡연자의 수를 줄임으로써 간접흡연 피해를 줄이는 데에 관련은 있을 수 있으나, 근본적인 해결 방안이라 보기는 어렵다. 미성년자 담배 구입 단속을 강화하는 것은 간접흡연 피해를 줄이기 위한 조치라기보다는 흡연으로부터 미성년자의 신체와 정신 건강의 보호를 위한 조치라고 보는 것이 정확하다.

08.

| 정답 ③ | 상 중 **하** |

정맥을 '타고'가 옳은 문장이다.

[09~11]

09.

| 정답 ③ | 상 **중** 하 |

이 시는 죽은 임에 대한 그리움과 슬픔을 격정적으로 노래하고 있다. 현실에 체념하지 않고 반복적으로 임을 부르며 그리워한다. 임을 증오하고 질타하는 표현은 나타나 있지 않다. 돌아오겠다는 약속을 했다는 내용은 없다.

---

tip 김소월 「초혼」 

- **성격** : 전통적, 민요적, 격정적
- **주제** : 임을 잃은 처절한 슬픔과 죽은 임에 대한 그리움
- **특징**
  - 반복, 영탄 등의 표현으로 감정이 격정적임
  - 3음보(7·5조)의 민요적 리듬
  - 망부석 설화의 차용
  - 객관적 상관물 (사슴의 무리)
  - 사별에 대한 화자의 거부
  - 돌(한의 응결체)

10.

| 정답 ① | 상 **중** 하 |

죽은 임에 대해 혼자 노래 부르며 그리워하고 있다.

11.

| 정답 ② | 상 **중** 하 |

서산마루는 임의 부재로 인해 느끼는 허탈함을 강조하는 배경으로 임과 마지막으로 만난 장소라는 내용은 언급하지 않았다.

[12~14]

12.

| 정답 ① | 상 **중** 하 |

김 영감은 자신이 힘들여 농사 지은 곡식의 많은 양이 지주에게 돌아가는 농촌의 불합리한 상황에서 그 고통을 인식하면서도 어쩔 수 없는 현실에 체념하고 인내심으로 살아가고 있다.

 이무영, 「제1과 제1장」

- 갈래 : 단편소설, 농촌소설
- 제재 : 농민
- 배경
  - 시간 : 1930년대 후반
  - 공간 : 황폐화되고 수탈의 대상이 된 농촌
- 시점 : 전지적 작가 시점
- 주제 : 지식인의 귀농의식
- 특징 : 농촌과 농민들의 가난한 생활상을 조명하고 그 애환을 그려냄

13.

정답 ④ 상 **중** 하

밑줄 친 ㉠에서는 김 영감이 농사 지은 벼를 빼앗겨 화가 나 있는 상태에서 남은 벼를 제대로 지지 못하는 아들의 모습을 보고 그 상황을 어쩌지 못하는 자신에 대한 원망을 간접적으로 표출 시키고 있다.

14.

정답 ④ **상** 중 하

곡식은 농민의 피와 눈물과 땀으로 이루어진 결정체로서, 코 피와 눈물을 쏟으며 남은 벼를 지고 가는 수택의 모습은 그 노력의 결실을 지주에게 내줘야 하는 수탈의 고통을 상징한다고 볼 수 있다.

[15~16]

15.

정답 ④ 상 중 **하**

(나)에는 설의적 표현이 나타나지 않는다.
① (가)의 3행과 4행에서 도치가 쓰였고, 이를 통해 시적 의미가 강조되고 있다.
② (가)는 '풀빛이 짙은데', '슬픈 노래 울리네' 등의 시각과 청각적 이미지를 활용하여 화자가 느끼는 정서를 부각하고 있다.
③ (나)에서는 꿈속과 현실의 대조적 상황을 제시하여 시상을 전개하고 있다.

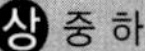 정지상, 「송인(送人)」

- 갈래 : 한시
- 성격 : 서정적, 애상적
- 주제 : 이별의 슬픔
- 특징
  - 기승전결의 4단 구성
  - 자연사와 인간사를 대비하여 주제를 부각
  - 설의법, 도치법, 과장법 등을 활용

 박효관, 「꿈에 왔던 님이」

- 갈래 : 평시조
- 성격 : 애상적, 연정가
- 주제 : 임에 대한 사랑과 임을 보고 싶어 하는 마음
- 특징
  - 임을 그리워하는 화자의 마음을 꿈을 통해 강조
  - 1인칭 화자가 부재중인 임을 청자로 삼아 말을 건네는 방식

16.

정답 ④ 상 **중** 하

(나)의 종장은 꿈속에서라도 임을 자주 보고 싶은 화자의 애절한 간절함을 드러내고 있다. ㉢을 통해 임에 대한 마음을 단념한 화자의 모습이 드러난다는 설명은 적절하지 않다.

[17~19]

17.

정답 ④ 상 **중** 하

이 작품에서는 설명적인 어구를 많이 사용하고 있어 문장의 호흡이 길다. 따라서 짧은 문장들을 연속적으로 사용하고 있다는 설명은 적절하지 않다.

작자 미상, 「장끼전」

- 갈래 : 고전소설, 국문소설, 판소리계 소설, 우화소설, 의인체 소설, 풍자소설
- 제재 : 꿩
- 배경
  - 시간 : 조선 후기
  - 공간 : 엄동설한 속 들판
- 시점 : 전지적 작가 시점
- 주제 : 가부장적 사회의 비판
- 특징 : 아내의 말을 무시하는 가부장적 권위의식과 남존여비에 대한 풍자를 그려냄

18.

정답 ②　　　　　　　　　　상 **중** 하

〈장끼전〉은 원래 판소리로 전승되다가 소설로 정착한 '판소리계 소설'이다. 아내 까투리의 말을 듣지 않고 고집을 피우다 죽게 된 장끼의 이야기를 통해서 남존여비(男尊女卑) 사상을 비판하고 있는데, 이를 더 확장하면 가진 것이 없는 약자를 억누르는 사회에 대한 비판으로 볼 수 있다. 장끼가 죽고 난 후, 까투리가 열녀로서 살아가기보다는 개가(改嫁)를 선택하는 것도 당대 여성을 억압하는 유교 가치관에 대한 비판과 풍자라고 할 수 있다. 따라서 이 작품을 통해 궁극적으로 드러내고자 하는 바는 ②이다.

19.

정답 ①　　　　　　　　　　상 중 **하**

장끼가 까투리의 말을 듣지 않아 덫에 걸리게 된 것이므로 장끼를 나무라는 ㉠의 상황에서 '마이동풍(馬耳東風)'이라는 한자성어를 쓸 수 있다.

① 마이동풍(馬耳東風) : 말의 귀에 동풍이라는 뜻으로, 남의 비평이나 의견을 조금도 귀담아 듣지 아니하고 흘려버림을 이르는 말
② 장구지계(長久之計) : 어떤 일이 오래 계속되도록 꾀하는 계책
③ 부화뇌동(附和雷同) : 줏대 없이 남의 의견에 따라 움직임
④ 근묵자흑(近墨者黑) : 먹을 가까이 하면 검어진다는 뜻으로, 나쁜사람을 가까이하면 그 버릇에 물들기 쉽다는 말

[20~22]
20.

정답 ②　　　　　　　　　　상 **중** 하

이 글에서는 마고자를 입는 데 신분적 차별이 있었다는 언급이 없으므로 ②는 이 글에서 이끌어 낼 수 있는 정보가 아니다.
① '남자의 의복에서 가장 사치스러운 호사가 마고자다.'라고 한 것에서 알 수 있다.
③ 한복에 안성맞춤으로 어울린다는 점에서 알 수 있다.
④ 마고자가 바느질 솜씨를 몹시 타는 옷이라는 점에서 알 수 있다.

21.

정답 ④　　　　　　　　　　상 **중** 하

㉠과 ㉡, ㉢은 우리의 안목과 솜씨를 통해 남의 문화를 창조적으로 변형시킨 결과로 만들어진 것들이다. 이처럼 창조된 것을 이 글에서는 '진주'에 비유하고 있다. ㉣ '굴'은 이 글에서 '남의 문물'을 비유하고 있다.

22.

정답 ②　　　　　　　　　　**상** 중 하

이 글은 문화의 수용 과정에 관하여 말하고 있다. 중국의 '마괘자'를 받아들여서 우리의 안목과 솜씨로 우리의 옷인 '마고자'를 창조하였듯이 남의 문화를 받아들일 때는 자신의 전통적 안목과 솜씨가 있어야 한다는 것이다. 비록 석가모니는 인도인이지만 한국의 석가상은 한국인의 전통적 안목과 솜씨를 통해서 한국인의 정서에 맞게 변형된 석가모니의 모습이다.

[23~25]
23.

정답 ④　　　　　　　　　　상 **중** 하

3문단에서 인문학자들은 인문학의 대상과 자연과학의 대상이 동일하게 취급될 수 없음을 지적하였다. 왜냐하면 물체의 낙하는 중력만으로 설명이 가능하지만 인간의 낙하는 중력보다는 인간의 의도와 목적이 더 중요하게 개입된다고 보았기 때문이다.
① 윌슨은 현상의 원인을 자연과학적 법칙이라는 일관된 관점으로 설명하고자 하였다.
② 1문단과 5문단에서 윌슨이 통섭을 통해 현대 인류가 당면한 여러 문제들을 해결하고자 하였음을 알 수 있다.
③ 5문단에 제시되어 있다.

24.

정답 ①　　　　　　　　　　**상** 중 하

'환원주의'는 통섭의 전제로 인문학이 자연과학으로 포섭이 가능하다는 주장을 이끌어낸다. 곧 인간을 포함한 모든 존재는 자연과학의 대상이 될 수 있다는 것으로, 자연과학의 입장에서 현상을 이해하려는 태도라 할 수 있다.

25.

정답 ① 상 중 **하**

2문단에서 윌슨은 자연과학으로 인문학을 포섭하는 통섭을 주장하였다. 따라서 인문학의 하나인 심리학의 문제를 뇌 과학으로 설명하는 사례는 이를 뒷받침할 수 있다.

②, ④ : 기술이 가져온 변화이다. 인문학과는 관계가 없다.

③ : 생물학이 밝혀낸 사실이다. 인문학과 통섭되지 않았다.

제②교시 **수 학**

01	④	02	②	03	③	04	④	05	④
06	①	07	③	08	①	09	①	10	①
11	④	12	②	13	③	14	②	15	③
16	④	17	①	18	①	19	②	20	③

01.

정답 ④ 상 중 **하**

$A=2x^2+1$, $B=x+5$이므로
$$A+B=(2x^2+1)+(x+5)$$
$$=2x^2+x+6$$

02.

정답 ② 상 중 **하**

x에 대한 항등식은 x에 어떤 값을 넣어도 언제나 성립하는 등식을 뜻하므로 좌변과 우변의 식이 같아야 한다.

주어진 식 $x^2+ax+4=x^2+8x+b$를 보면 좌변에서 x의 계수가 a, 우변에서 x의 계수가 8이므로 $a=8$, 좌변에서 상수항은 4, 우변에서 상수항은 b이므로 $b=4$

$\therefore a+b=8+4=12$

03.

정답 ③ 상 **중** 하

$f(x)=3x^2+6x-3$이라 하면

$f(x)$를 $(x-1)$로 나누었을 때 나머지는 $f(1)$이므로
$$f(1)=3\times 1^2+6\times 1-3$$
$$=3+6-3$$
$$=6$$

---

tip 나머지정리

• x에 대한 다항식 $f(x)$를 일차식 $x-a$로 나누었을 때의 나머지를 R이라고 하면, $R=f(a)$

• x에 대한 다항식 $f(x)$를 일차식 $ax+b$로 나누었을 때의 나머지를 R이라고 하면, $R=f\left(-\dfrac{b}{a}\right)$

04.

정답 ④　　　상 **중** 하

다항식 x^3-7^3을 인수분해하면 다음과 같다.
$$x^3-7^3=(x-7)(x^2+7x+7^2)$$
$$=(x-7)(x^2+7x+49)$$
$$\therefore a=7$$

---

tip 인수분해 기본공식

- $ma+mb-mc=m(a+b-c)$
- $a^2+2ab+b^2=(a+b)^2$
  $a^2-2ab+b^2=(a-b)^2$
- $a^2-b^2=(a+b)(a-b)$
- $x^2+(a+b)x+ab=(x+a)(x+b)$
- $acx^2+(ad+bc)x+bd=(ax+b)(cx+d)$
- $a^3+3a^2b+3ab^2+b^3=(a+b)^3$
  $a^3-3a^2b+3ab^2-b^3=(a-b)^3$
- $a^3+b^3=(a+b)(a^2-ab+b^2)$
  $a^3-b^3=(a-b)(a^2+ab+b^2)$

05.

정답 ④　　　상 중 **하**

복소수가 있는 등식을 만족하려면 실수부분은 실수부분끼리, 허수부분은 허수부분끼리 같으면 된다.
그러므로 $x+(y-2)i=1+3i$에서
$x=1$, $(y-2)i=3i$를 만족하면 되므로
$$\therefore x=1, y=5$$

06.

정답 ①　　　상 중 **하**

이차방정식 $x^2+8x+12=0$의 두 근을 α, β라고 하면 근과 계수의 관계에 의하여 $\alpha+\beta=-8$이다.

---

tip 근과 계수와의 관계

- $ax^2+bx+c=0(a\neq0)$의 두 근이 α, β이면
  $\alpha+\beta=-\dfrac{b}{a}$, $\alpha\beta=\dfrac{c}{a}$
- $ax^3+bx^2+cx+d=0(a\neq0)$의 세 근이 α, β, γ이면
  $\alpha+\beta+\gamma=-\dfrac{b}{a}$, $\alpha\beta+\beta\gamma+\gamma\alpha=\dfrac{c}{a}$, $\alpha\beta\gamma=-\dfrac{d}{a}$

07.

정답 ③　　　상 **중** 하

$-2\leq x\leq1$일 때, 이차함수 $y=-x^2+8$의 그래프를 보면 $x=0$일 때 최댓값 8을 가진다.

---

tip 이차함수의 최대·최소

$y=ax^2+bx+c=a(x-m)^2+n(\alpha\leq x\leq\beta)$에서 꼭짓점의 x좌표가 제한된 범위에 포함될 때
- $a>0$이면 $x=m$에서 최솟값 n이고 $f(\alpha)$, $f(\beta)$ 중 큰 값이 최댓값이다.
- $a<0$이면 $x=m$에서 최댓값 n이고 $f(\alpha)$, $f(\beta)$ 중 작은 값이 최솟값이다.

08.

정답 ①　　　상 **중** 하

삼차방정식의 한 근이 3이므로
$x=3$을 대입했을 때 방정식을 만족해야 한다.
따라서 $3^3-3\times3^2+3a+6=0$이므로
$$27-27+3a+6=0$$
$$\therefore a=-2$$

09.

정답 ①　　　상 **중** 하

연립부등식 $\begin{cases}5x>10 & \cdots \text{㉠}\\ x<14-x & \cdots \text{㉡}\end{cases}$을 풀면

㉠은 $x>2$, ㉡은 $x<7$이므로
연립부등식의 해는 $2<x<7$이다.
$$\therefore a=7$$

10.

정답 ①　　　상 **중** 하

$|x+9|\leq15$는 $-15\leq x+9\leq15$, $-24\leq x\leq6$이므로 상수 $a=6$이다.

---

tip 절댓값 기호를 포함한 일차부등식의 풀이

- $|x|<a\ (a>0)$의 해 : $-a<x<a$
  원점으로부터의 거리가 a보다 작은 x의 값들의 모임
- $|x|>a\ (a>0)$의 해 : $x<-a$ 또는 $x>a$

원점으로부터의 거리가 a보다 큰 x의 값들의 모임
- $a<|x|<b\ (0<a<b)$의 해 : $-b<x<-a$ 또는 $a<x<b$
  원점으로부터의 거리가 a보다 크고 b보다 작은 x의 값들의 모임

11.

정답 ④   상 **중** 하

두 점 $A(-1, 3)$, $B(2, 7)$ 사이의 거리는
$$\sqrt{(2-(-1))^2+(7-3)^2}$$
$$=\sqrt{3^2+4^2}$$
$$=\sqrt{9+16}$$
$$=\sqrt{25}$$
$$=5$$

 **좌표평면 위의 두 점 $A(x_1, y_1)$, $B(x_2, y_2)$ 사이의 거리**
$$\overline{AB}=\sqrt{(x_2-x_1)^2+(y_2-y_1)^2}$$

12.

정답 ②   상 **중** 하

구하고자 하는 직선의 방정식을 $y=ax+b$라 하면,
직선 $y=\dfrac{1}{2}x+3$에 수직이므로 $\dfrac{1}{2}\times a=-1$, $a=-2$이다.
또한 이 직선이 $(0, 1)$을 지나므로 $b=1$이다.
$\therefore$ 직선의 방정식은 $y=-2x+1$

 **두 직선 사이의 관계**

두 직선이 $y=mx+n$, $y=m'x+n'$일 때,
- 수직관계 : $m\times m'=-1$
- 평행관계 : $m=m'$
- 한 점에서 만날 경우 : $m\neq m'$

13.

정답 ③   상 **중** 하

중심이 $(2, -5)$이고 반지름을 r이라 하면
원의 방정식은 $(x-2)^2+(y+5)^2=r^2$이다.
이 원이 원점$(0, 0)$을 지나므로 이 점을 원의 방정식에 대입하면

$$(0-2)^2+(0+5)^2=r^2$$
$$(-2)^2+5^2=r^2,\ r^2=29\text{이다.}$$
그러므로 원의 방정식은 $(x-2)^2+(y+5)^2=29$이다.

14.

정답 ②   상 중 **하**

점 $(3, 2)$를 x축의 방향으로 -3만큼, y축의 방향으로 4만큼 평행이동한 점은
$(3-3, 2+4)=(0, 6)$이다.

 **평행이동과 대칭이동**

- 평행이동 : 점 (x, y)가 x축으로 a만큼, y축으로 b만큼 평행이동 하면 점 $(x+a, y+b)$가 된다.
- 대칭이동 : 점 (x, y)일 때,
  - x축의 대칭 : $(x, -y)$
  - y축의 대칭 : $(-x, y)$
  - 원점 대칭 : $(-x, -y)$
  - $y=x$대칭 : (y, x)

15.

정답 ③   상 중 **하**

$A=\{1, 5, 7, 8\}$, $B=\{2, 5\}$에서 합집합 $A\cup B$는 집합 A에 있는 원소와 B에 있는 원소를 모두 구해야 하므로
$A\cup B=\{1, 2, 5, 7, 8\}$이고, 원소의 개수는 5이다.
$\therefore n(A\cup B)=5$

16.

정답 ④   상 **중** 하

$p\to q$의 대우는 $\sim q\to\sim p$이다.
그러므로 명제 '$x=14$이면 $x^2=196$이다.'의 대우는 '$x^2\neq196$이면 $x\neq14$이다.'가 된다.

 **명제의 역과 대우**

- 명제 : $p\to q$
- 명제의 역 : $q\to p$
- 명제의 대우 : $\sim q\to\sim p$

17.

| 정답 ① | 상 중 하 |

$(g \circ f)(2) = g(f(2))$이므로
$f(2)$의 값은 $f(2) = 2 - 3 = -1$
$g(-1)$의 값은 $g(-1) = 3 \times (-1)^2 - 8 = -5$
$\therefore (g \circ f)(2) = -5$

18.

| 정답 ① | 상 중 하 |

무리함수 $y = \sqrt{x-2} + a$의 그래프가 점 $(2, -1)$과 점 $(3, 0)$을 지나고 있으므로 이 두 점을 대입하면 a값을 구할 수 있다.
$(2, -1)$을 대입하면
$-1 = \sqrt{2-2} + a$
$\therefore a = -1$

19.

| 정답 ② | 상 중 하 |

김밥 중에서 하나를 택하는 경우의 수는 3이고, 라면 중에서 하나를 택하는 경우의 수는 2이고, 튀김 중에서 하나를 택하는 경우의 수는 3이다. 주문할 음식 한 가지를 택할 때, 김밥, 라면, 튀김을 동시에 택할 수 없으므로 구하는 경우의 수는 $3 + 2 + 3 = 8$이다.

20.

| 정답 ③ | 상 중 하 |

10명 중에서 4명을 고르기만 하면 되므로 조합의 공식을 사용한다.
$${}_{10}C_4 = \frac{10 \times 9 \times 8 \times 7}{4 \times 3 \times 2 \times 1} = 210$$
$\therefore$ 경우의 수는 210

---

tip 조합

서로 다른 n개에서 순서를 생각하지 않고 $r(r \leq n)$개를 선택하는 것을 n개에서 r개를 선택하는 조합이라 하고, 그 조합의 수를 기호로 ${}_nC_r$로 나타낸다.

- ${}_nC_r = \dfrac{{}_nP_r}{r!} = \dfrac{n!}{r!(n-r)!}$ (단, $0 \leq r \leq n$)
- ${}_nC_n = 1$, ${}_nC_0 = 1$, ${}_nC_1 = n$
- ${}_nC_r = {}_nC_{n-r}$

제③교시

영 어

01	③	02	②	03	④	04	③	05	②
06	②	07	①	08	③	09	②	10	④
11	①	12	④	13	④	14	①	15	④
16	①	17	④	18	②	19	②	20	①
21	③	22	④	23	④	24	②	25	④

01.

| 정답 ③ | 상 중 하 |

proverb는 속담이라는 뜻이다.

| 해석 |

너는 "아니 땐 굴뚝에 연기 나랴(불 없이 연기 안 난다)." 라는 속담을 알고 있니?

| 어휘와 표현 |

proverb 속담　**smoke** 연기

02.

| 정답 ② | 상 중 하 |

intention은 의도라는 뜻이다.

| 해석 |

그의 공이 그녀를 쳤지만, 그건 그의 의도가 아니었다.

| 어휘와 표현 |

hit 치다, 때리다　**intention** 의도, 목적

03.

| 정답 ④ | 상 중 하 |

daytime은 낮이라는 뜻이다.

| 해석 |

별이 낮에는 보이지 않는 이유를 설명해라.

| 어휘와 표현 |

explain 설명하다　**daytime** 낮

04.

| 정답 ③ | 상 중 하 |

③은 반의 관계의 단어이고, ①, ②, ④는 동의 관계의 단어이다.

| 해석 |

③ 수락하다 - 거절하다

① 옳은

② 원인

④ 특징

05.

| 정답 ② | 상 중 **하** |

제시된 메모에서 전화를 받은 사람에 대한 정보는 찾을 수 없다.

| 해석 |

• 전달받을 사람 : Min-Su

• 전화한 사람 : Tom

• 날짜 : 2017년 6월 20일

• 시간 : 오후 12시 30분

• 용건 : 영어 숙제에 관하여

• 메시지 : 오후 6시경 전화 바람

• 전화번호 : 555-1234

| 어휘와 표현 |

call back 전화해 주다

06.

| 정답 ② | 상 **중** 하 |

• 나는 방과 후에 학원을 간다.

• 그녀는 그녀의 아기를 돌봐 줄 누군가가 필요하다.

| 어휘와 표현 |

academy 학원   after school 방과 후   someone 누군가

look after 돌보다   baby 아기

07.

| 정답 ① | 상 **중** 하 |

| 해석 |

• 그는 공부에 집중하기로 결심했다.

• 그것은 책상 위에 내려놓아라.

| 어휘와 표현 |

decide 결심하다   concentrate on ~에 집중하다

desk 책상   on ~위에

08.

| 정답 ③ | 상 **중** 하 |

| 해석 |

• 근무시간에 어디 갔었나요?

• 근처에 제일 가까운 공원은 어디 있어요?

| 어휘와 표현 |

during ~동안   working hours 근무시간

nearest 가장 가까운(near의 최상급)   park 공원

09.

| 정답 ② | 상 **중** 하 |

너무 늦었다고 망설이는 A에게 B는 시작이 반이라는 말을 하면서, 시작하는 것이 크다고 용기를 북돋고 있다.

| 해석 |

A : 이번에 자격증을 따려고 하는데 시작을 못하고 있어. 너무 늦은 것 같아.

B : 왜 그렇게 생각해?

A : 사람들이 모두 예전부터 준비했더라고.

B : 아니야. 시작이 반이라는 말도 있잖아?

| 어휘와 표현 |

license 자격증   prepare 준비하다   well 좋은

10.

| 정답 ④ | 상 중 **하** |

새로 생긴 식당에서 식사한 B는 식당에 매우 실망한 상태이다.

| 해석 |

A : 새로운 식당은 어땠니?

B : 서빙은 느리고, 수프는 식어있고, 심지어 웨이터도 형편없었어.

A : 저런, 나는 가지 말아야겠다.

B : 그게 나을 거야.

| 어휘와 표현 |

restaurant 식당, 레스토랑   terrible 끔찍한, 심한

service 서비스   soup 수프   waiter 종업원, 웨이터

11.

정답 ① 상 중 **하**

A는 책을 구매하고자 하고, B는 책을 추천해주고 있는 상황이므로 대화가 이루어지는 장소가 서점임을 짐작할 수 있다.

| 해석 |

A : 실례합니다. 저는 제 여동생을 위한 책을 사고 싶습니다.

B : 그녀는 어떤 장르의 책을 선호하나요?

A : 그녀는 모든 장르의 책을 좋아해요.

B : 이 책은 어떤가요? Steve Jobs의 삶에 관한 책이에요.

| 어휘와 표현 |

kind of 종류   **department store** 백화점

12.

정답 ④ **상** 중 하

| 해석 |

이것은 멀리 있는 것을 볼 때 사용한다. 이것은 시력이 안 좋은 사람들에게 필요하다. 이것은 사물을 크게 보이도록 확대한다. 보통 얼굴 위에 착용하기보다는 손바닥 크기의 렌즈에 손잡이를 부착하여 사용한다.

| 어휘와 표현 |

eyesight 시력   **far away** 멀리   **enlarge** 확대하다
attach 부착하다   **palm-sized** 손바닥 크기의

13.

정답 ④ 상 중 **하**

A는 버스가 몇 시에 도착하는지에 대해 묻고 있으므로 B의 대답으로 가장 적절한 것은 ④의 '2시에 도착합니다.'이다.

| 해석 |

A : 몇 시에 버스가 도착하나요?

④ 2시에 도착합니다.

① 괜찮습니다.

② 3일 걸립니다.

③ 버스로 갑니다.

| 어휘와 표현 |

arrive 도착하다

14.

정답 ① 상 **중** 하

마지막에 B는 "그는 매우 친절하다."고 했으므로 이와 관련된 내용이 오는 것이 적절하다.

| 해석 |

A : 사진 속에 있는 남자는 누구니?

B : 그는 나의 영어 선생님이야.

A : 그는 어떤 사람이니?

B : 그는 매우 친절해.

① 그는 항상 우리를 도와줘.

② 그는 축구를 매우 잘 해.

③ 그는 예의 바른 학생을 좋아해.

④ 그는 우리에게 많은 숙제를 내줘.

15.

정답 ④ 상 **중** 하

두 사람은 건강을 위한 생활 습관에 대해 이야기하고 있으므로 ④가 가장 적절하다.

| 해석 |

A : 너는 너의 건강을 위해 뭘 하고 있니?

B : 아무것도 안 해.

A : 너는 아침 식사를 해야 하고 규칙적으로 운동해야 해.

B : 알겠어. 하지만 그건 나에게 어려워.

A : 그리고 매일 밤 충분한 잠을 자야 해.

| 어휘와 표현 |

health 건강   **regularly** 규칙적으로   **enough** 충분한

16.

정답 ① **상** 중 하

해당 글은 기획안을 실행하기 어렵다는 내용의 글로, 거절을 목적으로 하고 있다.

| 해석 |

저는 당신의 기획안을 받아 지난 2주 동안 꼼꼼히 살펴보았습니다. 하지만 아쉽게도 이 기획안은 실행되기 어려울 것 같습니다. 미래 시장의 전망이 밝지 않은 분야이기 때문입니다. 당신의 아이디어가 나쁘기보다는 시장의 탓이 큽니다. 그러니 너무 상심하지 마세요.

| 어휘와 표현 |

proposal 제안, 기획안   **implement** 시행하다
blame ~의 책임으로 보다   **disappoint** 실망하다

17.

정답 ④   상 중 하

안내문을 보면 오전 9시부터 오후 5시까지 여는 것을 알 수 있다.

| 해석 |

역사박물관
영업시간 : 오전 9시부터 오후 5시까지
월요일은 휴일
표 가격 : 어른 $10, 학생 $5
하루 전에 예약 필요
박물관에 음식물 반입 금지

| 어휘와 표현 |

allow 허가하다

18.

정답 ②   상 중 하

인천과 서울은 여전히 맑고 따뜻할 것이라고 한다.

| 해석 |

안녕하십니까? 최근 따뜻한 날씨가 계속되고 있습니다. 그러나 오늘 날씨는 변화가 있을 것으로 보입니다. 서울은 여전히 맑고 따뜻하겠으며 인천 역시 같겠습니다. 하지만 부산과 경주는 구름이 많이 낀 흐린 날씨를 보이겠습니다. 만약 대구에 계시다면 우산을 준비하셔야 하겠습니다.

| 어휘와 표현 |

cloudy 구름이 낀   **umbrella** 우산

19.

정답 ②   상  하

제시문의 요지는 금이 장신구뿐만 아니라 가전제품이나 의학 기계 등 다양한 분야에서 사용된다는 것이다. 따라서 글의 주제로 적절한 것은 '금의 유용함'이다.

| 해석 |

당신은 금이 단지 반지나 목걸이를 만드는 데만 사용된다고 생각할지 모르지만 그것은 다른 많은 것에도 사용된다. 금은 TV나 컴퓨터에도 사용된다. 병원에 있는 많은 기계들에도 사용된다. 금은 당신의 휴대전화에도 있다.

| 어휘와 표현 |

necklace 목걸이   **cell phone** 휴대전화

20.

정답 ①   상  하

문맥을 따져보았을 때, Nathaniel Hawthorne의 '이름'이 들어가는 것이 적절하다.

| 해석 |

역사의 가장 위대한 성공적인 몇몇 이야기들은 사랑하는 사람에 의한 격려의 말을 따라왔다. 충실한 아내인 Sophia가 없었더라면 우리는 Nathaniel Hawthorne이라는 이름을 위대한 문학의 반열에 기록하지 못했을지도 모른다.

| 어휘와 표현 |

encouragement 격려
had it not been for~ ~이 없었더라면(가정법 과거완료)

21.

정답 ③    중 하

전체적 문맥을 따져보았을 때, 해당 글은 일을 능률적으로 끝내고 더 나은 결과를 얻는 방법에 대해서 얘기하고 있기 때문에 '결과'가 적절하다.

| 해석 |

일들을 더 능률적으로 끝내고 더 나은 결과를 얻는 방법은 하루 중 적절한 것을 하는 것이다. 당신 자신의 신체 리듬을 알고, 자신의 생체 시계를 존중하며, 가능하면, 하루 동안 어떻게 당신의 에너지 수치가 약해지고 충만해지는지에 유의하라.

| 어휘와 표현 |

feature 특징   **efficiently** 능률적으로
internal clock 생체시계   **ebb** 점점 쇠하다, 약해지다
flow 잔뜩 있다, 충만하다

22.

정답 ④　　　　　　　　　　　　　　**상** 중 하

'사실상, 모든 감정에는 전혀 잘못된 것이 없다.' 라는 문장이 들어갈 곳은 '특정한 감정이 용납되지 않는다고' 지금까지 우리가 배워온 것에 대한 문장 뒤와, '누군가 당신에게 슬퍼하거나 … 불가능한 일을 요구하는 것이다'라는 문장 앞이여야 적절하다.

| 해석 |

우리 대부분은 용납되지 않는 감정이 있다고 믿도록 길러져 왔기 때문에, 우리는 우리의 감정을 억압한다. 어떤 이들은 모든 감정은 용납되지 않는다고 배웠고, 반면에 다른 이들은 분노나 울기 같은 특정한 감정이 용납되지 않는다고 배웠다. 사실상, 모든 감정에는 전혀 잘못된 것이 없다. 누군가 당신에게 슬퍼하거나 화내지 말라고 한다면, 그나 그녀는 불가능한 일을 요구하는 것이다.

| 어휘와 표현 |

push down 억압하다　**bring up** 기르다, 양육하다
unacceptable 용납할 수 없는

23.

정답 ④　　　　　　　　　　　　　　상 **중** 하

해당 지문은 대학 생활의 압박감에 대한 내용으로, 이에 대한 해결책이 그 다음의 내용으로 오는 것으로 적절하다.

| 해석 |

대학생활은 바쁘다. 당신의 일정에 너무 많은 요구사항들이 있다. 활동들, 친구들, 여가들로 인해 임박한 일을 수행하는 데 몇몇 어려움이 생길 수 있다. 당신이 시험 때문에 압박감을 느끼면, 당신은 아마도 모든 시간을 이러한 압박감을 대처하기 위해 공부하는 데 소비하게 될 것이다. 그럴 때 어떻게 해야 할까?

| 어휘와 표현 |

overwhelm 압도하다　**pressure** 압박감

24.

정답 ②　　　　　　　　　　　　　　**상** 중 하

옷이 아이들에게 큰 영향을 미친다는 통념에 대하여 반박하는 내용으로, '하지만'이 들어가야 문맥에 맞다.

| 해석 |

옷이 아이들의 행동에 미치는 영향에 관하여 많은 말들이 있다. 옷을 좀 더 잘 입은 아이들이 더 잘 행동하고, 카우보이처럼 옷을 입으면 평범한 옷을 입었을 때보다 더 시끄럽다고 전해진다. 하지만 옷은 아이들의 행동에 일시적인 영향을 미치기는 하지만, 지속적인 영향을 미치지는 않는다.

| 어휘와 표현 |

weeping statement 개략적인 설명　**behavior** 행동
ordinary 일반적인　**temporary** 일시적인
lasting 지속적인

25.

정답 ④　　　　　　　　　　　　　　상 **중** 하

이 글은 옷이 아이들에게 큰 영향을 미친다는 통념에 대하여 반박하는 내용이다. "Clothing, however, might have ~ but not a lasting effect."에 주장하는 내용이 잘 담겨 있다. 따라서 "옷이 아이들의 행동에 미치는 영향은 일시적이다."가 윗글의 요지로 가장 적절하다.

▌제④교시

사 회

01	②	02	③	03	①	04	④	05	②
06	②	07	③	08	②	09	①	10	④
11	①	12	①	13	③	14	④	15	①
16	④	17	①	18	②	19	②	20	④
21	③	22	①	23	④	24	④	25	③

01.

정답 ② 　　　상 중 **하**

'정권 획득 추구'는 시민단체가 아닌 정당의 목표에 해당한다.

---

tip 정당과 시민단체

- **시민단체** : 시민이 자발적으로 조직한 집단으로 정부가 해결하지 못하는 사회 문제들에 대한 해결책을 제시하고, 시민의 의사가 정치 과정에 반영되도록 하는 역할을 한다.
- **정당** : 정치권력의 획득을 목표로 하는 집단으로 사회 전체의 이익을 추구하며, 대의 민주주의에서 핵심적 역할을 수행한다.

02.

정답 ③ 　　　상 **중** 하

제시문은 문화 변동의 양상 중 진화에 대한 설명이다.
① 내재 변동 : 발명과 발견을 통해 등장한 새로운 문화 요소가 한 문화의 체계 안에 확산되어 발생
② 문화 접변 : 성격이 다른 두 문화 체계가 장기간에 걸쳐 전면적인 접촉을 하여 일어나는 변동
④ 개혁 : 단기간에 걸친 급속한 문화 변동

---

tip 문화 접변의 유형

- **강제 문화 접변** : 강제성을 띤 외부의 압력에 의해 일어난 문화 접변
- **자발 문화 접변** : 오랜 기간 동안 지속된 접촉을 통해서 자연스럽게 일어난 문화 접변

03.

정답 ① 　　　상 **중** 하

차티스트 운동과 여성 참정권 운동은 민주 선거의 원칙 가운데 보통 선거와 가장 관련이 깊다. 보통 선거란 성 · 인종 · 종교 · 연령 · 교육 · 신분 · 재산의 소유 정도에 관계없이 일정 연령 이상의 사람에게는 누구에게나 선거권이 주어지는 것을 말한다.

- **차티스트 운동** : 1830년대 일어난 영국 노동자의 참정권 확대 운동이다. 투표권을 유산 계급에게만 부여하는 데에 불만을 품고 보통 선거권을 포함한 요구 사항을 인민헌장에 제시하여 정부의 탄압을 받았으나 나중에 그 요구 사항의 대부분이 실현되었다.
- **여성 참정권 운동** : 1832년 선거법이 개혁되었지만 여전히 여성은 투표권을 갖지 못하였다. 이에 여성들이 참정권을 쟁취하기 위한 운동을 전개해 스스로의 권익을 보장받기 위한 노력을 계속하여 20세기에 들어 보통 선거 제도가 확립되었다.

04.

정답 ④ 　　　상 중 **하**

미래 사회에는 개인주의, 출산에 대한 부정 인식, 육아 비용 부담 등을 이유로 출산을 꺼리는 추세가 심화될 것이다.

05.

정답 ② 　　　상 **중** 하

문화가 전파되면서 새로운 제3의 문화가 나타나는 '문화 융합'에 해당하는 사례이다.
① 문화 지체 : 물질문화의 변동 속도를 비물질 문화가 따라가지 못해서 발생하는 부조화 현상이다.
③ 문화 동화 : 한 문화가 다른 문화에 흡수되어 고유의 성격을 잃어버리는 현상이다.
④ 문화 병존 : 새로운 문화 요소와 기존 문화 요소가 동시에 존재하는 현상이다.

06.

정답 ② 　　　상 **중** 하

물가 변동의 원인 중 하나인 통화량의 변화는 통화량이 상품 공급량에 비해 많으면 물가가 오르고 적으면 물가가 내려간다.
① 수요와 공급의 불균형 : 초과 수요 상태일 경우 물가는 오르고, 초과 공급 상태일 경우 물가는 하락한다.
③ 생산비의 변화 : 원자재의 가격 변동, 임금의 변동 등 생산 요소의 가격이 오르면 물가도 오른다.

④ 물가 불안 심리 : 미래에 대한 불안으로 매점매석 등이 생기면 물가가 오르고 소비가 위축되면 내려간다.

07.

정답 ③	**상** 중 하

물가가 상당히 높은 비율로 지속적으로 상승하는 현상인 인플레이션 발생 시 실물(물건)의 가치는 상승하지만 화폐의 가치는 하락한다. 따라서 인플레이션이 발생할 경우 채무자(ㄴ) 또는 실물 자산인 부동산 소유자(ㄷ)가 유리하다.

08.

정답 ②	상 **중** 하

입법부는 사법부에 대해 대법원장 임명 동의권으로 견제한다.

09.

정답 ①	상 **중** 하

이동거리와 비용을 최소화하기 위해 소비자와 최대한 가까이 입지한다.

---

tip 서비스업의 입지 요인 변화

- 교통의 발달
- 인구의 증가
- 소득의 증가
- 정보 통신 기술의 발달
- 생산자 서비스업의 확대
- 대도시 내부의 교통 혼잡과 상업 용지의 부족

10.

정답 ④	상 **중** 하

다음 설명은 세계 자유 지수에 관한 설명이다.
- 세계 기아 지수 : 영양실조 상태인 인구 비율, 5세 이하 아동의 급성·만성 영양 결핍과 사망률 등의 항목으로 산출한다.
- 세계 성 격차 지수 : 남녀 간 경제 참여 기회, 교육 성취, 정치적 힘, 건강 등의 항목으로 산출한다.

11.

정답 ①	상 **중** 하

해당 글은 모두 '비교 우위'를 설명하는 말이다.

12.

정답 ①	상 중 **하**

행복한 삶을 위해서는 자신에 대한 성찰과 수행이 필요하다.

13.

정답 ③	상 **중** 하

해당 글은 산업화로 인하여 본격화된 '인간 소외'에 대해 얘기하고 있다.

---

tip 산업화의 문제

- 산업화와 도시화로 인구와 각종 기능이 도시에 과도하게 집중하면서 주택 및 교통 문제, 환경 문제 등이 발생했다.
- 산업화의 영향으로 사회가 요구하는 능력이나 직업이 변화하면서 일할 능력과 의사가 있음에도 불구하고 일자리를 갖지 못하는 실업 문제가 발생했다.

14.

정답 ④	상 **중** 하

대면 공간을 이용하는 것은 정보화에 따라 변화된 생활이라고 보기 어렵다. 인터넷 상의 비대면 공간을 이용한 인간관계의 형성이 더 적절하다.

15.

정답 ①	상 중 **하**

다음 글은 생태 중심주의의 관점에서 인간 중심주의를 비판하고 있는 글이다. 다른 종들에 비해 인간이 가지고 있는 특성의 높은 가치를 평가할 때, 어디까지나 인간의 관점에 사로잡혀서 바라본다고 비판하고 있다.

16.

정답 ④ 상 중 **하**

타국 상품과의 경쟁을 막는 것은 보호 무역에 해당한다. 자유 무역을 강화하는 이유는 타국 상품과의 자유로운 경쟁을 통해 모든 나라의 사회적 이익을 극대화할 수 있기 때문이다.

17.

정답 ① 상 **중** 하

정부 간 국제 기구는 각국의 정부를 회원으로 하는 국제 사회의 행위 주체이다. 국제 연합(UN), 유럽 연합(EU), 경제 협력 개발 기구 등이 있다.

---

tip **정부 간 국제 기구**

- 국가들 사이의 이해관계를 조정하고, 국가 간 분쟁을 중재한다.
- 국가의 행위를 규율하는 국제 규범을 정립한다.

18.

정답 ② 상 **중** 하

국가 간 폐기물의 이동을 엄격히 규율하여 당사국들의 폐기물 처리 과정에서 환경적으로 건전한 관리를 해야 한다.

19.

정답 ② 상 중 **하**

사회 계층이란 사회적 가치의 정도의 따라 구성원들 사이에는 일종의 위계가 발생하게 되는데, 그 위계가 같거나 비슷한 사람들의 집합체이다. 해당 글은 이 사회 계층의 양극화에 대한 설명이다.

① **공간 불평등** : 지역을 기준으로 사회적 자원이 불균등하게 분배되는 현상

③ **사회적 약자 차별** : 제 수준 및 사회적 지위 상 열악한 위치에 있어 사회적으로 배려와 보호의 대상이 되는 개인 또는 집단을 차별하는 현상

④ **공공 부조** : 생활이 어려운 국민의 최저 생활을 보장하고 자립을 지원하는 것

20.

정답 ④ 상 **중** 하

해당 글은 모두 석탄에 대해 설명하고 있다.

21.

정답 ③ 상 중 **하**

해당 글은 건조 기후의 전통적 생활양식에 대해 서술하고 있다.

① **열대 기후** : 벼농사가 발달하고 옷차림이 얇고 가벼우며, 지면에서 띄운 고상 가옥 형태로 집을 짓는다.

② **한대 기후** : 저장음식을 주로 먹고 동물의 가죽이나 털로 만든 옷을 입으며 눈과 얼음으로 집을 짓는다.

④ **온대 기후 지역** : 사계절이 뚜렷하고 기온이 적당하며, 강수량이 풍부하여 인간 활동에 유리하다. 도시 및 상공업이 발달하였다.

22.

정답 ① 상 중 **하**

집단 내 일체감이 강화되는 것은 자문화 중심주의로 인한 문제점이 아니라 장점이다.

23.

정답 ④ 상 **중** 하

인권 보장을 위해서 법치주의, 권력 분립 제도 등의 제도적 장치가 마련되어 있다.

① 인권은 사람이라면 누구나 누릴 수 있는 기본적인 권리이다.

② 사람이 태어나면서 당연히 가지는 권리이므로 국가나 다른 사람이 함부로 침해할 수 없다.

③ 현대 사회에서는 인권의 영역이 연대권, 환경권, 문화권 등으로 확장되어 있다.

24.

정답 ④　　　상 중 **하**

환경 문제의 해결을 위해서는 오염 기준에 대한 법률적·제도적 정비가 필요하며, 쓰레기 종량제를 통해 쓰레기를 분류해서 배출하는 것으로 규정하고, 환경 오염 방지 시설을 갖추어 오염 물질 배출량의 기준을 지켜야 한다.

25.

정답 ③　　　상 중 **하**

환경 문제와 인권 문제는 행복한 삶을 위해서 무엇 하나 빠지지 말고 함께 고려해야 하는 문제이다.

❚ 제⑤교시　　　과 학

01	①	02	①	03	①	04	③	05	②
06	①	07	①	08	④	09	④	10	①
11	④	12	③	13	①	14	④	15	④
16	④	17	③	18	①	19	③	20	②
21	④	22	②	23	④	24	③	25	②

01.

정답 ①　　　상 중 **하**

초전도체 : 매우 낮은 온도에서 전기저항이 0에 가까워지는 초전도 현상이 나타나는 도체로, 공명 장치, 입자 가속기, 자기 부상 열차 등에 쓰인다.
② 광섬유 : 빛을 전달하기 위해 만든 섬유 모양의 전선으로 대개 유리를 원료로 만들어 진다.
③ 네오디뮴 자석 : 일반 자석보다 자력이 강한 자석으로, 스피커, 헤드폰, 자기공명영상(MRI) 등에 쓰인다.
④ 형상 기억 합금 : 변형이 일어나더라도 원래의 모양으로 돌아가려는 성질을 가지고 있는 합금으로, 인공 장기, 화재경보기의 온도 디바이스 등에 쓰인다.

02.

정답 ①　　　상 중 **하**

밀물과 썰물 때 해수면의 높이차가 생기는 것을 이용하여 전기 에너지를 생산하는 발전 방식은 조력 발전이다.
② 화력 발전 : 석탄, 석유, 가스와 같은 화석 연료를 태워 보일러에서 물을 끓여 증기를 만들어 전기 에너지를 생산하는 발전 방식
③ 풍력 발전 : 바람의 힘으로 전기를 생산하는 발전 방식
④ 태양광 발전 : 발전기의 도움 없이 태양전지를 이용하여 태양의 빛에너지를 직접 전기에너지로 변환시키는 발전 방식

03.

정답 ①　　　상 중 **하**

충격량＝나중 운동량－처음 운동량이므로
A의 충격량＝7－4＝3
B의 충격량＝8－5＝3
A, B, C 모두 같은 크기의 충격량을 받았다고 하였으므로

C 역시 운동량이 3만큼 증가하여 ㉠+3=9

∴ ㉠=6

> **tip** 운동량과 충격량

운동량	• 물체의 운동 정도를 나타내는 물리량 • 운동량=질량×속도 • 물체의 질량이 클수록, 속도가 빠를수록 운동량도 큼
충격량	• 물체의 운동을 변화시키는 물리량 • 충격량=힘×시간 • 충격량=운동량의 변화량=나중 운동량−처음 운동량

04.

정답 ③　　　　　　　　　　　　　　　상 **중** 하

코일 근처에서 자석을 움직일 때 자석의 운동을 방해하는 방향으로 코일에 유도 전류가 흐르는데, 이를 전자기 유도라 한다. 코일을 통과하는 자기 선속이 변하면 코일에 전류가 흐른다. 자석을 코일에 가까이 할 때나 멀리할 때 자석과 코일에 상대적인 운동이 있으므로 전자기 유도에 의해 코일에 전류가 흐른다.

ㄷ. 자석이 정지해 있으면 자기 선속이 변하지 않으므로 전류가 흐르지 않는다.

> **tip** 자기 선속

어떤 면을 통과하는 자기력선의 개수에 해당하는 값이다. 자기 선속은 자기장이 면에 수직일 때 자기장의 세기와 면의 면적을 곱한 값과 같다.

05.

정답 ②　　　　　　　　　　　　　　　상 중 **하**

주기는 가로줄을 말하고, 족은 세로줄을 말하므로 2주기 17족 원소의 위치는 B이다.

> **tip** 주기율표

• **주기율** : 지구에서 발견된 여러 가지 원소들이 주기적으로 비슷한 화학적 성질을 나타내는 것
• **주기율표** : 원소를 원자 번호 순서대로 나열하고, 성질이 비슷한 원소끼리는 같은 세로줄에 오도록 배열한 표
　− 주기 : 가로줄로 7개의 주기가 있음
　− 족 : 세로줄로 18개의 족이 있으며 같은 족끼리는 화학적 성질이 비슷함

06.

정답 ①　　　　　　　　　　　　　　　상 **중** 하

SnO은 산소를 잃고 Sn으로 되므로 환원되며, C는 산소와 결합하여 CO가 되므로 산화된다. 그러므로 환원된 물질은 SnO이다.

> **tip** 산화 환원 반응

산화와 환원은 항상 동시에 일어나고, 산화로 잃은 전자의 수와 환원으로 얻은 전자의 수는 같다.

• **산화** : 물질이 산소를 얻거나 전자를 잃는 반응
　㉙ $\underline{C}+O_2 \rightarrow \underline{CO_2}$: C는 산화됨
• **환원** : 물질이 산소를 잃거나 전자를 얻는 반응
　㉙ $\underline{CuO}+H_2 \rightarrow \underline{Cu}+H_2O$: CuO는 환원됨

07.

정답 ①　　　　　　　　　　　　　　　상 중 **하**

탄소는 상온에서 대부분 기체 또는 고체 상태로 존재하는 비금속 원소이다.

②, ③, ④ 모두 전기와 열이 매우 잘 통하며 광택이 있는 금속 원소이다.

08.

정답 ④　　　　　　　　　　　　　　　상 **중** 하

이산화 탄소는 공유 결합 물질이고 공유 전자쌍은 총 4쌍이다.

> **tip** 이온 결합 물질과 공유 결합 물질의 성질

성질		이온 결합 물질	공유 결합 물질
상온에서의 상태		고체	기체, 액체, 고체 다양함
물에 녹는 정도		대체로 잘 녹음	다양함
녹는점과 끓는점		높음	대부분 이온 결합 물질보다 낮음
전기 전도성	고체 상태	없음	대부분 없음(예외 : 흑연)
	액체 상태	있음	없음
	수용액 상태	있음	대부분 없음(예외 : HCl, NH_3 등)
기타		힘을 가하면 부스러짐	−

09.

정답 ④　　　　　　　　　상 **중** 하

ㄱ. 벌의 독은 산 성분으로 염기성인 암모니아수를 발라 벌의
독을 중화시킨다.
ㄴ. 생선의 비린내를 내는 물질인 염기성에 산성인 레몬즙을
뿌리면 비린내가 감소한다.
ㄷ. 염기성인 제산제로 과다 분비된 위산을 중화시켜 속쓰림
을 완화시켜 준다.

10.

정답 ①　　　　　　　　　상 **중** 하

이온 결합 물질인 염화 나트륨(NaCl)에 대한 설명이다.

11.

정답 ④　　　　　　　　　상 **중** 하

유전적 다양성이란 같은 종의 개체로 구성된 무리에 존재하는
유전자의 다양함과 이로 인해 나타나는 형질의 다양함이다.
①은 생태계 다양성에 대한 예이다.
②, ③은 종 다양성에 대한 예이다.

tip 생물 다양성 구성 요소의 특징

유전적 다양성	• 같은 종이라도 하나의 형질을 결정하는 유전자가 서로 달라 다양한 형질이 나타나는 것 • 변이가 다양한 종일수록 유전적 다양성이 높음
종 다양성	• 한 생태계에 얼마나 많은 종이 고르게 서식하는가를 나타내는 것 • 종 다양성이 높을수록 생태계가 안정적임
생태계 다양성	• 어느 지역에 존재하는 생태계의 다양한 정도 • 생태계가 다양할수록 종 다양성과 유전적 다양성도 높아짐

12.

정답 ③　　　　　　　　　상 **중** 하

미토콘드리아는 세포호흡이 일어나 세포가 생명 활동을 하는
데 필요한 형태의 에너지를 생산하는 세포 소기관이다.
① A(핵) : 유전 물질인 DNA가 있어 세포의 구조와 기능을
결정함
② B(리보솜) : 작은 알갱이 모양의 세포 소기관으로 단백질을

합성함
④ D(엽록체) : 식물 세포에만 있는 세포 소기관으로 광합성이
일어남

tip 세포 소기관의 종류와 기능

핵	유전 물질인 DNA가 있어 세포의 구조와 기능을 결정, 생명 활동을 조절
리보솜	작은 알갱이 모양의 세포 소기관으로 단백질을 합성
소포체	리보솜에서 합성한 단백질을 골지체나 세포의 다른 곳으로 운반
세포막	세포를 둘러싸서 세포 안을 주변 환경과 분리, 세포 안팎으로 물질이 출입하는 것을 조절
미토콘드리아	세포 호흡이 일어나 세포가 생명 활동을 하는 데 필요한 형태의 에너지 생산
골지체	물질을 저장하거나 단백질을 세포 밖으로 분비하는 데 관여
세포벽	식물 세포의 세포막 바깥쪽에 있는 단단한 벽으로, 세포를 보호하고 세포의 형태를 유지
액포	식물 세포에서 크게 발달한 세포 소기관으로 물, 색소, 노폐물 등을 저장
엽록체	식물 세포에만 있는 세포 소기관으로 광합성이 일어나 포도당을 합성

13.

정답 ①　　　　　　　　　상 **중** 하

제시된 요인들은 모두 생물의 개체 수를 줄이고 생물 다양성
을 감소시키며, 생태계의 평형 유지 능력을 낮추고, 생태계의
먹이 관계를 보다 단순하게 만든다.

14.

정답 ④　　　　　　　　　**상** 중 하

세포막은 인지질 2중층에 단백질이 파묻혀 있거나 관통하고
있는 구조로 되어 있다. 이때 세포막의 인지질은 친수성인 머
리와 소수성인 꼬리로 구성되어 있는데, 이 인지질이 각각 머
리는 바깥으로, 꼬리는 안쪽으로 향하는 2중층으로 배열되어
있다. 세포막은 유동성이 있어 인지질의 움직임에 따라 단백
질의 위치가 바뀐다.

15.

정답 ④ 　　　　　상 **중** 하

이화 작용은 큰 분자 물질을 작은 분자 물질로 분해하는 반응이며 에너지가 방출되는 발열 반응이다.
① 효소 : 활성화 에너지를 낮추는 생체 촉매
② 물질대사 : 생명체 내에서 일어나는 모든 화학 반응
③ 동화 작용 : 작은 분자 물질을 이용하여 큰 분자 물질을 합성하는 반응

16.

정답 ④ 　　　　　상 **중** 하

생명 중심 원리는 DNA의 이중 나선 구조를 발견한 사람중 한 사람인 프랜시스 크릭이 1958년에 제안한 개념으로 생명체의 유전 정보가 형질로 발현되는 과정을 설명하는 원리이다.
① 전사 : DNA를 주형으로 하여 RNA를 합성
② 염색체 : DNA는 단백질과 결합하여 염색사 형태로 핵 속에 흩어져 있다가 세포 분열이 시작되면 염색사가 응축되어 염색체를 형성함
③ 코돈 : 유전자 발현 과정에서 하나의 아미노산을 지정하는 RNA의 유전 정보

17.

정답 ③ 　　　　　상 **중** 하

공룡이나 익룡 등 파충류가 번성했던 지질 시대는 중생대이다.

18.

정답 ① 　　　　　상 중 **하**

저위도와 고위도의 에너지 불균형 상태를 해소하기 위해 대기(기권)와 해수(수권)의 순환(상호작용)으로 태풍이 발생한다.

19.

정답 ③ 　　　　　**상** 중 하

미행성체의 충돌에 의해 원시 지구가 형성되었으며, 원시 지구가 생긴 후에도 미행성체의 충돌은 계속되었다. → 미행성체의 충돌에 의한 열과 온실 효과로 인해 원시 지구의 표면이

녹아 마그마로 덮인 상태가 되었다. → 철과 같이 무거운 물질들은 중심으로 가라앉아 핵을 형성하고, 가벼운 규산염 물질들은 바깥으로 떠올라 맨틀을 이루었다. → 마그마의 바다를 이루던 지표면이 냉각되어 원시 지각을 형성하였다. 대기 중의 수증기가 응결하여 비가 되어 내렸고 이들이 낮은 곳으로 모여 바다를 형성하였다.

20.

정답 ② 　　　　　상 **중** 하

보존형 경계는 해령과 해령 사이의 변환 단층에서는 판의 생성이나 소멸이 없고, 이웃한 두 판이 서로 스쳐 지나간다.

21.

정답 ④ 　　　　　상 **중** 하

태양 복사 에너지에 대한 설명이다. 지구 시스템의 에너지원 중 가장 많은 양을 차지한다.

22.

정답 ② 　　　　　상 **중** 하

무역풍이 강해지면, 따뜻한 표층 해수가 더 서쪽으로 이동 → 동태평양의 용승 강화 → 동태평양의 표층 수온은 하강 하며 라니냐가 발생한다.

23.

정답 ④ 　　　　　상 중 **하**

탄소 화합물은 탄소, 산소, 수소, 질소 등이 공유 결합하여 만들어진 화합물이다.

24.

정답 ③ 　　　　　상 **중** 하

열기관의 1회 순환 과정에서 $Q_1 = W + Q_2$이므로
$W = Q_1 - Q_2$
① 열기관은 열에너지를 일로 전환하는 장치이다.
② $Q_1 > Q_2$

④ W가 클수록 열효율이 높다.

tip 열기관

열에너지를 기계적 에너지로 바꾸는 원동기로, 고온과 저온의 열원 사이에서 순환 과정을 반복하면서 열에너지를 역학적 에너지로 바꾸는 장치를 말한다.

25.

정답 ②　　　　　　　상 중 **하**

물체의 운동 정도를 나타내는 물리량을 운동량(p)이라 하고, 질량(m)과 속도(v)의 곱으로 나타낸다.

단위는 kg · m/s이다.

따라서 운동량은 $2kg \times 10m/s = 20kg \cdot m/s$이 된다.

│ 제⑥교시　　　　　# 한국사

01	①	02	①	03	④	04	①	05	④
06	①	07	②	08	③	09	①	10	②
11	③	12	②	13	③	14	②	15	④
16	④	17	③	18	①	19	④	20	④
21	①	22	③	23	③	24	④	25	④

01.

정답 ①　　　　　　　상 중 **하**

주먹도끼는 구석기 시대의 대표적인 사냥 도구이다.

②, ④ 신석기 시대의 생활 모습이다.

③ 청동기 시대의 생활 모습이다.

tip 각 시대별 대표 유물

- **구석기 시대** : 뗀석기, 슴베찌르개, 주먹도끼
- **신석기 시대** : 가락바퀴, 빗살무늬 토기, 움집
- **청동기 시대** : 비파형 동검, 거푸집, 거친무늬 거울, 민무늬 토기, 미송리식 토기, 고인돌
- **철기 시대** : 세형 동검, 잔무늬 거울, 독무덤

02.

정답 ①　　　　　　　상 **중** 

삼한은 천군이 소도에서 종교 의례를 주관하는 제정 분리의 사회이다.

ㄴ. 서옥제는 고구려의 사회 모습이다.

ㄷ. 책화는 동예의 사회 모습이다.

03.

정답 ④　　　　　　　상 **중** 

성왕에 대한 설명이다. 성왕은 중앙 관청을 22부로 확대하고, 행정 조직을 5부(수도) 5방(지방)으로 정비하였다. 또한 겸익을 등용하여 불교 진흥, 노리사치계를 통해 일본에 불교(불경 · 불상 · 경론 등)를 전파하였다.

04.

| 정답 ① | 상 **중** 하 |

성종 때 홍문관을 설치하고 경연을 활성화하였다. 『경국대전』을 완성하고 반포하여 유교 중심의 통치 체제를 마련하였다. ㄷ. 의정부 서사제는 세종이 실시한 제도이다.

---

tip 성종의 업적

사림(士林) 등용, 홍문관(옥당) 설치, 경연 중시, 독서당(호당) 운영, 관학의 진흥, 유향소의 부활(1488), 『경국대전』 반포(1485), 사창제 폐지

05.

| 정답 ④ | 상 **중** 하 |

호족에 대한 설명이다. 호족 세력은 신라 말 중앙 통제가 약화되자 농민 봉기를 배경으로 반독립적 세력으로 성장하였다.
③ 별무반 : 윤관의 건의로 조직된 특수부대로 신기군(기병), 신보군(보병), 항마군(승병)으로 이루어짐

06.

| 정답 ① | 상 **중** 하 |

최치원에 대한 설명이다.
② 김대문 : 진골 출신으로 『고승전』, 『화랑세기』를 저술
③ 설총 : 이두를 정리하였고, 『화왕계』를 지어 왕의 유교적 도덕 정치를 역설
④ 강수 : 가야 출신의 6두품이며, 외교 문서 작성에 능함

---

tip 최치원

6두품 출신으로 당에 유학하여 빈공과에 급제하고 관직에 오르는 한편 문장가로 이름을 떨쳤다. 귀국하여 진성여왕에게 개혁을 건의하고 국정을 비판하였으나, 개혁이 이루어지지 않자 혼란한 세상에 뜻을 잃고 전국 각지를 유람하다가 해인사에서 일생을 마쳤다.
유학자인 동시에 불교와 도교에도 조예가 깊은 사상가였으며, 고려 건국에 큰 영향을 끼쳤다.

07.

| 정답 ② | 상 **중** 하 |

광종은 노비 안검법을 실시하였다. 호족들의 경제·군사적 기반을 약화시키고, 국가의 재정 수입 기반을 확보하여 왕권을 안정시켰다.
① 사심관 제도 : 중앙의 고위 관직에 임용된 지방 세력을 출신 지역의 사심관으로 임명하여, 지방 세력들을 통제하게 한 제도
③ 기인 제도 : 지방 호족에게 일정 관직을 주어 지방 자치의 책임을 맡기는 동시에 지방 호족과 향리의 자제를 인질로 뽑아 중앙에 머무르게 한 제도

08.

| 정답 ③ | 상 **중** 하 |

삼국사기에 대한 설명이다. 상고사(고조선~삼한)를 인식하면서도 이를 서술하지 않고 유교적 합리주의 사관에 기초하여 신라 중심의 삼국사만을 편찬하였다.
① 동의보감 : 조선 선조의 명을 받은 허준이 집필하기 시작하여 광해군 때 완성한 의서
② 삼국유사 : 고려 후기 승려 일연이 저술, 단군의 건국 이야기를 기록하고 있음
④ 향약집성방 : 세종 때 우리 풍토에 맞는 약재 개발과 1천여 종의 병명 및 치료방법을 개발, 정리하여 체계화한 의서

09.

| 정답 ① | 상 **중** 하 |

직지심체요절에 대한 설명이다. 원래 이름은 "백운화상초록불조직지심체요절"로 여러 경전과 법문에 실린 내용 가운데 좋은 구절만 뽑아 편집한 불교 서적이다.
② 상정고금예문 : 세계 최초로 금속 활자를 이용하여 인쇄한 책으로, 현재는 전해지지 않는다.
③ 초조대장경 : 고려 현종 때 판각한 고려 최초의 대장경
④ 팔만대장경 : 몽골이 고려를 침입하자 부처의 힘으로 몽골군을 물리치기 위해 만든 대장경

10.

| 정답 ② | 상 **중** 하 |

방납의 폐단으로 농민 부담이 증가하였고, 국가 재정이 악화됨에 따라 대동법이 실시되었다.

11.

| 정답 ③ | 상 **중** 하 |

비변사에 대한 설명이다. 비변사의 영향으로 왕권이 약화되고 의정부와 육조 중심의 행정 체계도 유명무실해졌다. 19세기 세도 가문의 권력 유지 기반으로서 세도 정치의 중심 기구로 작용하였다.

① 통신사 : 조선시대 조선 국왕의 명의로 일본의 에도 막부 장군에게 보낸 공식적인 외교 사절단
② 연행사 : 조선 후기에 청나라에 보낸 사신
④ 보빙사 : 조선에서는 최초로 미국 등 서방 세계에 파견된 외교 사절단

12.

| 정답 ② | 상 **중** 하 |

㉠에 들어갈 인물은 정약용이다. 여전론은 한 마을을 단위로 토지를 공동 소유하고 공동으로 경작하여, 노동량에 따라 그 수확량을 분배하는 일종의 공동 농장 제도이다.
④ 이익은 한전론을 주장하였다.

---

tip 정약용의 여전론

이제 농사를 짓는 사람에게 토지를 갖게 하고, 농사를 짓지 않는 사람에게는 토지를 갖지 못하게 하려면 여전제를 실시해야 한다. 여전법이란 무엇인가. 산과 강을 지세 기준으로 확정하여 경계를 삼고, 그 경계선 안에 포괄되어 있는 지역을 여로 한다. 여 셋을 합쳐 리라 하고 리 다섯을 합쳐 방이라 하고 방 다섯을 합쳐 읍이라 한다. 1여에는 여장을 두며 무릇 1여의 토지는 1여의 인민이 공동으로 경작하도록 하고, 내 땅 네 땅을 구별하지 않고 오직 여장의 명령에 따른다. 여민이 농경하는 경우 여장은 매일 개개인의 노동량을 장부에 기록했다가 가을이 되면 오곡의 수확물을 모두 여장의 집에 가져와 분배한다. 이때 국가에 바치는 세를 먼저 제하고, 그 나머지를 노동량에 따라 여민에게 분배한다.

– 〈여유당전서〉 –

13.

| 정답 ③ | 상 **중** 하 |

세종 때 편찬한 삼강행실도에 대한 설명이다.
① 국조오례의 : 성종 때 국가와 왕실의 각종 행사를 유교의 예법에 맞게 정리하여 편찬한 의례서
② 앙부일구 : 조선 시대의 해시계
④ 혼천의 : 조선 시대의 천체 관측 기구

14.

| 정답 ② | 상 **중** 하 |

ㄴ. 의정부(정치)와 삼군부(군사)의 기능을 부활시켰다.
ㄷ. 『대전회통』, 『육전조례』 등의 법전을 편찬하여 왕권 중심의 법치 질서를 정비하였다.
ㄱ. 『북학의』를 저술한 인물은 박제가이다.

15.

| 정답 ④ | 상 **중** 하 |

신미양요에 대한 전개 과정이다. 제너럴셔먼호 사건을 구실로 미국이 배상금 지불과 개항을 요구하였으나 흥선 대원군이 거부하자 미국이 강화도를 침공하였다.

① 병자호란 : 1636년(인조 14) 12월부터 이듬해 1월에 청나라가 조선에 대한 제2차 침입으로 일어난 전쟁
② 이자겸의 난 : 1126년 왕실의 외척이었던 이자겸이 왕위를 찬탈하려고 일으킨 반란
③ 봉오동 전투 : 홍범도의 대한 독립군, 최진동의 군무 도독부군, 안무의 국민회군이 연합(→대한 독립군 중심), 독립군 근거지를 소탕하기 위해 간도 지역을 기습한 일본군 1개 대대 병력을 포위 · 공격하여 대파

16.

| 정답 ④ | 상 **중** 하 |

조·미 수호 통상 조약에 대한 설명이다. 서양과 맺은 최초의 근대적 조약이자 불평등 조약이었다.

① 을미사변 : 1895년(고종32년) 일본공사 미우라 고로가 주동이 되어 명성황후를 시해하고 일본세력 강화를 획책한 정변
② 갑오개혁 : 1894년 7월부터 1896년 2월까지 정부가 추진한 자주적인 개혁
③ 갑신정변 : 1884년(고종 21) 김옥균을 비롯한 급진개화파가 개화사상을 바탕으로 조선의 자주독립과 근대화를 목표로 일으킨 정변

17.

| 정답 ③ | 상 **중** 하 |

독립 협회는 1896년(고종 33) 7월 설립한 한국 최초의 근대적

인 사회정치단체이다. 근대 개혁 사상을 지닌 진보적 지식인들이 지도부를 이루었고, 학생·노동자·여성·농민 등 다양한 사회 계층이 구성원을 이루었다.

① 근우회 : 항일여성운동 단체

② 황국 협회 : 보부상 단체를 앞세워 독립협회를 탄압하고자 만든 친일 어용 단체

④ 조선 형평사 : 평등한 세상을 만들기 위한 목적으로 만들어진 단체

---

tip 독립협회의 의의

19세기말 한반도를 둘러싼 열강의 세력균형이 이루어졌던 시기에, 자주국권·자유민권·자강개혁의 사상을 가지고 독립협회가 추진한 민족주의·민주주의·근대화운동은 그 뒤 일제의 주권침탈과 식민통치과정에서 항일독립운동과 국민국가수립운동 등 한국민족운동의 내적 추진력이 되었다.

18.

정답 ① 

일제의 식민지 침략이 심화되는 가운데 항일 비밀 결사가 활발하게 조직되었는데 대표적인 것이 신민회이다. 신민회의 국내 조직은 일제가 날조한 105인 사건으로 해산되었다.

② 한국 광복군 : 지청천을 총사령관으로 한 대한민국 임시 정부의 독자적인 부대로, 일본에 선전포고를 한 뒤 연합군과 함께 독립 전쟁을 전개하였음

③ 의정부 : 조선 시대의 중앙 정치 제도 중 최고 합좌 기구

④ 조선어 학회 : 국어 연구와 발전을 목적으로 하는 민간 학술 단체로 한글 맞춤법 통일안과 조선어 사전을 편찬하고, 한글 잡지를 발간하였음

19.

정답 ④ 

토지 조사 사업의 결과 소작농으로 전락하는 농민이 많아졌다. 소작농은 영구 소작권을 잃고 고율의 소작료 등 불리한 조건으로 지주와 계약을 해야 하였다. 살기 어려워진 농민은 화전민이 되거나 만주, 연해주 등지로 이주하였다.

① 회사령 실시 : 민족 자본 성장을 억제하고 일본 기업의 한국 진출을 지원하기 위하여 회사 설립 시 조선 총독의 허가를 받게 되었음

② 중추원 설치 : 조선 총독부의 자문 기관으로, 친일파로 구성

되었으며 형식적 기구에 불과하였음

③ 산미 증식 계획 시행 : 일제가 조선을 일본의 식량공급지로 만들기 위해 1920~1934년 실시한 농업정책

20.

정답 ④ 

한인 애국단은 대한민국 임시 정부의 활발한 활동을 목적으로 김구가 비밀리에 설립한 단체이다.

① 독립군 : 1919년 홍범도가 창설한 항일 독립군 부대

② 의열단 : 1919년 만주 지린에서 김원봉 등이 조직함. 신채호의 「조선 혁명 선언」을 활동 지침으로 삼고, 폭력을 통한 민중의 직접 혁명을 강조하였음

③ 승정원 : 조선 시대 때 왕명 출납을 맞은 왕의 비서 기관

21.

정답 ①

6·10 만세 운동을 계기로 민족주의계와 사회주의계가 연대하는 계기가 마련되었고, 학생들이 민족 운동의 구심점으로서 역할을 자각하였다.

② 광주 학생 항일 운동 : 1929년 광주 지역의 학생이 주도하여 일으킨 항일독립만세운동

③ 민립 대학 설립 운동 : 1920년대 초 이상재·윤치호 등이 고등교육기관인 민립대학을 설립하려고 전개한 운동

④ 물산 장려 운동 : 일본으로부터 경제적으로 자립하기 위해 전개한 운동

22.

정답 ③

4·19 혁명은 학생과 시민이 중심이 되어 독재 정권을 무너뜨린 민주 혁명으로서, 우리 민족의 민주 역량을 전 세계에 보여주었고 민주주의가 한층 더 발전할 수 있는 토대가 되었다.

① 브나로드 운동 : 일제강점기에 동아일보사가 주축이 되어 일으킨 농촌계몽운동으로 전국 규모의 문맹퇴치운동

② 진보당 사건 : 진보당의 정당 등록이 취소되고 위원장 조봉암이 사형을 당한 사건

④ 농촌 진흥 운동 : 1932년에 조선 총독부가 수립하고 추진한 식민지 관제 운동

23.

정답 ③ 상 중 **하**

6 · 25 전쟁과 관련된 내용이다. 6 · 25 전쟁으로 수많은 전쟁 고아와 이산가족이 발생하였고 농토가 황폐화되었다.

① **농지 개혁** : 농지의 소유제도를 개혁하는 일

② **병인양요** : 프랑스 함대의 침략으로 조선군과 프랑스군 사이에 벌어진 전쟁

④ **대한민국 정부 수립** : 1948년 8월 15일 이승만이 대한민국 정부 수립을 선포

24.

정답 ④ 상 중 **하**

금융 실명제는 금융기관과 거래를 함에 있어 본인의 실명으로 거래해야 하는 제도로 김영삼 정부 시기에 실시되었다.

① 10 · 4 남북 공동 선언은 노무현 정부 시기에 실시

② 서울 올림픽 개최는 노태우 정부 시기에 실시

③ 햇볕 정책 추진은 김대중 정부 시기에 실시

25.

정답 ④ 상 **중** 하

삼백 산업은 6 · 25 전쟁 이후 미국의 경제 원조 물자를 토대로 발달한 밀가루 · 설탕 · 면직물 산업이다.

① **정경 유착** : 정치인과 기업인이 정책적 혜택과 정치 자금을 거래하는 부적절한 밀착 관계

② **기간산업** : 한 나라 산업의 기초가 되는 산업으로, 전력 · 철강 · 가스 · 석유 산업과 같이 주로 중요 생산재를 생산하는 산업

③ **경공업** : 중량이 가벼운 방적, 직물, 식료품, 잡화 등의 소비재 생산 공업

제⑦교시

도 덕

01	②	02	③	03	④	04	②	05	③
06	①	07	①	08	④	09	②	10	④
11	③	12	②	13	①	14	①	15	②
16	④	17	②	18	②	19	③	20	①
21	③	22	④	23	④	24	②	25	④

01.

정답 ② 상 **중** 하

인간과 자연과의 관계, 기후 변화 문제, 미래 세대에 대한 책임 문제, 생태계의 지속 가능성 문제 등에 관한 쟁점은 모두 환경 윤리에 해당한다.

02.

정답 ③ 상 중 **하**

다음 글에서 설명하는 것은 밀의 공리주의다.

① **벤담의 공리주의** : 모든 쾌락은 질적으로 같다고 전제하여 양적 차이를 중시했다.

② **칸트 윤리** : 결과적으로 옳은 행동을 했더라도 사익 추구나 사회적 비난을 피하려는 의도 등에서 비롯한 행위는 옳지 않다.

④ **니부어의 사회윤리** : 개인이 아무리 도덕적으로 살려고 해도 그가 사는 사회의 도덕성이 바르지 않다면 개인의 노력은 소용이 없다. 그는 사회의 구조가 잘못되어 있는데 개인에게만 올바르게 살아가라고 요구할 수 없기 때문에 우선적으로 해야 할 일은 잘못된 사회적 관행이나 제도의 개선이라고 주장하였다.

03.

정답 ④ 상 중 **하**

④는 서양 사상가 플라톤의 죽음에 대한 견해이다.

① : 장자의 견해

② : 도가(道家)의 견해

③ : 불교의 견해

33

04.

정답 ②　　　　　　　　상 중 **하**

도덕적 탐구를 통해 다양한 윤리 문제를 해결하고, 역지사지의 마음을 키워가며, 도덕적으로 살아가는 데 필요한 윤리적 가치관을 세울 수 있다.

05.

정답 ③　　　　　　　　상 **중** 하

여성이 자기 방어와 정당방위의 권리를 지닌다는 것은 인공 임신 중절을 허용해야 한다는 주장의 찬성 쪽의 논거에 해당한다.

06.

정답 ①　　　　　　　　상 **중** 하

생태 중심주의는 무생물을 포함한 생태계 전체를 도덕적 고려의 대상으로 여기며, 생명 개체에만 초점을 맞추는 개체 중심적인 환경 윤리를 비판한다.

tip 생태 중심주의의 대표적 사상가

- 레오폴드 : 대지는 자연의 모든 존재가 서로 그물망처럼 얽혀 있는 생명 공동체라고 하며 대지 윤리를 주장
- 네스 : 세계관과 생활 양식 자체를 생태 중심적으로 바꾸는 심층적 생태주의를 주장

07.

정답 ①　　　　　　　　상 **중** 하

주어진 설명에 해당하는 윤리는 배려 윤리이다. 배려 윤리는 여성적 윤리로 남성 중심적이고 정의, 이성, 공정성, 보편성을 강조하는 정의 윤리와 상호 보완적인 관계를 맺는 윤리이다.

08.

정답 ④　　　　　　　　상 **중** 하

니부어는 집단의 도덕성은 개인의 도덕성보다 떨어지므로, 정치적 강제력을 사용해서 사회 윤리 문제를 해결해야 한다고 보았다.

09.

정답 ②　　　　　　　　상 **중** 하

ㄱ. 유교윤리는 수양을 통한 도덕적 인격 완성과 도덕적 이상 사회의 실현을 추구한다.

ㄷ. 맹자는 사단(四端)이라는 선한 마음이 누구에게나 주어져 있다고 보았다.

tip 사단(四端)

- 측은지심(惻隱之心) : 불쌍하고 가엾게 여기는 마음
- 수오지심(羞惡之心) : 불의를 부끄러워하고 미워하는 마음
- 사양지심(辭讓之心) : 양보하고 공경하는 마음
- 시비지심(是非之心) : 옳고 그름을 분별하는 마음

10.

정답 ④　　　　　　　　상 **중** 하

시민 불복종은 행위 목적의 정당성이 충족되어야 하고, 비폭력적이어야 하며, 다른 방식으로도 요구했으나 수용되지 않았을 때 최후의 수단이 되어야 하고, 국법을 준수하며 처벌을 감수해야 한다.

11.

정답 ③　　　　　　　　상 **중** 하

불교 윤리에서는 살아 있는 모든 존재에게는 불성이 있기 때문에 보살뿐만 아니라 모든 인간은 누구나 주체적으로 수행 방법을 통해 진리에 대한 깨달음을 얻을 수 있다고 주장한다.

12.

정답 ②　　　　　　　　상 **중** 하

데카르트는 자연을 인간을 위한 단순한 도구로 인식하는 인간 중심주의 학자로써, 이분법적 세계관에 입각하여 인간과 자연의 관계를 인식 주체와 인식 대상으로 설정하였고, 자연을 단순한 물질 또는 기계로 파악함으로써 도덕적 고려의 대상에서 제외했다.

13.

정답 ①　　　　　　　　　　상 중 **하**

예술에 대한 도덕주의는 예술의 자율성보다 사회 참여적 성격을 더욱 중시한다. 이는 예술을 단지 개인의 작품만으로 보는 것이 아니라, 사회에도 미치는 영향력이 있음을 함께 고려한 것이다.
② **예술지상주의** : 예술이 미적 가치를 추구하는 것이라고 강조, 윤리적 가치를 기준으로 예술을 판단하려는 태도는 잘못이라고 보는 사상이다.
③ **참선** : 성찰의 방법으로 불교에서 제시하고 있다.
④ **예술의 상업화** : 순수예술의 갈래에서 벗어나 상업 문화로써 예술이 이용되는 것을 말한다.

---

tip 　**예술의 상업화**

- **긍정적으로 보는 입장**
  - 예술가에게 경제적 이익은 물론 예술 활동을 할 수 있는 기반을 마련해 줌으로써 창작 의욕을 북돋우고, 예술 활동에 전념할 수 있게 하였다고 주장한다.
  - 부유한 일부 계층이 누리던 예술을 대중들도 누릴 수 있게 되었다.
- **부정적으로 보는 입장**
  - 예술의 상업화가 예술 작품을 단지 하나의 상품이자 부의 축적 수단으로 바라보도록 한다는 점을 강조한다.
  - 예술의 상업화가 예술 작품의 경제적 가치만을 중시한 나머지 예술 작품의 미적 가치와 윤리적 가치를 간과하고 있다고 본다.

14.

정답 ①　　　　　　　　　　상 중 **하**

사이버 폭력은 사이버 공간에서 상대방이 원하지 않는 언어, 이미지 등을 이용하여 정신적 · 심리적 피해를 주는 행위이다.

15.

정답 ②　　　　　　　　　　상 **중** 하

동물 중심주의는 도덕적 고려의 기준을 쾌락과 고통을 느끼는 능력, 즉 쾌고 감수 능력으로 보기 때문에, 동물도 인간처럼 쾌락과 고통을 느끼므로 도덕적 고려의 대상이라고 주장한다. 동물 중심주의 학자 레건은 의무론에 기초하여 내재적 가치를 갖는 대상은 수단이 아니라 목적으로 대우해야 한다고 보았다. 레건은 동물이 도덕적으로 무능한 상태일지라도 본인의 삶을 영위할 수 있는 '삶의 주체'로서 내재적 가치를 지니기 때문에 도덕적으로 존중받을 권리가 있다고 주장하였다. 따라서 답은 B이다.

16.

정답 ④　　　　　　　　　　상 **중** 하

정보의 발달, 교통수단의 발달을 통해 과학기술은 인류가 시공간적 제약에서 벗어날 수 있게 해 주었다. 그러나 이는 환경 문제를 발생시키며, 인간의 주체성을 약화시키고 비인간화 현상을 초래하게 되기도 하였다. 따라서 과학기술의 목적을 설정하거나 결과를 현실에 적용할 때 가치 판단이 개입되고, 윤리적 평가의 대상이 되어야 한다는 의견이 지배적이다.

17.

정답 ②　　　　　　　　　　**상** 중 하

합리적 소비는 소비자 개인의 경제적 이익이나 만족감을 중시하는 특성을 지닌다.
① 자신의 경제력 내에서 가장 큰 만족을 추구하는 소비이다.
③ 저임금으로 인한 노동자 인권 침해를 일으킬 수 있다.
④ 윤리적 가치 판단에 따른 소비는 윤리적 소비에 해당한다.

18.

정답 ②　　　　　　　　　　상 **중** 하

성의 자기 결정권을 남용할 때 문제점은 타인이 갖는 성의 자기 결정권을 침해할 수 있다는 것과, 생명을 훼손하는 부도덕한 결과를 초래할 수 있다는 것이다. (원치 않는 임신으로 인한 인공 임신 중절 등)

19.

정답 ③　　　　　　　　　　상 **중** 하

- **부자유친** : 부모와 자녀 사이에는 친애가 있어야 한다.
- **부자자효** : 부모는 자녀를 사랑하고 자녀는 부모에게 효도해야 한다.
- **형우제공** : 형은 아우를 사랑하고 아우는 형을 공경해야 한다.
- **입신양명** : 효의 마침으로, 후세에 이름을 떨쳐 부모를 영광되게 해 드리는 것

- **혼전신성** : 아침저녁으로 부모에게 문안을 드리는 것
- **불감훼상** : 효의 시작으로, 부모로부터 물려받은 몸을 깨끗하고 온전하게 하는 것

나라 선의를 베푸는 자유로운 선택의 문제이므로 부유한 나라가 약소국에 원조하지 않는다고 해서 비난할 수는 없다고 주장하고 있다.

20.

정답 ①   상 **중** 하

맹자는 백성을 위해 구체적으로 해야 할 일들을 제시하였다. 이처럼 국가는 시민을 위하여 국가 의무를 부담해야 한다는 것이다.

25.

정답 ④   상 **중** 하

군사 경계 인식을 강화하는 것은 북한 주민의 인권을 강화하는 것과 관련이 없다.

21.

정답 ③   상 **중** 하

시민의 참여는 국가 권력의 남용을 견제할 수 있는 것이지, 집행을 무조건 견제하기 위함이 아니다.

22.

정답 ④   상 **중** 하

자신의 직업에 필요한 전문 지식과 기술을 축적해야 할 뿐만 아니라 사회에 대한 책임감을 지닐 수 있도록 노력해야 한다.

23.

정답 ④   상 **중** 하

사회가 통합되기 위해서는 서로를 존중하는 관용과 역지사지의 자세로 소통하려고 노력할 때 서로 간에 신뢰가 쌓여 이루어질 수 있으며, 자신의 이익과 권리만을 우선시하면 개인의 도덕적 해이와 사회적 갈등을 초래하여 자신은 물론 공동체 전체에 커다란 피해를 가져올 수 있기에 조화를 이루어야 하고, 공청회, 설명회 등을 법제화하거나 지방 분권 · 지역 균형 발전 · 복지 정책 등을 확대해야 한다.

24.

정답 ②   상 **중** 하

노직은 해외 원조를 윤리적 의무로 인식한 싱어와 롤스의 주장에 반대한다. 자선의 관점을 제시한 그는 원조는 의무가 아

정답 및 해설

고등학교 졸업학력 검정고시 모의고사

정답 및 해설 활용법

(상) 기출문제를 뛰어넘는 고난도 문제! 교과 내용을 명확히 이해해야 풀 수 있어요.

(중) 기출문제와 유사한 수준의 문제! 교과 내용을 충실히 공부했다면 풀 수 있어요.

(하) 기출문제를 응용한 기본적인 문제! 틀렸다면 기출문제를 더욱 꼼꼼하게 공부하세요.

tip 문제와 관련된 중요 교과 내용이나 보충사항을 정리하여 효율적인 공부를 할 수 있어요.

제①교시 　국 어

01	①	02	①	03	②	04	②	05	③
06	①	07	②	08	④	09	④	10	②
11	④	12	④	13	③	14	④	15	②
16	①	17	①	18	②	19	③	20	②
21	④	22	①	23	④	24	③	25	③

01.

정답 ①　　　　　　　　　　상 중 **하**

대화에서 두 사람은 오래간만에 만나 인사를 나누고 있다. 따라서 의사소통의 목적은 '안부 묻기'이다.

02.

정답 ①　　　　　　　　　　상 중 **하**

문장 유형과 발화 의도가 일치하는 발화를 직접 발화라고 하고 문장의 유형과 발화 의도가 일치하지 않는 발화를 간접 발화라고 한다. 간접 발화는 수행하고자 하는 기능과 다른 문장 유형을 사용하기 때문에 상황에 따라 구체적인 의미가 달라진다. ①의 발화는 명령형 어미를 사용하여 명령행위를 하고 있으므로 직접 발화이다.

03.

정답 ②　　　　　　　　　　상 중 **하**

논밭은 '논+밭', 두 어근의 결합 방식이 대등하므로 대등 합성어이다.

04.

정답 ②　　　　　　　　　　**상** 중 하

ㄱ의 '색연필'은 [색년필](제29항) → [생년필](제18항)으로, ㄷ의 '꽃잎'은 [꼳닙](제29항) → [꼰닙](제18항)으로 음운이 바뀌어 발음된다. 따라서 ㄱ과 ㄷ이 〈보기〉의 두 조항이 모두 적용되었다.

05.

정답 ③　　　　　　　　　　상 **중** 하

활+살 → 화살이기 때문에 탈락에 해당한다.
① 국화[구콰] - 축약
② 젖히다[저치다] - 축약
④ 아들+님 → 아드님 - 탈락

---

www.nadoogong.com

06.

정답 ①　　　　　　　　　　상 **중** 하

「소학언해」에서는 끊어적기와 이어적기 방식이 혼용되어서 사용되었다.

> **tip 중세 국어 문법**
> 중세 국어 문법 문제가 최근 고졸 검정고시 문제에 자주 출제되고 있으므로 중세 문법의 개념을 꼭 확인하고 암기하는 것이 좋다.

07.

정답 ②　　　　　　　　　　상 **중** 하

㉠에는 유전자 복제 실험에 반대하는 측의 논거가 들어가야 한다. 따라서 '우량 동물의 번식과 보전이 가능해진다.'는 찬성 측 논거이기 때문에 답은 ②이다.

08.

정답 ④　　　　　　　　　　상 **중** 하

목적이 되는 대상이므로 '발전을'이라고 쓰는 것이 올바르다.

[09~11]

09.

정답 ④　　　　　　　　　　상 **중** 하

화자가 자연에 귀의하고자 하는 태도를 보이나 이것이 현실 도피적이라고 말하기는 어렵다. 오히려 자연의 질서에 순응하는 것으로 보아야 한다.

> **tip 신석정, 「임께서 부르시면」**
> - 갈래 : 자유시, 서정시
> - 성격 : 목가적, 전원적, 시각적, 여성적
> - 제재 : 임
> - 주제 : 자연의 질서에 순응함(임에 대한 순종), 목가적 전원생활에의 그리움
> - 특징
>   − 반복과 변조
>   − 직유와 도치법 사용
>   − 전원적, 목가적 자연의 세계를 표현
>   − 시각적 이미지 중시
>   − 가정과 결과의 반복 구조
>   − 경어체의 사용

10.

정답 ②　　　　　　　　　　**상** 중 하

이 시의 '임'은 자연, 잃어버린 조국, 절대자, 사랑하는 사람, 전원적인 세계 등으로 읽을 수 있다. 추상성은 답이 아니다.

11.

정답 ④　　　　　　　　　　상 **중** 하

이 시의 시적 화자는 자연물에 자신을 비유하고 있다. 그러나 ⓓ는 시적 화자를 비유한 것이 아니라 '임'을 비유한 것이다.

12.

정답 ④　　　　　　　　　　상 **중** 하

이 소설은 이념의 대립과 분단이라는 역사적 과제를 미성숙한 존재인 어린아이의 눈을 통해 제시했다는 점이 특징적이다. 아무것도 모르는 소년의 시각이기에 사건의 전모가 제한되어 서술될 수도 있으나 이념의 대립이 어린 소년에게 얼마나 큰 상처를 주었는가를 보여 줌으로써 비극적 상황을 보다 효과적으로 부각시킬 수 있다.

① 이 작품의 서술자인 '나'는 순진한 어린 소년인데, 이처럼 세상의 이치를 미처 알지 못하는 소년의 눈을 통해 극적인 사건을 서술하는 경우, 상황 묘사에 있어 사실성이 강조됨으로써 그 상황에 대한 심정적인 호소의 효과를 얻을 수 있다.

② 문제의 전달에 있어서 아버지는 개구리가 하늘을 향해서 뛰는 상징적인 이야기를 통해서 어떤 메시지를 전달하고자 한다. 그러나 그 문제에 대해서는 단정적인 결론을 내리지 않음으로써 독자에게 생각의 여지를 남겨 놓고 있다.

> **tip 김원일, 「어둠의 혼」**
> - 갈래 : 단편 소설, 순수 소설
> - 배경 : 광복 직후 어느 시골 마을
> - 시점 : 1인칭 주인공 시점
> - 주제 : 아버지의 죽음을 통해서 본 민족 분단의 비극, 이념의 허구성에 대한 고발과 비참한 삶의 극복 의지
> - 특징 : 이데올로기 갈등과 그로 인해 벌어지는 비극적 사건을 어린아이의 시선을 통해 포착하고 있고, 저간의 사정이 저녁 한나절의 시간으로 압축되어 현재형으로 서술됨으로써, 아버지의 죽음과 이를 지켜보는 '나' 내면이 더욱 생생한 비극으로 그려지고 있다.

13.

정답 ③   상 **중** 하

나이가 어린 '나'에게 있어서 아버지의 삶 자체는 수수께끼로 다가 온다. 그러한 '내'가 아버지를 이해하게 되는 계기가 된 것은 아버지의 삶보다 더 이해할 수 없었던 개구리 이야기를 통해서다. 개구리는 결국은 닿지 못할 하늘을 향해서 끝까지 뛰어 오른다. 그러나 그런 '불쌍한 개구리'를 아버지는 오히려 행복할 것이라고 했다. 아버지의 이 말은, 살아가는 데 있어서 희망과 용기를 가지고 어떤 어려움과 슬픔도 이겨낸다면 행복할 것이라는 교훈을 전달하고 있는 것이다.

14.

정답 ④   상 **중** 하

청개구리에 관한 아버지와의 대화를 회상하는 부분은 '국민 학교'부터 '그건 아버지도 몰라.'까지이다. 이 회상하는 부분이 가장 먼저 일어난 일이고, 나머지는 아버지가 해방의 감격으로 만세를 부르고, 좌익에 가담해서 쫓기는 신세가 되고, '곧 어두워질 것이다'를 서술하고 있는 현재까지의 시간 순서가 된다.

[15~16]
15.

정답 ②   상 **중** 하

후렴구는 각 연의 끝마다 반복적으로 나타남으로써 작품 전체에 통일성을 부여하는 구실과 연과 연을 분리시키는 역할을 한다. '동동(動動)'이라는 어휘는 일반적으로 북소리를 나타내는 것으로 풀이된다. 따라서 향토성과는 거리가 멀고, 화자의 정서와도 직접적인 관계가 없다.

- -

tip 작자 미상, 「동동(動動)」
- **형식** : 분절체(13연), 월령체
- **주제** : 외로움과 슬픔, 임에 대한 송도와 애련, 회한 · 한탄(각 연마다 주제가 다름)
- **특징**
  - 송도가, 월령체(달거리) 가요
  - 비유적 · 상징적 · 민요적 · 서정적 · 송축적 성격
  - 비유법(은유 · 직유), 영탄법의 사용
- **출전** : 악학궤범
- **의의** : 우리 문학 최초이자 고려속요 중 유일한 월령체 가요(조선 후기 월령체 가사인 '농가월령가'에 영향)

16.

정답 ①   상 **중** 하

화자는 자신을 찾지 않는 임에 대한 원망(4월령)의 감정을 드러내고 있지만, 여전히 임에 대한 예찬(2, 3월령)과 만수무강의 기원(5월령), 사랑의 회복에 대한 소망(7월령)을 보이고 있다. 체념과 도피의 태도를 보이는 것은 아니다.
② 월령(연등제), 5월령(단오), 6월령(유두), 7월령(백중)에 세시풍속이 드러나 있다.
③ 6월령에서 임에게 버림받은 자신의 상황을 '별해 ㅂ룐 빗'에 빗대어 표현하였다.
④ 정월령에서 얼었다 녹았다 하는 '나릿믈'과 달리 계속 홀로 지내야하는 자신의 처지를 대조하며 한탄하고 있다.

[17~19]
17.

정답 ①   상 **중** 하

채봉은 취향에게 서울로 올라가지 않을 도리가 있다며 가다가 종로에서 몸을 피하겠다고 하였다. 다음 날 김 진사와 이 부인은 채봉과 작별할 때 채봉이 마음을 돌린 것을 다행으로 여기는데 여기에서 채봉이 부모의 뜻을 거역하려 함을 알 수 있다.
② 취향은 김 진사의 딸이 아니다.
③ 김 진사는 채봉에게 침선 같은 것은 배워도 쓸데가 없다고 했다.
④ 이 부인은 채봉을 장생과 결혼시키기로 했지만 김 진사가 돌아온 후에 마음이 변한다.

- -

tip 작자 미상, 「채봉감별곡」
- **갈래** : 애정 소설, 염정 소설
- **성격** : 사실적, 진취적, 현실 비판적
- **주제** : 권세에 굴하지 않는 순결하고 진실한 사랑의 성취
- **특징**
  - 고전 소설의 우연성을 탈피
  - 조선 말기의 타락한 세태의 일면을 사실적으로 드러냄
  - 다른 애정 소설에 비해 일부다처제의 시대 풍속을 답습하고 있지 않음

- -

18.

정답 ②   상 **중** 하

이 작품의 시점은 전지적 작가 시점이다. 따라서 광범위하고

복잡한 내용을 제한 없이 서술할 수 있다.

19.

정답 ③ 상·**중**·하

김 진사는 채봉에게 재상의 소실과 여염집 부인 중 어느 것이 좋은지를 물었다. 뒷부분에서 김 진사가 "네가 남의 별실 구경을 못해서 이런 소리를 하나 보다마는, 참 세상에 그 같은 호강은 또 없느니라." 고 말한 것을 고려했을 때 채봉은 "닭의 입(여염집 부인)이 될지언정 소의 뒤(재상의 소실)가 되기는 싫소."라고 말했을 것으로 추론할 수 있다.

[20~22]
20.

정답 ② 상·중·**하**

이 글에서는 영화에 사용되는 직접적인 시각 영상과 음향, 영화가 표현하는 소재의 범위, 영화 매체가 전달하는 현실감 등을 다루고 있다.

21.

정답 ④ 상·**중**·하

〈보기〉는 관객이 영화에 몰입하여 현실을 영화 속의 한 장면으로 착각하고 있는 것이다. 이는 4문단에 서술된 것처럼 '영상, 음향, 움직임이 지속적인 흐름, 즉 화면상의 모든 것이 현재 시제로 진행되고 있는 것처럼 보이도록 만들고, 이로 인해 관객이 스크린에 투사되는 환영에 전적으로 몰입하게 만드는 것'이다.

22.

정답 ① 상·**중**·하

㉠에는 무용이나 무언극이 만들어내는 움직임을 의미하는 단어가 나와야 한다. ㉡에는 영화의 독특한 예술로서 스크린에 비치는 상에 대한 의미가 나와야 한다. ㉢에는 관객이 영화에 몰입하여 만들어내는 심리적인 정서 효과에 대한 의미가 나와야 한다.

[23~25]
23.

정답 ④ 상·**중**·하

현미경으로 동맥과 정맥의 말단을 연결하는 모세혈관을 발견한 사람은 말피기이다.

24.

정답 ③ 상·**중**·하

마지막 문단을 보면 말피기의 현미경 관찰로 피의 순환 이론이 널리 받아들여졌고 그 이후 새로운 생리학의 구축이 시작되었다는 내용이 제시되어 있다. 즉, 새로운 생리학의 구축이 피의 순환 이론의 성립에 기여한 것이 아니라 반대로 피의 순환 이론이 새로운 생리학의 구축에 영향을 준 것이다.

25.

정답 ③ **상**·중·하

3문단에서 하비가 팔을 묶자 피가 통하지 않는 부분이 차가워졌음을 알 수 있다. 이는 피가 나오는 부분과 피가 전달되는 기관인 손이 연결되는 부분을 압박했기 때문에 생기는 현상이다. 따라서 하비가 끈 실험에서 차단했던 위치는 대동맥과 각 기관(손)의 사이, 각 기관(손)과 대정맥의 사이라고 보는 것이 타당하다.

제②교시 　수 학

01	④	02	②	03	①	04	④	05	①
06	③	07	①	08	②	09	①	10	①
11	③	12	④	13	④	14	①	15	①
16	③	17	③	18	①	19	①	20	②

01.

정답 ④　　　　　　　　　　　상 중 **하**

$A=2x^2+x+1$, $B=x^2-x+3$이므로

$$A-B=(2x^2+x+1)-(x^2-x+3)$$
$$=2x^2+x+1-x^2+x-3$$
$$=x^2+2x-2$$

02.

정답 ②　　　　　　　　　　　상 중 **하**

x에 대한 항등식은 x에 어떤 값을 넣어도 언제나 성립하는 등식을 뜻하므로 좌변과 우변의 식이 같아야 한다.

주어진 식 $7x^2+ax-8=7x^2+3x+b$를 보면 좌변에서 x의 계수가 a, 우변에서 x의 계수가 3이므로 $a=3$, 좌변에서 상수항은 -8, 우변에서 상수항은 b이므로 $b=-8$

$\therefore a+b=3+(-8)=-5$

tip 항등식

항상 같은 등식으로 좌변=우변이다.
x에 대한 항등식이라고 하면
$ax+b=0 \Rightarrow a=0, b=0$
$ax+b=cx+d \Rightarrow a=c, b=d$

03.

정답 ①　　　　　　　　　　　상 **중** 하

$f(x)=2x^3-5x+a$라 하면

$f(x)$는 $(x-3)$으로 나누어떨어지므로 $f(3)=0$

$f(3)=2\times3^3-5\times3+a$

$54-15+a=0$

$\therefore a=-39$

04.

정답 ④　　　　　　　　　　　상 **중** 하

$$(x-3)^3=x^3-3\times x^2\times3+3\times x\times3^2-3^3$$
$$=x^3-ax^2+27x-27$$
$$-ax^2=-3\times x^2\times3$$
$$\therefore a=9$$

tip 인수분해 기본공식

- $ma+mb-mc=m(a+b-c)$
- $a^2+2ab+b^2=(a+b)^2$
  $a^2-2ab+b^2=(a-b)^2$
- $a^2-b^2=(a+b)(a-b)$
- $x^2+(a+b)x+ab=(x+a)(x+b)$
- $acx^2+(ad+bc)x+bd=(ax+b)(cx+d)$
- $a^3+3a^2b+3ab^2+b^3=(a+b)^3$
  $a^3-3a^2b+3ab^2-b^3=(a-b)^3$
- $a^3+b^3=(a+b)(a^2-ab+b^2)$
  $a^3-b^3=(a-b)(a^2+ab+b^2)$

05.

정답 ①　　　　　　　　　　　상 중 **하**

복소수가 있는 등식을 만족하려면 실수부분은 실수부분끼리, 허수부분은 허수부분끼리 같으면 된다.

그러므로 $6i(1+3i)=a+6i$를 정리하면

$6i-18=a+6i$

$\therefore a=-18$

tip 허수의 정의와 복소수의 상등

- 허수단위$(i=\sqrt{-1})$: 제곱해서 -1이 되는 수를 i로 나타낸다. 이때 i를 허수단위라 하고 i를 포함하는 수를 허수라 한다.
  $i=i^{4n+1}=\sqrt{-1}$
  $i^2=i^{4n+2}=-1$
  $i^3=i^{4n+3}=-i$
  $i^4=i^{4n}=1$
- 복소수 : 임의의 실수 a, b에 대하여 $a+bi$의 꼴로 나타내는 수를 복소수라 한다. a를 실수 부분, b를 허수 부분이라 하고 $a=0$일 때 순허수라고 한다.
- 복소수의 상등
  - $a+bi=0 \Leftrightarrow a=0, b=0$
  - $a+bi=c+di \Leftrightarrow a=c, b=d$

06.

정답 ③   상 **중** 하

이차방정식 $2x^2+6x-8=0$의 두 근을 α, β라고 하면 근과 계수의 관계에 의하여 $\alpha\beta=-4$이다.

tip 근과 계수와의 관계

- $ax^2+bx+c=0(a\neq0)$의 두 근이 α, β이면

$$\alpha+\beta=-\frac{b}{a}, \ \alpha\beta=\frac{c}{a}$$

- $ax^3+bx^2+cx+d=0(a\neq0)$의 세 근이 α, β, γ이면

$$\alpha+\beta+\gamma=-\frac{b}{a}, \ \alpha\beta+\beta\gamma+\gamma\alpha=\frac{c}{a}, \ \alpha\beta\gamma=-\frac{d}{a}$$

07.

정답 ①   상 **중** 하

$-2\leq x\leq4$일 때, 이차함수 $y=\frac{1}{2}x^2-2$의 그래프를 보면 $x=0$일 때 최솟값 -2를 가진다.

tip 이차함수의 최대 · 최소

$y=ax^2+bx+c=a(x-m)^2+n(\alpha\leq x\leq\beta)$에서 꼭짓점의 x좌표가 제한된 범위에 포함될 때

- $a>0$이면 $x=m$에서 최솟값 n이고 $f(\alpha)$, $f(\beta)$ 중 큰 값이 최댓값이다.
- $a<0$이면 $x=m$에서 최댓값 n이고 $f(\alpha)$, $f(\beta)$ 중 작은 값이 최솟값이다.

08.

정답 ②   **상** 중 하

이차방정식 $x^2-2x-3=0$의 좌변을 인수분해하면

$(x+1)(x-3)=0$

따라서 $x=-1$ 또는 $x=3$

-1, 3이 공통인 두 근이므로 삼차방정식 $x^3+ax-b=0$에 $x=-1$, $x=3$을 각각 대입하면

$-1-a-b=0$, $27+3a-b=0$

두 식을 연립하여 풀면 $a=-7$, $b=6$

따라서 $a-b=(-7)-6=-13$

09.

정답 ①   상 중 **하**

연립부등식 $\begin{cases} 5x<3x+8 \ \cdots \ \bigcirc \\ 8x>7x-1 \ \cdots \ \bigcirc \end{cases}$ 을 풀면

$\bigcirc$은 $x<4$, $\bigcirc$은 $x>-1$이므로

연립부등식의 해는 $-1<x<4$이다.

$\therefore a=4$

10.

정답 ①   상 **중** 하

$\left|\frac{1}{3}x-2\right|\leq10$

$-10\leq\frac{1}{3}x-2\leq10$

$-8\leq\frac{1}{3}x\leq12$

$-24\leq x\leq36$

$a=-24$, $b=36$이므로 $a+b=12$이다.

11.

정답 ③   상 **중** 하

두 점 $A(-4, 3)$, $B(-1, 7)$ 사이의 거리는

$\sqrt{((-1)-(-4))^2+(7-3)^2}$

$=\sqrt{3^2+4^2}$

$=\sqrt{9+16}$

$=\sqrt{25}$

$=5$

tip 좌표평면 위의 두 점 $A(x_1, y_1)$, $B(x_2, y_2)$ 사이의 거리

$$\overline{AB}=\sqrt{(x_2-x_1)^2+(y_2-y_1)^2}$$

12.

정답 ④   상 **중** 하

구하고자 하는 직선의 방정식을 $y=ax+b$라 하면,

직선 $y=3x+3$에 평행이므로 $a=3$이다.

또한 이 직선이 $(1, 2)$를 지나므로 $b=-1$이다.

$\therefore$ 직선의 방정식은 $y=3x-1$

---

tip 직선의 방정식

- 기울기가 a이고 y절편이 b인 직선의 방정식은 $y=ax+b$로 나타낸다.
- $y=ax+b$, $y=cx+d$일 때 두 직선의 위치 관계
  - 평행일 경우(기울기 같음) : $a=c$
  - 수직일 경우(기울기의 부호는 반대이며 서로 역수관계) : $a \times c=-1$

13.

정답 ④	상 중 하

두 점 $(-1, -1)$, $(5, 5)$를 지름의 양 끝점으로 하므로 두 점의 중점은 원의 중심이다. 따라서 두 점의 중점의 좌표는

$$\left(\frac{-1+5}{2}, \frac{-1+5}{2} \right)=(2, 2)$$

또한 지름의 길이는 두 점 사이의 거리와 같으므로

$$\sqrt{(5-(-1))^2+(5-(-1))^2}$$
$$=\sqrt{6^2+6^2}$$
$$=\sqrt{36+36}$$
$$=\sqrt{72}$$
$$=6\sqrt{2}$$

따라서 반지름의 길이는 $3\sqrt{2}$이다.

중심이 $(2, 2)$이고 반지름의 길이가 $3\sqrt{2}$인 원의 방정식은

$$(x-2)^2+(y-2)^2=(3\sqrt{2})^2$$
$$\therefore (x-2)^2+(y-2)^2=18$$

---

tip 선분 AB의 중점

두 점 $A(x_1, y_1)$, $B(x_2, y_2)$를 이은 $\overline{AB}$의 중점은

$$M\left(\frac{x_1+x_2}{2}, \frac{y_1+y_2}{2} \right)$$

14.

정답 ①	상 중 하

점 $(2, 5)$를 원점에 대하여 대칭이동하면 x, y값의 부호가 바뀌므로 $(-2, -5)$가 된다.

---

tip 점의 대칭이동

- x축에 대한 대칭이동 : $(x, y) \rightarrow (x, -y)$
- y축에 대한 대칭이동 : $(x, y) \rightarrow (-x, y)$
- 원점에 대한 대칭이동 : $(x, y) \rightarrow (-x, -y)$
- $y=x$에 대한 대칭이동 : $(x, y) \rightarrow (y, x)$
- $y=-x$에 대한 대칭이동 : $(x, y) \rightarrow (-y, -x)$

15.

정답 ①	상 중 하

$A=\{1, 2, 3, 4, 6, 12\}$, $B=\{1, 2, 4, 8, 16\}$에서 교집합 $A \cap B$는 집합 A와 집합 B에 공통으로 들어 있는 원소를 구해야 하므로

$A \cap B=\{1, 2, 4\}$이고, 원소의 개수는 3이다.

$\therefore n(A \cap B)=3$

---

tip 집합의 연산

- **교집합** : $A \cap B=\{x \,|\, x \in A \text{ 그리고 } x \in B\}$
- **합집합** : $A \cup B=\{x \,|\, x \in A \text{ 또는 } x \in B\}$
- **집합의 서로소** : 두 집합 A, B에 대하여 $A \cap B=\varnothing$일 때, 두 집합 A와 B는 서로소이다.
- **여집합** : $A^C=\{x \,|\, x \in U \text{ 그리고 } x \notin A\}$
- **차집합** : $A-B=\{x \,|\, x \in A \text{ 그리고 } x \notin B\}$

16.

정답 ③	상 중 하

$p \rightarrow q$의 역은 $q \rightarrow p$이다.

그러므로 명제 '$x=-1$이면 $x^3=-1$이다.'의 역은 '$x^3=-1$이면 $x=-1$이다.'가 된다.

17.

정답 ③	상 중 하

$(f \circ f)(2)=f(f(2))$이므로

$f(2)$의 값은 함수 $f : X \rightarrow Y$에서 $f(2)=1$

$f(1)$의 값은 함수 $f : X \rightarrow Y$에서 $f(1)=3$

$\therefore (f \circ f)(2)=3$

18.

정답 ①	상 중 하

유리함수 $y=\dfrac{1}{x-a}+3$의 점근선은 $x=1$, $y=3$라고 하였으므로 $a=1$이다.

tip 함수 $y=\dfrac{k}{x-p}+q\,(k\neq 0)$의 그래프

- 함수 $y=\dfrac{k}{x}\,(k\neq 0)$의 그래프를 x축 방향으로 p만큼, y축 방향으로 q만큼 평행이동한 것이다.
- 정의역은 $\{x\,|\,x\neq p$인 실수$\}$이고, 치역은 $\{y\,|\,y\neq q$인 실수$\}$이다.
- 점 (p, q)에 대하여 대칭이다.
- 점근선은 두 직선 $x=p,\ y=q$이다.

19.

정답 ①	상 **중** 하

4개의 공 중에서 서로 다른 2개를 선택하여 일렬로 나열해야 하므로 순열의 공식을 사용한다.

$${}_4\mathrm{P}_2=4\times 3=12$$

$\therefore$ 경우의 수는 12

tip 순열

서로 다른 n개에서 $r\,(r\leq n)$개를 선택하여 일렬로 나열하는 것을 n개에서 r개를 선택하는 순열이라 하고, 그 순열의 수를 기호로 ${}_n\mathrm{P}_r$로 나타낸다.

- ${}_n\mathrm{P}_r=n\times(n-1)\times(n-2)\times\cdots\times(n-r+1)$ (단, $0<r\leq n$)
- ${}_n\mathrm{P}_n=n\times(n-1)\times(n-2)\times\cdots\times 3\times 2\times 1=n!$
- ${}_n\mathrm{P}_r=\dfrac{n!}{(n-r)!}$ (단, $0\leq r\leq n$)
- ${}_n\mathrm{P}_0=1,\ 0!=1$

20.

정답 ②	상 **중** 하

5개 중에서 서로 다른 2개를 고르기만 하면 되므로 조합의 공식을 사용한다.

$${}_5\mathrm{C}_2=\dfrac{5\times 4}{2\times 1}=10$$

$\therefore$ 경우의 수는 10

tip 조합

서로 다른 n개에서 순서를 생각하지 않고 $r\,(r\leq n)$개를 선택하는 것을 n개에서 r개를 선택하는 조합이라 하고, 그 조합의 수를 기호로 ${}_n\mathrm{C}_r$로 나타낸다.

- ${}_n\mathrm{C}_r=\dfrac{{}_n\mathrm{P}_r}{r!}=\dfrac{n!}{r!(n-r)!}$ (단, $0\leq r\leq n$)
- ${}_n\mathrm{C}_n=1,\ {}_n\mathrm{C}_0=1,\ {}_n\mathrm{C}_1=n$
- ${}_n\mathrm{C}_r={}_n\mathrm{C}_{n-r}$

01	③	02	④	03	②	04	②	05	②
06	②	07	②	08	①	09	①	10	②
11	③	12	④	13	③	14	②	15	①
16	①	17	②	18	②	19	④	20	①
21	④	22	②	23	③	24	③	25	②

[01~03]

01.

정답 ③	상 **중** 하

luggage는 수하물이라는 뜻이다.

| 해석 |

수하물을 싣자마자 열차는 출발했다.

| 어휘와 표현 |

luggage 수하물   **hardly+had+주어+p.p when+주어+동사** ~하자마자 ~했다.   **start off** 움직이기 시작하다

02.

정답 ④	상 **중** 하

regrettable은 놀람, 후회, 유감 등을 나타내는 형용사이다.

| 해석 |

그 선생님이 나에게 화를 내시다니 유감스럽다.

| 어휘와 표현 |

regrettable 유감스러운   **angry** 화난

03.

정답 ②	상 **중** 하

Generally는 일반적으로라는 뜻이다.

| 해석 |

일반적으로 말하면, 한국인은 성실하고 공손하다.

| 어휘와 표현 |

Generally 일반적으로   **diligent** 성실한

04.

정답 ② 상 중 **하**

②를 뺀 나머지는 전부 반대되는 의미의 단어들이다. ②는 같은 의미의 단어들이다.

| 해석 |

비록 네가 나를 멍청하다고 생각해도 나는 내가 똑똑하다는 것을 안다.

② 시작하다 – 시작하다
① 빠른 – 느린
③ 긍정적인 – 부정적인
④ 자다 – 일어나다

05.

정답 ② 상 **중** 하

제시된 전시회 안내문에서 휴관일에 대한 정보는 찾을 수 없다.

| 해석 |

동양화 전시회
기간 : 2022.1.4.~2022.1.18.
장소 : 청담 미술관
시간 : 오전 9시부터 오후 8시까지
요금 : 성인 20달러, 학생 10달러
분실물을 주의하세요.

[06~08]

06.

정답 ② 상 중 **하**

| 해석 |

• 어머니는 클래식 음악에 관심이 있다.
• 나는 아침에 요거트를 먹는다.

| 어휘와 표현 |

classic music 클래식 음악   eat 먹다   yogurt 요거트
be interested in ~에 관심(흥미)가 있다   in ~에

07.

정답 ② 상 **중** 하

| 해석 |

• 나를 행복하게 만드는 것은 너야.
• 나는 그가 무엇을 암시하는지 모르겠다.

| 어휘와 표현 |

happy 행복한   know 알다   imply 암시하다
what 무엇(문장에 따라서 관계대명사, 의문사 등으로도 쓰인다.)

08.

정답 ① 상 중 **하**

| 해석 |

• 그들 모두 나의 농담에 웃었다.
• 그들이 역에 도착했다.

| 어휘와 표현 |

arrive at (장소를 나타낼 때는 전치사 at을 쓴다)   ~에 도착하다   laugh at ~을 비웃다.

09.

정답 ① 상 **중** 하

아침 운동을 하기 싫어하는 B에게 아침 운동의 장점을 얘기하기 위해 A는 일찍 일어나는 새가 벌레를 잡아먹는다는 속담을 인용하고 있다.

| 해석 |

A : 나와 함께 아침 운동 시작하지 않을래?
B : 난 더 자고 싶어. 내가 왜 그렇게 힘든 일을 해야 하는 거야?
A : 일찍 일어나는 새가 벌레를 잡는다고 하잖아.

| 어휘와 표현 |

exercise 운동   catch 잡다   bug 벌레

10.

정답 ② 상 중 **하**

같이 축제를 가자고 제안하는 A에게 B는 내일 시험이 있어 가지 못한다고 거절하고 있으므로 속상하다가 정답이다.

| 해석 |

A : 내일 서울에서 열리는 케이팝 축제에 같이 가지 않을래?

B : 뭐? 내일 축제가 있어?

A : 응. 왜?

B : 나 정말로 가고 싶은데 미안하게도 갈 수 없어. 난 내일 시험이 있어.

A : 안됐다. 다음에 같이 가자.

| 어휘와 표현 |

festival 축제　**test** 시험

11.

정답 ③　　　　　　　　　　　상  하

더러워진 코트를 맡기려는 A와 이를 일주일 뒤에 찾으러 오라는 B의 대화를 통해 두 사람이 대화하고 있는 곳은 세탁소라는 점을 알 수 있다.

| 해석 |

A : 제 겨울 코트가 너무 더러워져서요.

B : 네. 저에게 맡겨주십시오.

A : 언제 다시 찾으러 오면 될까요?

B : 지금 주문이 많아서 일주일 뒤에 오셔야 할 것 같습니다.

| 어휘와 표현 |

leave 맡기다　**order** 주문　**in a week** 일주일 뒤에

12.

정답 ④　　　　　　　　　　　상  하

주어진 제시문의 조건에 맞는 것을 보기에서 고르면 ④의 '자동차'이다. 지하철은 안전벨트를 매지 않는다.

| 해석 |

우리가 어떤 장소를 갈 때, 우리는 이것을 이용합니다. 이것은 유용하고 편리합니다. 대부분의 사람들은 여행갈 때 이것을 이용합니다. 이것은 많은 물건들을 실을 수 있습니다. 당신이 이것을 운전할 때 당신은 안전벨트를 매야 합니다.

| 어휘와 표현 |

useful 유용한　**convenient** 편리한　**travel** 여행
baggage 짐　**fasten** 매다, 채우다　**seat belt** 안전벨트

[13~14]
13.

정답 ③　　　　　　　　　　　상  하

'Why don't you~'는 제안할 때 쓰는 표현이다. 대화에서는 공부하느라 잠을 못 자서 피곤한 A에게 B가 휴식을 취하는 게 어떻겠냐고 제안(권유)하고 있다. 따라서 빈칸에는 제안을 승낙하거나 거절하는 내용이 들어가야 한다.

③ 그거 좋은 생각이야.

① 나는 일주일에 한두 번 그것을 만들어.

② 너 왜 이렇게 피곤해?

④ 그곳에 얼마나 있었니?

| 해석 |

A : 나는 어제 공부하느라 잠을 못 자서 너무 피곤해.

B : 잠시 휴식을 취하는 게 어떻겠니?

A : 그거 좋은 생각이야.

| 어휘와 표현 |

take a break 휴식을 취하다

14.

정답 ②　　　　　　　　　　　상  하

A의 왜 예약했던 전시회를 가지 못했냐는 질문에는 B가 버스 안에서 전시회 입장표를 잃어버려서 가지 못했다고 하는 것이 가장 적절하다.

① 전시회는 작년에도 열렸어.

② 버스에서 전시회 입장표를 잃어버렸거든.

③ 전시회에서 친구를 만났어.

④ 지금까지 전시회를 단 한 번도 가본 적 없어.

| 해석 |

A : 지난주 토요일에 예약했던 전시회는 어땠어?

B : 전시회에 못 갔어.

A : 왜?

B : 버스에서 전시회 입장표를 잃어버렸거든.

| 어휘와 표현 |

exhibition 전시회　**saturday** 토요일

15.

| 정답 ① | 상 **중** 하 |

사람들에게는 우표를 모으거나 식물을 기르는 등의 저마다 각기 다른 취미가 있다는 것이 대화의 요지이다. ③번은 글의 내용과는 일치하나 글의 전체 내용을 포괄하지 못한다.

| 해석 |

A : 많은 사람들은 저마다 취미가 있어. 넌 어때?
B : 나는 우표를 수집해. 그리고 내 여동생은 식물을 길러. 너는?
A : 나는 스스로 옷을 만들어 입어.
B : 정말? 나는 모자를 만들어!
A : 와. 세상에는 정말 다양한 취미가 있구나.

| 어휘와 표현 |

hobby 취미   collect 수집하다   stamp 우표, 도장, 스탬프
raise 키우다, 기르다, 재배하다   plant 식물, 초목
clothes 옷, 의복

16.

| 정답 ① | 상 **중** 하 |

제시문은 열차 지연을 알리는 안내 방송이다.

| 해석 |

주목해 주십시오. 전기 결함 때문에 열차가 10분 정도 지연될 예정입니다. 급하신 일이 있으시다면 다른 교통수단을 이용해 주시기 바랍니다.

| 어휘와 표현 |

attention 관심, 주목   delay 지연시키다, 연기하다
due to …때문에   electrical 전기의, 전자의
transportation 교통, 운송

17.

| 정답 ② | 상 중 **하** |

40% 전체 세일한다고 적혀져 있다.

| 해석 |

겨울 특가 세일
모든 옷이 40% 할인
− 8월 13일부터 30일까지
− 화요일부터 일요일까지 영업 오전 10시부터 오후 10시까지

− 모두 새 옷

| 어휘와 표현 |

clothes 옷

18.

| 정답 ② | **상** 중 하 |

활발한 신체활동은 성적 향상에 도움이 되지만, 적은 양의 운동은 성적 향상에 도움이 되지 않는다는 것을 통해 운동의 수준과 학문적인 성취 사이에 연관관계가 있다는 것을 알 수 있다.

| 해석 |

체육 수업 등록은 학업 성취도와는 상관관계가 없지만 활발한 신체 활동에 참가하는 것은 학업 성취도와 관련이 있다는 것이 한 연구로 밝혀졌다. 최소한 하루에 20분, 일주일에 3일을 활발한 교외활동에 참가하는 학생들은 학업 성적이 더 높다는 사실이 밝혀졌다.

| 어휘와 표현 |

physical education class 체육 수업
be related to ~과 관련이 있다   academic 학교의, 학문의
involvement 참여, 관여   engage in ~에 종사[참가]하다

19.

| 정답 ④ | 상 **중** 하 |

제시문은 눈동자의 크기 변화를 통해서 상대방이 거짓말을 하는지 아닌지를 판단할 수 있다는 내용으로 글의 주제로 적절한 것은 ④이다.

| 해석 |

우리가 진실을 말하지 않을 때 우리의 눈에 드러낸다. 만약 어떤 사람이 거짓말을 한다면 그의 눈동자를 보는 것이 한 방법이다. 사람은 거짓말을 준비 중일 때 눈의 까만 부분이 작아질 것이다. 반대로 정확하게 진실을 말하는 동안 동공은 커질 것이다.

| 어휘와 표현 |

give away 드러내다, 누설하다   pupil 동공, 눈동자

[20~21]

20.

| 정답 ① | 상 **중** 하 |

남자아이들이 새로운 장난을 발견하여 서로 밀어 넘어뜨리기를 하게 된 내용으로, '장난'이 들어가는 것이 적절하다.

| 해석 |

때는 봄이었고 교외에 위치한 한 초등학교 6학년 남자아이들 몇 명이 운동장에서 빈둥거리고 있었다. 그들은 새로운 장난거리를 발견했다 그들 중에 한명이 누군가의 뒤에 엎드리면 다른 한 녀석이 그 사람을 밀어 넘어뜨리는 것이었다.

| 어휘와 표현 |

suburban 교외의   **fool around** 장난치며 놀다
trick 장난   **kneel down** 무릎을 꿇다

21.

| 정답 ④ | 상 **중** 하 |

펭귄들이 일정한 간격으로 서로 떨어져 있는 이유에 대해서 얘기하고 있으므로, 빈칸에는 '공간'이 들어가야 적절하다.

| 해석 |

둥지를 짓는 펭귄으로 알려진 펭귄의 한 종류에게 주로 필요한 것은 공간이다. 펭귄들은 저마다 옆에 있는 펭귄들을 위협함으로써 자신의 영역을 보호한다. 그 결과는 좀 독특한데, 펭귄들은 일정한 간격으로 떨어져 있다. 그들은 각각 옆에 있는 펭귄과 정확히 부리 두 개의 길이만큼 떨어져 서있다.

| 어휘와 표현 |

threatening 협박하는, 위협적인
evenly apart 일정한 간격으로   **beak** 부리

22.

| 정답 ② | **상** 중 하 |

해당 글은 업무평가를 좋아하는 사람은 없기 때문에 피드백의 부족이 회사에 해로울 수 없다는 내용이다. '그래서 일반적으로 사람들은 입을 다문다.'라는 문장은 '직원들은 단지 비판만을 듣게 될까봐 불안해하고, 상사들은 그들의 솔직한 보고가 방어적인 반응을 나타낼까봐 불안해한다.' 뒤에 와야 문맥 상 적절하다.

| 해석 |

업무 평가를 좋아하는 사람은 아무도 없다. 직원들은 단지 비판만을 듣게 될까봐 불안해하고, 상사들은 그들의 솔직한 보고가 방어적인 반응을 나타낼까봐 불안해한다. 그래서 일반적으로 사람들은 입을 다문다. 이것은 대부분의 직원들이 업무를 향상할 수 있는지 알아내기 위한 도움을 필요로 하기 때문에 유감스러운 일이다. 또한, 만약 명확한 피드백의 부족이 바람직하지 않은 업무 태도를 낳는다면 회사에 해로울 수 있다.

| 어휘와 표현 |

performance review 업무 평가   **defensively** 방어적으로
keep one's mouth shut 입을 다물다

23.

| 정답 ③ | 상 중 **하** |

| 해석 |

축구는 내가 가장 좋아하는 스포츠입니다. 재미있고 신납니다. 나는 달리기와 차는 것을 좋아합니다. 나는 Dragon 팀에서 뛰고 있습니다. 삼촌이 팀을 코치합니다. 매주 화요일과 목요일에 연습합니다. 토요일에는 미니 게임을 합니다. 오늘은 제가 토요일에 했던 미니 게임의 규칙을 설명하겠습니다.

| 어휘와 표현 |

soccer 축구   **favorite** 가장 좋아하는   **run** 뛰다
kick 발로 차다

24.

| 정답 ③ | **상** 중 하 |

'스포츠에 참여하는 것은 스포츠를 보는 것과 아주 다르다.'는 주장을 위해 뒤에서 예시를 들고 있으므로 ③이 적절하다.

| 해석 |

스포츠에 참여하는 것은 스포츠를 보는 것과 아주 다르다. 예를 들어, 많은 사람들이 미식축구를 미국에서 가장 인기 있는 스포츠로 평가할 것이다. 하지만 미식축구는 필요한 선수의 수, 장비 부족, 그리고 부상 위험 때문에 좋은 선택이 아니다. 따라서 미식축구는 미국에서 가장 인기 있는 관중 스포츠이지만 참여 순위표에서는 한참 낮게 평가된다.

| 어휘와 표현 |

participate 참여하다   **quite** 꽤
tackle football 미식축구   **ranking** 순위표

25.

정답 ②　　　상 **중** 하

해당 글은 '스포츠에 참여하는 것은 스포츠를 보는 것과 아주 다르다.'라는 주장을 하고 있다.

▌제④교시　　　# 사 회

01	②	02	②	03	③	04	③	05	③
06	③	07	②	08	④	09	④	10	②
11	③	12	④	13	①	14	④	15	④
16	③	17	②	18	④	19	②	20	①
21	③	22	②	23	①	24	④	25	①

01.

정답 ②　　　상 **중** 하

다음은 시간적 관점에 대해서 설명하고 있다.

① **윤리적 관점** : 도덕적 가치 판단과 규범적 방향성에 초점을 두어 바람직한 삶의 모습을 살펴본다.

③ **공간적 관점** : 다양한 현상을 장소, 위치 등의 공간적 맥락에서 살펴본다.

④ **사회적 관점** : 특정한 사회 현상을 사회 제도 및 사회 구조 속에서 이해한다.

02.

정답 ②　　　상 중 **하**

중세 시대에는 신앙을 통해 절대자에게 귀의하는 것이 가장 지배적인 행복의 기준이었다.

① **선사 시대** : 자연재해를 피하고 생존을 위한 먹을 것을 얻는 것이 가장 중요했다.

③ **산업화 시대** : 물질적인 풍요를 추구하는 경향이 심화되었다.

④ **현대** : 개인이 느끼는 주관적 만족감이 중시된다.

03.

정답 ③　　　상 **중** 하

선거의 4원칙에는 보통선거, 직접선거, 비밀선거, 평등선거가 있다.

04.

정답 ③　　　상 중 **하**

온대 기후 지역은 사계절이 뚜렷하고 기온이 적당하며, 강수량이 풍부하여 인간 활동에 유리하다.

05.

정답 ③ 상 **중** 하

다음에서 설명하는 문화권은 아프리카 문화권이다.

06.

정답 ③ 상 **중** 하

해당 글은 모두 천연가스에 대해 설명하고 있다. 액화기술을 이용하는 것은 천연가스이다.

07.

정답 ② 상 **중** 하

해당 글은 사회주의에 대하여 설명하고 있는 글이다.

> **tip** **자본주의 시장 경제체제와 사회주의 경제체제의 핵심적 차이**
> • 사유 재산제가 인정되는지 여부
> • 교환 및 거래의 자유가 인정되는지 여부

08.

정답 ④ 상 중 **하**

국가가 개인에게 특정한 가치나 삶의 방식을 강제할 수 없다고 보는 것은 자유주의적 정의관에 해당한다.

09.

정답 ④ 상 **중** 하

④는 노년기의 특징이다.

10.

정답 ② 상 **중** 하

(나) 동학 농민 운동 : 1894년
(가) 4.19 혁명 : 1960년
(다) 6월 민주 항쟁 : 1987년
(나) – (가) – (다)가 옳은 순서이다.

11.

정답 ③ 상 **중** 하

㉠은 가치, ㉡은 인권이다.

12.

정답 ④ 상 **중** 하

주식은 주식회사가 경영 자금을 마련하기 위해 투자자로부터 돈을 받고 발행하는 증서이다.
① 채권 : 정부, 은행, 기업 등이 미래에 일정한 이자를 지급할 것을 약속하고 돈을 빌린 후 제공하는 증서
② 예금 : 목돈을 일정 기간 은행에 예치하여 만기일에 원금과 이자를 받는 금융 상품
③ 펀드 : 금융 기관에 돈을 맡겨서 대신 투자하도록 하는 금융 상품

13.

정답 ① 상 **중** 하

㉠에 들어갈 말은 희소성이다.

14.

정답 ④ 상 **중** 하

돈가스는 문화 요소의 융합으로 탄생한 음식이다. 돈가스는 일본의 전통 음식 문화와 서양의 육식 문화가 조화를 이루어 탄생하였다.

15.

정답 ④ 상 중 **하**

국가의 경우 국제 무역이 확대되면, 문화 교류가 활성화되어 문화 발전에 이바지할 수 있다.

16.

정답 ③ 상 **중** 하

셧다운제는 청소년들의 일정한 시간 동안 게임 접속을 차단하

는 정책이다. 이는 청소년기의 정상적인 생체 리듬을 유지시키기 위한 것이다. 그러나 미래 산업으로서 게임 산업에 대한 성장에 규제가 된다는 비판도 있다.

17.

| 정답 ② | 상 **중** 하 |

정치 참여 주체 중 이익집단에 대한 설명이다. 이익집단은 오늘날 사람들이 서로 다른 이익을 추구하면서 영향력이 증대되었다.

tip 정당과 이익 집단의 비교

- **정당**
  - 정권을 획득하는 것이 목표
  - 사회 구성원들에게 영향을 끼치는 모든 쟁점과 문제 영역에 광범위한 관심
- **이익 집단**
  - 자신들의 특수한 이익을 추구하는 것이 목표
  - 몇 개의 쟁점이나 특수 영역의 문제점에만 관심
- **공통점**
  - 정부의 정책 결정에 영향력을 행사
  - 이익 단체는 자신이 추구하는 이익 실현을 위해 정당을 이용하고, 정당은 지지 기반을 넓히기 위해 이익 집단과 밀접한 연관

18.

| 정답 ④ | 상 중 **하** |

혐오 시설에 대하여 지역 주민들이 입지를 반대하는 님비 현상의 적절한 해결 방안을 찾는 문제이다. 갈등을 해결할 때 어느 한쪽의 입장만 받아들이거나, 제3의 대상을 통해 강제적인 조정을 할 경우 더 큰 갈등을 유발할 수 있다. 가장 바람직한 방안은 이해 당사자끼리 적극적으로 협력하여 대안을 마련하거나 타협하는 것이다.

19.

| 정답 ② | 상 **중** 하 |

해당 글은 보편적 복지에 대한 글이다. 보편적 복지의 경우 재원이 많이 필요한 대신 누구나 일정 수준의 삶의 질을 누릴 수 있다. 그러나 정부의 적극적인 복지 정책으로 수혜를 받은 국민이 근로 의욕을 잃고 자활하려는 노력을 하지 않아서, 결국 자원만 소비될 수 있는 단점이 있다.

20.

| 정답 ① | 상 중 **하** |

제2차 세계 대전 후 동서 냉전 체제 하에서 분단·대립해오던 독일, 베트남, 예맨 등 3개의 국가가 통일을 성취하였으며, 독일은 1990년에 동독이 자발적으로 서독에 편입되었다.

21.

| 정답 ③ | 상 **중** 하 |

엘니뇨는 태평양 동부 적도 해역의 월평균 해수면 온도 편차의 5개월 이동 평균값이 약 6개월 이상 계속해서 +0.5℃ 이상이 되는 것을 말한다. 엘니뇨 기간 페루 연안의 멸치 어장은 해수면 온도 상승으로 사라지며, 때로는 이 엘니뇨가 다음 해 여름까지 또는 그 이상 지속하는 경우가 있어 생태계에 큰 영향을 미친다.

22.

| 정답 ② | 상 중 **하** |

㉠에 들어갈 말은 세계 도시이다.

tip 세계 도시의 성장

교통·통신의 발달과 지역 간 상호 의존성 증가, 세계 무역 기구(WTO)의 출범으로 상품·서비스 등의 도시 간의 자유로운 이동이 확대되며 국가의 경계를 넘어 세계적인 중심지 역할을 수행하는 세계 도시들이 성장하였다.

23.

| 정답 ① | **상** 중 하 |

기니만의 음바니에 섬에서 추출 가능한 원유의 소유권을 두고 가봉과 적도기니는 분쟁을 겪었다.

24.

| 정답 ④ | 상 중 **하** |

열섬 현상은 도시화가 진행됨에 따라 난방 시설과 자동차 열 등 인공 열의 발생으로 도심 지역이 주변보다 온도가 3℃~4℃ 높은 현상으로, 여름철보다는 겨울철에 낮보다는 밤에

탁월하게 나타난다. 이로 인해 안개와 강수량은 증가하고 습도, 일사량, 풍속은 감소한다.

25.

정답 ① 상 **중** 하

다음에서 설명하고 있는 것은 공간 불평등이다. 국가는 수도권으로의 기능 집중 현상을 완화하여 공간 불평등을 해소하여야만 한다.

제⑤교시 # 과 학

01	①	02	④	03	③	04	②	05	②
06	④	07	③	08	④	09	①	10	③
11	④	12	②	13	①	14	③	15	①
16	①	17	②	18	④	19	②	20	④
21	②	22	②	23	④	24	④	25	④

01.

정답 ① 상 중 **하**

관성은 물체가 자신의 운동 상태를 계속 유지하려는 성질이다.
② **중력** : 지구의 만유인력과 자전에 의한 원심력을 합한 힘으로, 질량이 있는 모든 물체 사이에 서로 당기는 힘(만유인력)이 작용함
③ **자기력** : 자석이나 전류끼리 또는 자석과 전류가 서로 끌어당기거나 밀어내는 힘
④ **전기력** : 전기를 띤 물체 사이에 작용하는 힘

02.

정답 ④ 상 중 **하**

태양광 발전은 발전기의 도움 없이 태양전지를 이용하여 태양의 빛에너지를 직접 전기에너지로 변환시키는 발전 방식이다.
① **수력 발전** : 높은 곳에 위치한 물의 위치 에너지를 발전기 터빈의 운동 에너지로 변환시키고 발전기 내부의 전자기 유도 현상을 이용하여 전기를 얻는 발전 방식
② **풍력 발전** : 바람의 운동 에너지를 전기 에너지로 전환하는 발전 방식
③ **화력 발전** : 연료에너지를 연소시켜 얻어낸 기계적 에너지로 회전기를 회전시킴으로써 전기 에너지를 얻는 발전 방식

---

tip 발전 방식별 에너지 전환

- **수력 발전** : 물의 위치 에너지 → 운동 에너지 → 전기 에너지
- **화력 발전** : 화학 에너지 → 열에너지 → 운동 에너지 → 전기 에너지
- **원자력 발전** : 핵에너지 → 열에너지 → 운동 에너지 → 전기 에너지
- **태양열 발전** : 태양의 열에너지 → 운동 에너지 → 전기 에너지
- **조력 발전** : 물의 위치 에너지 → 운동 에너지 → 전기 에너지
- **풍력 발전** : 바람의 운동 에너지 → 전기 에너지

03.

정답 ③ 상 중 **하**

운동량＝질량×속도이므로 물체 A~D의 운동량을 각각 구해보면 다음과 같다.

A : $3 \times 1 = 3$

B : $3 \times 2 = 6$

C : $2 \times 1 = 2$

D : $2 \times 2 = 4$

그러므로 운동량이 가장 작은 것은 C이다.

---

tip 운동량과 충격량

운동량	• 물체의 운동 정도를 나타내는 물리량 • 운동량＝질량×속도 • 물체의 질량이 클수록, 속도가 빠를수록 운동량도 큼
충격량	• 물체의 운동을 변화시키는 물리량 • 충격량＝힘×시간 • 충격량＝운동량의 변화량＝나중 운동량－처음 운동량

04.

정답 ② 상 **중** 하

코일의 감은 수가 많을수록, 자석이 강할수록, 자석을 움직이는 속력이 빠를수록 유도 전류가 세진다.

05.

정답 ② 상 **중** 하

1차 코일에 걸린 전압을 V_1, 2차 코일에 걸린 전압을 V_2라고 하면

1차 코일과 2차 코일에 걸리는 전압은 감은 수에 비례하므로

$100V : V_2 = 1 : 2$

$V_2 = 200V$

---

tip 변압기

변압기란 패러데이 전자기 유도 법칙을 이용하여 교류 전압을 변화시키는 장치를 말한다. 1차 코일과 2차 코일에 걸리는 전압(V)은 감은 수(N)에 비례하고, 흐르는 전류(I)는 감은 수(N)에 반비례한다.

• $V_1 : V_2 = N_1 : N_2$

• $I_1 : I_2 = N_2 : N_1$

06.

정답 ④ 상 중 **하**

진공 상태이므로 저항이 없고 같은 속도로 떨어지게 된다. 따라서 A, B, C가 지면에 도달하는 순간까지는 모두 같은 시간이 걸린다.

07.

정답 ③ **상** 중 하

알칼리 금속은 주기율표 1족에 해당하는 원소(단, 수소는 비금속 원소이므로 제외)로, 리튬(Li), 나트륨(Na), 칼륨(K) 등이 있다.

ㄴ, ㄹ 헬륨(He), 네온(Ne)은 비활성 기체이다.

08.

정답 ④ 상 **중** 하

주기율표의 같은 족에 속하는 원소는 원자가 전자 수가 같기 때문에 화학적 성질이 비슷하다.

①, ②, ③ 질량수, 전자 수, 양성자수는 원소마다 다르다.

09.

정답 ① 상 **중** 하

수소(H_2)는 공유 전자쌍을 1개 공유하고 있는 공유 결합 물질이다.

10.

정답 ③ 상 **중** 하

효소는 단백질이 주 성분이다. 물질대사 과정을 조절하여 생명을 유지할 수 있게 한다.

ㄴ. 효소는 화학 반응의 활성화 에너지를 감소시켜 반응 속도를 증가시킨다.

11.

정답 ④ 상 중 **하**

산의 공통적 성질을 나타내는 이온은 수소 이온(H^+)이다.

---

tip 산과 염기

- 산 : 수용액에서 수소 이온(H^+)을 내놓는 물질
  예) 염산(HCl), 황산(H_2SO_4), 아세트산(CH_3COOH) 등
- 염기 : 수용액에서 수산화 이온(OH^-)을 내놓는 물질
  예) 수산화 나트륨($NaOH$), 수산화 칼륨(KOH) 등

12.

정답 ② 상 **중** 하

빅뱅 직후 우주에서 가장 먼저 만들어진 물질은 기본 입자이다. 기본 입자로부터 양성자와 중성자가 생성되었으며 원자핵과 전자가 결합하여 원자가 형성되었다.

13.

정답 ① 상 **중** 하

핵산에 대한 설명이다. 핵산은 모든 생물의 세포에 존재하는 유전 물질로 DNA와 RNA가 있다. 핵산의 단위체는 뉴클레오타이드이다.

14.

정답 ③ 상 **중** 하

세포막을 통한 물질 이동 중 삼투에 관한 설명이다.
① 내성 : 약물의 반복 복용에 의해 약효가 저하되는 등 어떤 물질을 반복하여 사용할 때 이전과 동일한 효과를 얻기 위해서는 사용량을 더 늘려야 하는 것
② 확산 : 세포막을 경계로 물질의 농도 차가 존재할 때 분자가 스스로 운동하여 농도가 높은 곳에서 낮은 곳으로 세포막을 통해 이동하는 현상
④ 종 다양성 : 일정한 지역에 살고 있는 생물종의 다양한 정도를 나타내는 것

15.

정답 ① 상 **중** 하

저분자 물질을 이용하여 고분자 물질을 합성하는 반응을 동화 작용이라고 하고, 고분자 물질을 저분자 물질로 분해하는 반응을 이화 작용이라고 한다.

16.

정답 ① 상 **중** 하

㉠은 전사이다. DNA의 한쪽 가닥을 주형으로 하여 상보적인 서열을 갖는 RNA가 합성된다. DNA의 유전 정보가 RNA로 전달된다.

17.

정답 ② 상 **중** 하

B(핵) : 세포의 구조와 기능을 결정하고 생명 활동을 조절한다.
① A(미토콘드리아) : 세포 호흡을 하여 생명 활동에 필요한 에너지를 공급한다.
③ C(세포벽) : 식물 세포에만 있는, 세포막의 바깥쪽을 둘러싸고 있는 단단한 벽이다.
④ D(엽록체) : 식물 세포에만 있으며, 햇빛을 받아 광합성이 일어나는 장소이다.

18.

정답 ④ 상 **중** 하

1차 소비자의 개체 수가 일시적으로 감소하면 생산자는 1차 소비자에게 덜 먹히므로 개체 수가 증가하고, 2차 소비자는 먹이가 부족해지므로 개체 수가 감소한다(ㄷ). 그 결과 1차 소비자는 개체 수가 증가한다(ㄱ). 이후 생산자는 1차 소비자에게 많이 먹히므로 개체 수가 감소하고, 2차 소비자는 먹이가 많아져 개체 수가 증가하면서(ㄴ) 생태계 평형이 회복된다.

19.

정답 ② 상 **중** 하

한 식물에서 빛을 많이 받는 잎은 빛을 적게 받는 잎보다 두껍다.

20.

정답 ④ 상 중 **하**

스펙트럼은 빛을 분광기나 프리즘에 통과시킬 때 빛이 나누어지면서 만들어지는 색의 띠이다.
① **자외선** : 파장이 가시광선보다 짧은 전자기파
② **적외선** : 가시광선보다 파장이 긴 전자기파
③ **전자파** : 주기적으로 세기가 변화하는 전자기장이 공간 속으로 전파해 나가는 현상

21.

정답 ② 상 중 **하**

화산 활동으로 대기 성분이 변하는 것은 지권과 기권의 상호 작용이다.

22.

정답 ② 상 중 **하**

연약권은 판의 아래에 맨틀 물질이 부분적으로 녹아 유동성을 가진 고체이다. 이곳에서 맨틀의 대류가 일어나고 이로 인해 판이 이동한다.

23.

정답 ④ 상 중 **하**

지구 내부 에너지에 대한 설명이다. 미행성체의 충돌, 지구 구성 물질의 분화, 방사성 동위 원소의 붕괴 등으로 발생한 열은 지구 내부에 축적되어 지구 내부 에너지가 되었다.

24.

정답 ④ 상 **중** 하

대류가 활발하며 기상현상이 나타나는 층은 D(대류권)이다.
① A(열권) : 일교차가 크고 오로라가 생김
② B(중간권) : 대류는 일어나지만 기상 현상은 없음
③ C(성층권) : 오존층이 존재하며 대류가 일어나지 않는 안정된 층

25.

정답 ④ 상 **중** 하

신생대에 대한 설명이다. 신생대에는 4번의 빙하기가 있었으며 신생대 제4기에 인류의 직계 조상이 최초로 출현하였다.

제⑥교시 　한국사

01	②	02	④	03	④	04	①	05	②
06	④	07	④	08	②	09	③	10	③
11	②	12	④	13	①	14	①	15	④
16	④	17	④	18	②	19	①	20	③
21	④	22	③	23	③	24	④	25	③

01.

정답 ②　　　　　　　　　　상 중 **하**

신석기 시대의 유물이다. 가락바퀴(방추차)와 뼈바늘(골침)은 옷이나 그물 등을 제작하는 용도로 사용되었다.

tip 신석기 혁명

구석기 시대 사람들이 수렵과 채집 생활을 했던 것과는 다른 신석기 시대에 시작된 농경과 목축 등을 중심으로 한 생산 활동의 변화. 신석기 시대 농경의 시작으로 사람들은 정착 생활을 하게 되었으며 인구도 증가하게 되어 도시와 사회 계급이 형성되게 되었다.

02.

정답 ④　　　　　　　　　　상 중 **하**

부여의 사회 모습에 대한 설명이다. 부여는 왕이 여러 가(加)와 함께 국정을 운영하는 부족 연맹체 국가였다.

tip 부여에 대한 기록

부여는 구릉과 넓은 못이 많아서 동이 지역 가운데서 가장 넓고 평탄한 곳이다. 토질은 오곡을 가꾸기에는 알맞지만 과일은 생산되지 않는다. 사람들의 체격이 매우 크고 성품이 강직 용맹하며, 근엄하고 후덕하여 다른 나라를 노략질하지 않는다.

－ 〈삼국지 위지 동이전〉 －

03.

정답 ④　　　　　　　　　　상 중 **하**

진흥왕 때 화랑도를 국가적 조직으로 개편하고 고령 지방의 대가야를 정복하였으며 단양 신라 적성비, 진흥왕 순수비를 세웠다.

① 태조왕은 고구려의 왕이다.

② 고이왕은 백제의 왕이다.

③ 소지왕은 신라의 왕으로 백제 동성왕과 결혼 동맹을 체결했다.

tip 진흥왕 순수비(眞興王巡狩碑)

진흥왕이 새로 넓힌 영토를 직접 돌아보고 세운 비석(척경비)으로, 현재 창녕비 · 북한산비 · 황초령비 · 마운령비 등 4기가 남아있다. '순수'란 천자가 제후의 봉지(封地)를 직접 순회하면서 현지의 통치 상황을 보고받는 의례로 순행(巡行)이라고도 한다. 순수비란 순수를 기념하여 세운 비석을 말하는데, 진흥왕 순수비의 비문 속에 나타나는 '순수관경(巡狩管境)'이란 구절에서 비롯되었다. 진흥왕 순수비는 당시의 삼국 관계와 신라의 정치상 · 사회상을 알려 주는 귀중한 자료이다.

04.

정답 ①　　　　　　　　　　상 **중** 하

나 · 당 연합군은 백제를 멸망시키고(660) 이어서 고구려를 멸망시켰다(668). 신라는 매소성 전투와 기벌포 전투에서 당의 군대를 격퇴한 후 삼국 통일을 완성하였다.

② 법흥왕 때에 해당한다.

③ 고구려가 수의 침략을 물리쳤던 사건이다.

④ 고려 성종 때이다.

05.

정답 ②　　　　　　　　　　상 **중** 하

9주 5소경은 신라의 삼국통일 후 새로 정비한 특수 행정구역이다.

tip 발해에 대한 기록

- 〈구당서〉 : 대조영을 고구려인으로 봄(고구려의 별종)
- 〈신당서〉, 〈통전(通典)〉 : 대조영을 말갈인으로 보았음
- 일연의 〈삼국유사〉 : 대조영은 고구려인으로 보았으나, 발해를 말갈족편에서 다루어 말갈 국가로 봄
- 김부식의 〈삼국사기〉 : 발해를 언급하지 않는 것으로 보아 우리 역사로 보지 않음
- 이승휴의 〈제왕운기〉 : 발해를 우리 역사로 본 최초의 사서
- 유득공의 〈발해고〉 : 발해를 우리 역사로서 보고, 처음으로 본격적으로 연구 (→ 발해는 실학자에 의해 본격적으로 연구됨)
- ※ 발해에 대한 본격적 연구 : 유득공의 〈발해고〉, 이종휘의 〈동사〉, 정약용의 〈아방강역고〉, 한치윤의 〈해동 역사〉, 서상우의 〈발해강역고〉, 홍석주의 〈발해세가〉 등

06.

정답 ④　　　　　　　　　상 **중** 하

고려 태조는 호족을 포섭하기 위하여 유력 호족과 정략 결혼을 하거나 왕씨 성을 하사하였다. 또한 호족을 통제하기 위하여 기인 제도와 사심관 제도를 시행하였다.

tip 태조의 호족 통제

- **기인 제도** : 지방 호족에게 일정 관직(호장 · 부호장)을 주어 지방 자치의 책임을 맡기는 동시에 지방 호족과 향리의 자제를 인질로 뽑아 중앙에 머무르게 한 것으로, 지방 세력을 견제하고 왕권을 강화하기 위한 제도라 할 수 있다. 신라의 상수리 제도를 계승한 것으로 볼 수 있다.
- **사심관 제도** : 중앙의 고관을 출신지의 사심관으로 임명하고 그 지방의 부호장 이하 관리의 임명권을 지니도록 하여 향리 감독, 풍속 교정, 부역 조달 등의 임무와 지방의 치안 · 행정에 책임을 지도록 한 것이다(그 지방의 호족과 함께 연대책임을 짐). 왕권의 유지를 위한 호족 세력의 회유책의 일환으로 신라의 마지막 왕인 경순왕을 경주의 사심관에 임명한 것이 시초였다. 후에 조선 시대 유향소와 경재소로 분화되었다.

07.

정답 ④　　　　　　　　　상 **중** 하

도병마사는 국방과 군사 문제를 논의하는 임시 기구이고 식목도감은 법률 및 각종 시행 규칙의 제정을 담당하는 임시 기구이다. 도병마사와 식목도감은 고려의 독자적인 기구로 고려 귀족 정치의 특징을 보여준다.

① **역분전** : 고려 전기의 토지제도
② **대간과 삼사** : 대간은 왕권 견제 기구, 삼사는 화폐와 곡식의 회계 출납을 담당
③ **어사대** : 관리들의 비리를 감찰

08.

정답 ②　　　　　　　　　상 **중** 하

거란은 고려를 여러 차례 침입해 왔다. 1차 침입 때는 서희가 소손녕과 외교 담판을 통해 강동 6주를 확보하였고, 3차 침입 때는 강감찬이 지휘하는 고려군이 거란군을 귀주에서 크게 격파하였다.

09.

정답 ③　　　　　　　　　상 중 **하**

6조 직계제에 대한 설명이다. 6조가 의정부를 거치지 않고 국가의 업무를 왕에게 직접 보고하게 하는 제도이다.

① **골품제** : 신라시대 혈통의 높고 낮음에 따라 신분을 구분한 제도
② **면리제** : 군현을 면과 리로 세분하는 조선 시대 지방 행정 제도
④ **의정부 서사제** : 6조에서 보고하는 일을 의정부에서 논의한 후 국왕에게 올리는 제도

10.

정답 ③　　　　　　　　　상 **중** 하

초계문신제(抄啓文臣制) : 신진 인물이나 중 · 하급(당하관 이하) 관리 가운데 능력 있는 자들을 재교육시키고 시험을 통해 승진

① **속오군** : 양반으로부터 노비에 이르기까지 모두 편제하였으며, 평상시 생업에 종사하다가 유사시 전투에 참여함
② **친영 제도** : 여성이 혼인 후 곧바로 남자 집에서 생활하는 혼인 형태
④ **친명배금 정책** : 명과 친교를 맺고, 여진족이 세운 후금을 배척하는 외교 정책

11.

정답 ②　　　　　　　　　상 **중** 하

병자호란은 조선 인조 때인 1636년에 청나라가 조선을 침략해 일으킨 전쟁이다. 조선군은 청의 군대에 맞서 치열하게 싸웠으나 끝내 이기지 못했고, 인조가 직접 청 태종에게 머리를 조아리는 항복 절차를 거친 후 청의 강요에 의해 태종을 칭송하는 내용의 삼전도비가 세워졌다.

① **기묘사화** : 조광조의 개혁 정치에 불만을 품은 훈구파가 '주초위왕' 모략을 통해 사림파를 제거한 사건
③ **신미양요** : 1871년 미국이 제너럴셔먼호사건을 빌미로 조선을 개항시키려고 무력 침략한 사건
④ **무신 정변** : 1170년 정중부, 이의방 등의 무신들이 일으킨 정변으로, 정권을 장악하여 문신 중심의 관료조직 및 전시과가 붕괴되었고 무신이 독재정치를 하게 된 사건

12.

정답 ②　　　　　　　　　　　　　　　　상 중 **하**

훈민정음은 백성들이 쉽게 익혀서 자신의 의사를 표현할 수 있게 하려는 목적에서 만들어졌다.

① **동국통감** : 단군 조선부터 고려까지의 역사를 정리한 책으로, 15세기 말에 편찬되었다.

③ **기자실기**, ④ **동국사략** : 단군보다 기자(고조선 시대 전설상의 나라인 기자조선의 시조)를 더 높이 평가한 책으로, 16세기에 편찬되었다.

13.

정답 ①　　　　　　　　　　　　　　　　상 **중** 하

밑줄 친 사건은 급진개화파가 주도한 갑신정변(1884)이다. 갑신정변은 김옥균, 박영효, 홍영식, 서광범 등 급진 개화파가 일으켰다.

②는 강화도 조약, ③은 민립 대학 설립 운동, ④는 임오군란에 해당한다.

---

tip 갑신정변 이후의 국내외 정세

- **러시아의 남하 정책** : 조·러 수호 통상 조약 체결(1884), 조·러 비밀 협약 추진(청의 방해로 실패)
- **거문도 사건(1885~1887)** : 영국이 러시아의 남하를 견제하고자 거문도를 불법 점령
- **조선 중립화론 제기** : 독일 부영사 부들러, 유길준
- **방곡령(1889)** : 실패

14.

정답 ①　　　　　　　　　　　　　　　　상 **중** 하

흥선 대원군은 국가 재정을 확보하기 위하여 서원을 전국에 47개소만 남기고 모두 없애버렸다. 또한 왕실의 권위를 높이기 위해 경복궁을 중건하였다.

15.

정답 ④　　　　　　　　　　　　　　　　상 중 **하**

제시된 답사 장소는 동학 농민 운동과 관련된 주요 유적지이다. 동학 농민 운동은 고부 봉기를 계기로 시작되었다. 농학

농민군은 전봉준 등의 지휘 아래 황토현 전투에서 승리하고 전주성을 점령하였다. 이후 정부와 전주 화약을 체결하고 집강소를 설치하여 개혁을 실시하였다.

16.

정답 ④　　　　　　　　　　　　　　　　상 중 **하**

을미사변으로 일본에 반감이 커진 틈을 타 한반도를 두고 일본과 경쟁을 펴던 러시아가 국내의 친러파와 모의하였다. 고종은 왕권을 제약하려는 개화 세력의 개혁에 불만을 가지게 되었고, 을미사변 후 신변의 위험을 느꼈다. 러시아 공사 베베르가 친러파와 모의하여 고종을 러시아 공사관으로 파천시켜 1년간 머물게 하였다.

① **구본신참** : 옛 것을 근본으로 하고 새 것을 참조한다는 의미로, 점진적 개혁을 의미한다.

② **황국 협회** : 1898년 홍종우, 길영수 등이 보부상과 연합하여 만든 보수 단체로, 황실과 정부의 정책을 지지하였다.

③ **공도 정책** : 외부 세력으로부터 섬을 보호할 힘이 없을 때 섬을 비워서 변방 주민을 보호하는 정책

17.

정답 ④　　　　　　　　　　　　　　　　상 중 **하**

제시된 내용은 대한 제국에 대한 설명이다.

① **초제** : 국가의 안녕과 왕실의 번창을 기원하는 국가적인 도교 행사

② **남경** : 고려 시대에 설치한 4경 중 지금의 서울에 해당하는 행정구역

③ **상피제** : 자신의 출신 지역에 지방관으로 부임하지 못하게 하는 제도

18.

정답 ②　　　　　　　　　　　　　　　　상 **중** 하

신간회의 출범과 더불어 탄생, 김활란 등을 중심으로 여성계의 민족 유일당으로 조직되었다. 근우회의 행동 강령에는 여성 노동자의 권익 옹호와 생활 개선 등이 있다.

① **별기군** : 1881년(고종 18) 설치된 신식 군대로 신식 무기로 무장하고 일본인 교관에게 근대식 군사 훈련을 받았다.

③ **천도교 소년회** : 천도교 청년회에서 독립하면서 소년 운동이 본격화, 전국적으로 확산함. 어린이날 제정, 최초의 순수 아동 잡지 〈어린이〉 발행, '어린이'라는 말을 만들었다.

④ **조선 소년 연합회** : 전국적 조직체로서 조직되어 체계적인 소년 운동 전개

19.

정답 ① 　　　　　　　　　　　　　　　　**상** 중 하

헌병 경찰 제도는 1910년대 무단 통치에 대한 설명이다. 1920년대의 문화 통치에서는 보통 경찰 제도로 전환하였다. 경찰 수와 비용 확대, 고등 경찰제 실시 등으로 감시 체제를 강화하였고, 1군 1경찰서, 1면 1주재소 제도를 확립하였다.

② **조선 · 동아일보 간행** : 실상은 검열 강화, 기사 삭제, 정간 · 폐간

③ **한국인의 교육 기회 확대** : 실상은 초등 교육 · 실업 교육 치중(경성 제국 대학은 일본인을 위한 대학)

④ **문관(민간인) 출신 총독 임명 가능** : 실상은 한 명도 임명되지 않음

20.

정답 ③ 　　　　　　　　　　　　　　　　상 **중** 하

한인 애국단은 대한민국 임시 정부의 활발한 활동을 목적으로 김구가 비밀리에 설립한 단체이다.

① **의열단** : 1919년 만주 길림성에서 김원봉, 윤세주 등이 조직하였다.

② **교정도감** : 고려시대 최충헌 이래 무신정권의 최고 정치기관으로, 이를 통하여 정치 권력을 행사하였다.

④ **조선어 학회** : 국어 연구와 발전을 목적으로 하는 민간 학술 단체로 한글 맞춤법 통일안과 조선어 사전을 편찬하고, 한글 잡지를 발간하였다.

21.

정답 ④ 　　　　　　　　　　　　　　　　상 중 **하**

박지원에 대한 설명이다. 박지원은 한전론의 중요성을 강조하면서 농업 생산력의 향상에 관심을 가졌다.

> **tip 박지원 '한전론'**
>
> 토지 소유의 상한선을 설정하여 일정 이상의 토지를 소유하지 못하게 하는 토지 개혁론

22.

정답 ③ 　　　　　　　　　　　　　　　　상 중 **하**

5 · 18 민주화 운동에 대한 설명이다. 5 · 18 민주화 운동은 1980년대 이후 민주화 운동의 기반이 되었다.

① **문자 보급 운동** : 조선일보가 주도, 한글 교재를 배포하며 문맹 퇴치 운동을 전개하였다.

② **민족 유일당 운동** : 중국에 기반을 둔 항일 민족단체들을 중심으로 추진된 독립운동 단체들의 통합운동

④ **6월 민주 항쟁** : 1987년 6월에 전국 곳곳에서 일어났던 민주화 운동. 전두환 정부의 강압적인 통치를 무너뜨리고, 정치뿐 아니라 사회 전반에 걸쳐 민주화를 앞당기는 계기가 되었다.

23.

정답 ③ 　　　　　　　　　　　　　　　　상 중 **하**

물산 장려운동은 민족기업을 지원하고 민족 산업을 육성함으로써 민족 경제의 자립을 달성하려는 운동이다. '조선 사람 조선 것' 등의 구호를 내세워 일본 상품을 배격하고 국산품 애용 등을 강조하였다. 전국적 민족 운동으로 확산되면서 근검절약, 생활 개선, 금주 · 단연 운동도 전개되었다.

① **형평 운동** : 1923년부터 일어난 백정들의 신분 해방 운동이다.

② **서경 천도 운동** : 문벌 귀족 사회 내부의 분열과 지역 세력 간의 대립, 풍수지리설이 결부된 전통 사상과 사대적 유교 정치사상의 충돌 등이 얽혀 일어난 것으로, 묘청이 고려의 수도를 서경으로 옮기려 전개한 움직임이다.

④ **좌 · 우 합작 운동** : 이승만의 정읍 발언 이후 단독 정부 수립운동이 일어나자, 이에 분단을 우려한 여운형(좌익) · 김규식(우익) 등의 중도파가 중심이 되어 좌우 합작 위원회를 결성하고, 단독 정부 수립을 반대하며 좌우 합작 운동을 전개하였다.

24.

정답 ④ 상 중 **하**

김대중 정부에 관한 내용이다. 여성부를 신설하여 성차별 극복에 힘쓰고, 국민 기초 생활 보장법을 제정하여 저소득층, 장애인, 노인 복지를 향상시켰다. 또한 남북 관계 개선을 위한 대북 화해 협력 정책을 적극 추진하였다.

25.

정답 ③ 상 **중** 하

7 · 4 남북 공동 성명은 1972년 7월 4일 남북한이 국토분단 이후 최초로 통일과 관련하여 합의발표한 공동성명이다.

① 8 · 15 선언 : 1970년 광복 제25주년 경축사에서 대통령 박정희가 천명한 남북한간의 평화통일정책선언이다. 한반도 평화 정착을 위한 선의의 체제 경쟁 제의하였다.

② 남북 적십자 회담 : 이산가족 상봉을 위해 남북 적십자 대표들이 진행하는 회담. 남북적십자회담은 1971년 한국 대한적십자사의 제안을 북한의 조선적십자사가 받아들이며 시작되었다.

④ 제네바 합의(1994) : 1994년 북한과 미국이 각각 핵사찰 허용과 경수로 제공을 약속한 기본 합의문이다.

---

tip | **7 · 4 남북 공동 성명**

첫째, 통일은 외세에 의존하거나 외세의 간섭을 받음이 없이 자주적으로 해결하여야 한다.

둘째, 통일은 서로 상대방을 반대하는 무력행사에 의거하지 않고 평화적 방법으로 실현하여야 한다.

셋째, 사상과 이념, 제도의 차이를 초월하여 우선 하나의 민족으로서 민족적 대단결을 도모하여야 한다.

01	④	02	③	03	①	04	②	05	③
06	③	07	①	08	④	09	④	10	①
11	③	12	①	13	④	14	④	15	④
16	④	17	②	18	①	19	①	20	③
21	②	22	③	23	①	24	④	25	③

01.

정답 ④ 상 **중** 하

기술의 가치중립성과 사회적 책임 문제는 과학 윤리 문제에 해당한다.

02.

정답 ③ 상 **중** 하

영국의 철학자 포퍼는 비판과 토론을 바탕으로 한 합리주의적 태도를 강조하고, 이를 통해 더 살기 좋은 사회로 나아가는 것이 열린 사회라고 주장했다.

① 공리주의 : 옳은 행위를 결정하는 기준은 유용성의 원리라고 본다.

② 윤리 상대주의 : 보편 윤리를 위배하는 (인종 차별 등) 문화를 인정하는 모순이 발생할 수 있다.

④ 보수주의 : 보수적 태도를 취함으로써 기존의 규칙을 유지하려는 태도를 보인다.

---

tip | **유용성의 원리**

행위의 결과가 모든 사람의 쾌락이나 행복을 증가 또는 감소시키는 정도에 따라 어떤 행위를 승인하거나 부인하는 원리

03.

정답 ① 상 **중** 하

칸트는 도덕 법칙은 정언 명령의 형식을 띠고 있다고 말하였다. 행위의 결과와 상관없이 행위 자체가 선(善)이기 때문에 무조건 수행해야 하는 도덕적 명령은 정언 명령이다. 가언 명령은 조건이 붙는 명령으로, 이와 반대된다.

04.

정답 ② 상 **중** 하

의무론은 언제 어디서나 우리가 따라야 할 보편타당한 법칙이
존재하며, 우리의 행위가 이 법칙을 따르면 옳고 따르지 않으
면 그르다고 판단한다. 의무론의 대표적 윤리 사상으로는 칸
트 윤리와 자연법 윤리가 있는데, 자연법 윤리에서는 자연의
질서를 따르는 행위는 옳지만 그것을 어기는 행위는 그르다.

05.

정답 ③ 상 **중** 하

철학자 플라톤은 육체는 우리가 순수한 인식을 할 수 없게끔
만드는 일종의 감옥과 같다고 생각했으며, 죽음은 그 육체로
부터 해방되는 것이라고 주장했다.

06.

정답 ③ 상 중 **하**

참선, 산파술, 일일삼성 등은 나 자신을 윤리적으로 성찰하는
동·서양의 방법이다. 이기적 실천은 이에 해당되지 않는다.

07.

정답 ① 상 **중** 하

예술 지상주의는 미적 가치와 윤리적 가치의 관련성을 낮게
본다. 이 입장에서는 예술이 미적 가치를 추구하는 것이라고
강조하며, 선(善)을 권장하는 윤리적 가치를 기준으로 예술을
판단하려는 태도는 잘못되었다고 본다. 예술지상주의는 예술
의 자율성을 옹호하는 순수 예술론을 지지한다.

08.

정답 ④ 상 **중** 하

해당 글은 로크의 「통치론」에서 주장한 것이다. 이는 서양에서
바라본 국가 권위의 정당화 관점이다. 천명의 관점은 동양에
서 국가의 권위를 정당화된다고 보는 것이다.

09.

정답 ④ 상 중 **하**

공직자는 업무를 수행함에 있어 공익과 사익을 엄격히 구분하
여 공익을 우선적으로 실현하기위해 노력해야 하며, 직무와
관련하여 직접 또는 간접을 불문하고 사례, 증여 등을 수수할
수 없다.

10.

정답 ① 상 **중** 하

업적에 따라 이익을 분배할 경우 서로 다른 종류의 업적에
대한 양과 질의 평가가 어려우며 사회적 약자를 배려하기 힘
들다.

11.

정답 ③ 상 중 **하**

유교 윤리의 특징은 수양을 통한 도덕적 인격 완성과 도덕적
이상 사회의 실현에 있다.

---

tip 유교윤리

공자 : 인(仁)을 타고난 내면적 도덕성으로 보았다.
- 맹자 : 사단(四端)이라는 선한 마음이 누구에게나 주어져 있다고 보았다.
- 도덕성을 바탕으로 지속적으로 수양하면 누구나 도덕적으로 완성된 인간이
  될 수 있다고 본다. → 성인(聖人), 군자(君子)

12.

정답 ① 상 **중** 하

해당 사상가는 피터 싱어이다.
② **하버마스** : 독일의 철학자로 의사소통의 합리성을 실현하기
　위해 이해 가능성, 정당성, 진리성, 진실성이라는 '이상적
　담화 조건'을 제시했다.
③ **롤스** : 미국의 정치 철학자·윤리학자로 분배에 있어서 절
　차적 공정성과 '질서 정연한 사회'를 위한 원조의 필요성을
　강조했다.
④ **노직** : 미국의 철학자로 개인의 소유권 보장과 자선으로서
　의 원조를 강조했다.

13.

정답 ④   상 **중** 하

소통과 담론을 위해서는 모든 종파와 사상을 분리시켜 고집하지 말고, 더 높은 차원에서 하나로 종합해야 한다. 이는 원효 대사가 포용과 존중의 중요성을 강조하며 주장한 '화쟁(和諍)' 사상이다.

14.

정답 ④   상 **중** 하

인격권의 종류 중 표절권은 없다.

tip 인격권의 종류
- **성명권** : 자신의 성명을 사용하는 것에 관한 권리
- **초상권** : 자신의 초상에 관한 독점적인 권리
- **저작 인격권** : 저작자가 자신의 저작에 관해 갖는 권리
- **사생활권** : 자신의 사적 생활이 공개되거나 침해당하지 않을 권리

15.

정답 ④   상 **중** 하

예술의 상업화를 부정적으로 보는 입장에서는 예술의 상업화가 예술 작품의 경제적 가치만을 중시한 나머지 예술 작품의 미적 가치와 윤리적 가치를 간과하고 있다고 본다.

16.

정답 ④   상 중 **하**

생태계의 가치를 실현하는 데 인간의 개입을 허용하지 않는 것은 생태 중심주의의 장점이자 한계이다.

17.

정답 ②   상 **중** 하

생식 세포 유전자 치료는 고가의 치료비가 들기 때문에, 그 혜택이 일부 사람에게만 치중될 여지가 많다. 따라서 이는 분배 정의에 어긋나게 된다.

18.

정답 ①   상 **중** 하

해당 주장들은 전부 성 상품화에 대한 찬성과 반대 입장이다.

19.

정답 ①   상 **중** 하

해당 철학자는 벤담이다. 영국의 철학자이자 법학자로 인생의 목적은 최대 다수의 최대 행복의 실현에 있다는 공리주의를 주장하였다.

20.

정답 ③   상 **중** 하

흑백분리법이란 흑인과 백인을 분리하고 흑인을 천시하여 차별 대우하는 불평등한 제도이다. 이러한 사회제도가 정의롭지 못한 이유는 모든 구성원에게 동일하게 적용되지 않았으며 피부색으로 인한 인종차별이었기 때문이다.

21.

정답 ②   상 중 **하**

해당 설명들은 전부 공직자 윤리에 관한 것이다.

22.

정답 ③   상 중 **하**

사형 제도를 반대하는 입장에서는 범죄 예방 효과에 대한 확실한 증거가 없다는 점, 오판의 가능성이 있다는 점, 범죄자의 교화의 기회를 박탈한다는 점 등을 근거로 든다.

23.

정답 ①   상 **중** 하

불리한 여건으로 인해 고통 받는 사회를 질서 정연한 사회가 되도록 돕는 것이 인류의 의무라고 하였다.

24.

정답 ④	**상** 중 하

칸트는 영구 평화론에서 '환대권'을 강조하였다. 환대란 이방인이 낯선 땅에 도착했을 때 적으로 간주되지 않는 것을 말한다. 이처럼 다양한 문화가 공존하고 이해관계가 상충하는 지구촌의 현실을 해결해나가기 위해서는 상호 존중과 관용의 자세가 필요하다.

25.

정답 ③	상 중 **하**

윤리적 소비를 위해선 공정 무역 제품을 이용하여 개발도상국 노동자들의 인권을 향상하고, 고효율 전자 제품을 사용하여 환경오염을 줄이는 실천이 따라야 한다. 그러나 과시적 소비에 동참하거나 자연 환경을 생각하지 않는 것은 적절하지 않은 실천 사례이다.

정답 및 해설

고등학교 졸업학력 검정고시 모의고사

정답 및 해설 활용법

상 기출문제를 뛰어넘는 고난도 문제! 교과 내용을 명확히 이해해야 풀 수 있어요.

중 기출문제와 유사한 수준의 문제! 교과 내용을 충실히 공부했다면 풀 수 있어요.

하 기출문제를 응용한 기본적인 문제! 틀렸다면 기출문제를 더욱 꼼꼼하게 공부하세요.

tip 문제와 관련된 중요 교과 내용이나 보충사항을 정리하여 효율적인 공부를 할 수 있어요.

▌제①교시 국 어

01	③	02	④	03	④	04	②	05	④
06	③	07	③	08	②	09	④	10	④
11	③	12	②	13	②	14	④	15	①
16	④	17	④	18	③	19	①	20	③
21	①	22	④	23	③	24	④	25	①

01.

정답 ③   상 중 **하**

수영은 자신을 낮추어 겸손하게 말하는 태도를 보여주고 있다. 엄마를 칭찬하고 있는 말하기는 아니다.

02.

정답 ④   상 중 **하**

동생은 형의 말에 형을 배려하기보다는 자신의 감정을 우선하여 말하였다. 이는 문제를 자신의 탓으로 돌렸다기 보다는 자신의 기분 안 좋은 상태를 그대로 드러냈다고 볼 수 있다.

03.

정답 ④   상 **중** 하

깔쭉이 : '–하다'나 '–거리다'가 붙는 어근에 '–이'가 붙어서 명사가 된 것은 그 원형을 밝히어 적는다. (ㄱ을 취하고, ㄴ을 버림.)
① 다달이(달–달–이)
② 여닫이(열–닫이)
③ 마소(말–소)

04.

정답 ②   상 중 **하**

ⓛ의 필수 성분은 '엄마는', '옷을', '좋아한다'로 모두 세 개다.

05.

정답 ④   상 **중** 하

'동생이 신발을 신고 있다.'는 '동생이 신발을 신고 있는 중이다'(진행상)와 '동생이 신발을 신고 있는 상태이다'(완료상)의 두 가지로 해석이 가능하다.

06.

정답 ③ 상 중 하

접미사 중에서 '-거리', '-때기', '-빼기'는 모두 비하하는 의도의 접미사이다. 칼잡이에 '-잡이'는 그것을 다루는 의미의 접미사로 비하의 의미가 담겨있지 않다.

07.

정답 ③ 상 **중** 하

올바른 기부의 중요성 홍보의 경우에 청소년이 기부를 함으로써 바른 정신을 기를 수는 있지만, 청소년 언어문화의 실제 개선을 위한 방안과는 직접적 연관성이 있다고 볼 수 없다.

08.

정답 ② 상 **중** 하

문장의 주어가 '등장인물은'일 때, 이후의 '대체로~'가 서술어로 오므로 호응 관계가 자연스럽다.

[09~11]
09.

정답 ④ 상 **중** 하

음성상징어가 사용된 부분은 찾아볼 수 없다.
① '~듯 / ~할 때 / 붉은 파밭의 푸른 새싹을 보아라. / 얻는다는 것은 곧 잃는 것이다.'로 끝나는 시구를 반복한다.
② 과거의 사랑을 '붉은 파밭', '삶은 계란의 껍질', '너의 그림자', '새벽에 준 조로의 물'에 비유하고 있으며, 새로운 사랑을 푸른 새싹에 비유하고 있다. 또, '얻는다는 것은 곧 잃는 것이다'에서 역설법이 사용되었다.
③ 이 시는 일상에서 접할 수 있는 소재를 통해 인생의 의미를 깨우치고 있다.

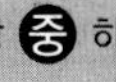 **김수영, 「파밭 가에서」**
• 갈래 : 자유시, 서정시
• 성격 : 상징적, 의지적
• 특징
　－ 각 연이 동일한 구조를 취함(통사구조의 반복) → 운율감 형성 및 의미 강조
　－ 비유적 표현과 역설적 표현이 사용됨
　－ 자연물을 통해 인생의 의미를 깨우침
• 주제 : 새로운 삶의 의미를 깨우침

10.

정답 ④ 상 **중** 하

'물'이 일반적으로 생명력을 의미하기도 하지만, 여기서는 묵은 사랑의 보조 관념으로 사용되었다. 따라서 '조로의 물'은 부정적으로 해석해야 한다.
ⓐ : 과거의 사랑, 기존에 자신이 지니고 있던 어떤 가치를 의미한다.
ⓑ : 붉은 파밭은 낡은 과거의 사랑, 푸른 새싹은 새로운 사랑으로 색채 대비를 통해 대조적 이미지를 강조하고 있다.
ⓒ : 고루한 전통이라는 의미로 부정적으로 해석된다.

11.

정답 ③ **상** 중 하

㉠에는 역설법이 사용되었다.
③에 나타난 표현 방법은 반어법이다. 시와 소설을 읽지 않고도 행복하다고 말하고 있지만, 정신적인 가치를 등한시 하는 현대인들의 삶이 오히려 불행하다는 것을 반어적으로 표현하고 있는 것이다.

[12~14]
12.

정답 ② **상** 중 하

'나'는 어머니가 알루미늄 표찰을 떼는 것을 도와주면서도 집이 철거되는 상황이 바뀌지 않을 것이라는 비관적 인식을 드러내고 있다.

----

tip 조세희 「난쟁이가 쏘아올린 작은 공」
• 갈래 : 중편 소설, 연작 소설, 노동 소설
• 성격 : 사회 고발적, 사실주의적, 은유적
• 배경 : 1970년대 서울의 어느 재개발 지역
• 시점 : 1인칭 주인공 시점(1부 – 영수, 2부 – 영호, 3부 – 영희)
• 주제 : 도시 빈민이 겪는 삶의 고통과 좌절

13.

정답 ②　　　　　　　　　　　상 **중** 하

이 글은 1970년대 급격한 산업화의 물결 속에서 삶의 기반을 빼앗기고 몰락해가는 도시 빈민들의 삶을 다룬 작품으로 소외 계층을 대표하는 '난장이' 일가와 산업화 시대의 사회 이면과의 갈등을 그렸다고 할 수 있다.

14.

정답 ④　　　　　　　　　　　상 **중** 하

어머니는 어려운 현실 속에서 생계를 꾸려나가기 위해 노력하는 인물로, 알루미늄 표찰을 떼는 행동은 입주권을 팔 때 증명서 역할을 하는 표찰을 간직하려는 어머니의 소극적인 태도를 의미 한다.

㉠ 자신의 뜻대로 풀리지 않는 현실에 절망하는 어머니의 심정을 행동으로 구체화하였다.

㉡ 빈민촌의 이름이 '행복동'이라는 것은 일종의 반어적 표현으로 인물들의 현실과 대조되는 동네 명칭을 통해 어머니의 빈곤한 삶을 강조하였다.

㉢ 철거 계고장을 받으면서 갈등 상황이 구체화 되고 있다.

[15~16]
15.

정답 ①　　　　　　　　　　　상 중 **하**

이 노래는 한 연에 똑같이 되풀이되는 2구가 있어 감정을 강조하고 있다.

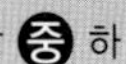　**작자미상 「정석가」**

- **갈래** : 고려 가요
- **성격** : 서정적, 민요적
- **형식** : 전 6연의 분연체
- **표현** : 과장법, 역설법, 반어법
- **운율** : 3음보, 3.3.4조
- **제재** : 임에 대한 사랑
- **주제** : 임(군왕)에 대한 영원한 사랑, 태평성대의 기원, 군왕의 만수무강을 빎, 사랑의 영원무궁함을 노래, 임에 대한 영원한 연모의 정
- **특징**
  - 대부분의 고려 가요가 이별이나 향락의 정서를 노래하는 데 반해, 임에 대한 영원한 사랑을 노래함
  - 불가능한 상황을 전제로 논리를 전개하는 기발한 발상이 사용됨

16.

정답 ④　　　　　　　　　　　상 **중** 하

'신(信)잇돈 그츠리잇가'는 '믿음이야 끊어지겠습니까'라는 뜻으로 역설법은 사용되지 않았다.

㉠ 모래 속에 심은 구운 밤에서 싹이 날 때, 임을 여의겠다는 뜻으로 역설적인 표현을 사용하고 있다.

㉡ 옥에 새긴 연꽃이 피어날 때, 임과 이별하겠다는 뜻으로 역설적인 표현을 사용하고 있다.

㉢ 무쇠로 만든 옷이 다 헐어야지만 임과 이별하겠다는 뜻으로 역설적인 표현을 사용하고 있다.

[17~19]
17.

정답 ④　　　　　　　　　　　상 **중** 하

이 작품에서 주인공인 광문은 뭇 사람들로부터 칭송을 받지만 높은 지위에 오르는 것은 아니며, 영웅소설과는 달리 고귀한 혈통을 지닌 인물에 해당되지도 않는다.

　**박지원, 「광문자전」**

- **갈래** : 단편 소설, 풍자 소설 , 한문 소설
- **성격** : 풍자적, 비판적, 사실주의적
- **배경** : 조선 후기 서울
- **시점** : 전지적 작가 시점
- **주제**
  - 신의와 정직함을 지닌 삶의 태도와 허욕을 부리지 않는 인간에 대한 칭송
  - 권모 술수가 판을 치던 당시의 양반 사회에 대한 풍자
- **특징**
  - 조선 후기 서울을 배경으로 빈곤한 서민층의 생활상을 낱낱이 드러냄
  - 비천한 거지인 광문의 순진함과 거짓 없는 인격을 드러내면서 당시의 양반사회를 풍자
  - 주인공이 고대 소설에서 흔히 보이는 고귀한 혈통을 지닌 인물이 아닌 비천한 신분의 거지

18.

정답 ③　　　　　　　　　　　상 **중** 하

이 글에서 서술의 초점이 되는 것은 바로 '광문'이다. 양반들은 부수적 인물에 불과하며, 인물 간의 갈등이 두드러지게 나타나지도 않는다.

19.

정답 ①　　　　　　　　　　　　　상 **중** 하

싸움이 벌어지는 대결 상황에서 기지를 발휘하여 그것을 해결하는 광문의 능력과 인간적 성품을 부각하여 해학적 태도로 서술하고 있다.

[20~22]

20.

정답 ③　　　　　　　　　　　　　상 **중** 하

인간의 감성은 이미지를 받아들이는 힘이라고 설명될 수 있지만 감성공학이 제품의 디자인에 의해 결정되는 것은 아니다.
① 개인과 사회가 이용하고 있는 제반 대상을 인간 중심으로 설계, 제작, 운용할 수 있도록 설계하여 인간의 편의를 도모하는 것이다.
② 인간의 개인 특성(신체적, 생리적, 심리행동 등)을 종합적으로 고려해 인간-기계-환경시스템을 사용자가 실제적으로 사용하는데 불만이 없을 정도로 설계하는 전체 과정이라 할 수 있다. 따라서 사용자의 실용성을 중시한다.
④ '생활'을 중심으로 이루어지는 개인이 실감할 수 있는 삶의 질 향상을 목적으로 한다.

21.

정답 ①　　　　　　　　　　　　　상 중 **하**

'히트하다'는 '세상에 내놓거나 발표한 것이 크게 인기를 얻다.'라는 뜻으로 ㉠의 문맥에서는 스포츠카가 미국시장에서 선풍적인 인기를 끌어 구매자들이 선금 계약과 웃돈 거래를 할 정도로 많이 팔렸다는 의미로 사용되었다.

22.

정답 ④　　　　　　　　　　　　　**상** 중 하

감성이란 단어를 구체적으로 명확하게 설명하기 어려운 이유는 사람마다 느끼는 바가 상이하고 개인에 따라 설명이 달라서 객관적, 정량적으로 표현하기 어렵기 때문이다. 따라서 '사람마다 공통적으로 느끼는 바가 있기 때문이다.'라는 이유는 적절하지 않다.

[23~25]

23.

정답 ③　　　　　　　　　　　　　상 **중** 하

서해도 안찰사 박순가가 낭성을 노인성으로 잘못 보고한 책임으로 그 자손까지 금고에 처해지는 벌이 내려졌다고 하였으므로 ③의 내용은 글과 맞지 않다.

24.

정답 ④　　　　　　　　　　　　　상 **중** 하

대부분의 별은 우주 공간에 퍼져 있는 수소가 중력에 의하여 뭉쳐지면서 탄생한다. 이 별의 중심부는 외부 중력의 압력 때문에 수축되어 내부 온도가 높아진다. 중심부에 있는 핵연료가 모두 소진될 때 별은 중력의 압력을 감당하지 못해 계속 수축하는데, 이 수축에 다다르면 폭파되면서 최후를 맞이한다. 큰 별이 폭파되면서 최후를 맞이하는 것이 바로 '객성이 되는 과정'인 것이다. 따라서 '별의 탄생 과정'과 '객성이 되는 과정'에서 공통적인 내용은 '중력에 의한 수축'이다.

25.

정답 ①　　　　　　　　　　　　　**상** 중 하

별의 중심부는 외부의 압력을 받아 수축하면서 내부 온도가 높아져 핵융합 반응이 일어나는데, 이는 태양도 마찬가지라고 하였다. 태양이 붉게 타는 원천은 내부에서 핵융합 반응이 일어날 때 많은 에너지가 방출되기 때문이다. 〈증보문헌비고〉에는 노인성을 객성에 포함시켰지만 실은 항성이라고 하였으므로, 노인성도 태양과 같은 원리로 빛을 낸다는 것을 알 수 있다.

▌ 제②교시

수 학

01	②	02	④	03	④	04	④	05	④
06	②	07	④	08	②	09	①	10	③
11	④	12	④	13	④	14	②	15	②
16	④	17	①	18	②	19	③	20	②

01.

정답 ② 상 중 **하**

$A=x^2-x+5$, $B=x^2+x$이므로
$$A-B=(x^2-x+5)-(x^2+x)$$
$$=-2x+5$$

tip 다항식의 덧셈과 뺄셈

- 교환법칙 : $A+B=B+A$
- 결합법칙 : $(A+B)+C=A+(B+C)$

02.

정답 ④ 상 **중** 하

주어진 등식이 x에 대한 항등식이므로
x에 어떤 수를 대입해도 성립한다.
$$(x-2)^2+a(x-2)+b=x^2-x-1$$
$x=3$을 대입하면
$$(3-2)^2+a(3-2)+b=3^2-3-1$$
$$1+a+b=5$$
$$\therefore a+b=4$$

tip 항등식과 미정계수법

- **항등식** : 식의 주목하는 문자에 어떤 수를 대입해도 항상 성립하는 등식
- **미정계수법**
  - 계수 비교법 : 양변의 차수가 같은 항의 계수를 비교
  - 수치 대입법 : 문자에 적당한 값을 대입

03.

정답 ④ 상 **중** 하

$f(x)=2x^3+2x^2-x+1$이라 하면
$f(x)$를 $x-1$로 나누었을 때 나머지는

$f(1)$이므로
$$f(1)=2+2-1+1=4$$

tip 나머지정리

- x에 대한 다항식 $f(x)$를 일차식 $x-\alpha$로 나누었을 때의 나머지를 R이라고 하면, $R=f(\alpha)$
- x에 대한 다항식 $f(x)$를 일차식 $ax+b$로 나누었을 때의 나머지를 R이라고 하면, $R=f\left(-\dfrac{b}{a}\right)$

04.

정답 ④ 상 중 **하**

$$(1+2i)(5-i)$$
$$=5-i+10i-2i^2$$
$$=(5+2)+(-1+10)i$$
$$=7+9i$$
$$\therefore a=7$$

05.

정답 ④ **상** 중 하

$x+y=X$로 놓으면
$$(x+y+2)(x+y-2)-5$$
$$=(X+2)(X-2)-5$$
$$=X^2-9$$
$$=(X+3)(X-3)$$
$$=(x+y+3)(x+y-3)$$
$$=(x+y+a)(x+y-a)$$
$$\therefore a=3$$

06.

정답 ② **상** 중 하

이차방정식 $x^2-7x-1=0$의 두 근을 α, β라고 하면 근과 계수의 관계에 의하여 $\alpha+\beta=7$, $\alpha\beta=-1$이다.
$$(\alpha+1)(\beta+1)$$
$$=\alpha\beta+(\alpha+\beta)+1$$
$$=(-1)+7+1$$
$$=7$$

07.

정답 ④   상 중 **하**

$-1\leq x\leq 2$의 범위에서 이차함수의 최댓값은 $x=1$일 때 3이고, 최솟값은 $x=-1$일 때 -1이다.

$\therefore 3-(-1)=4$

08.

정답 ②   상 중 **하**

연립방정식의 해가 $x=5$, $y=b$이므로

대입해보면

$5-b=1$에서 $b=4$

$5^2-4^2=a$에서 $a=9$

$\therefore a+b=13$

09.

정답 ①   상 중 **하**

$$\begin{cases} 3x+2\geq -1 & \cdots\ \bigcirc \\ 2x-1<1 & \cdots\ \bigcirc\!\!\bigcirc \end{cases}$$

㉠을 풀면 $3x\geq -3$에서 $x\geq -1$

㉡을 풀면 $2x<2$에서 $x<1$

따라서 연립부등식의 해는 $-1\leq x<1$

$a=-1$, $b=1$이고 $a-b=(-1)-1=-2$

10.

정답 ③   상 **중** 하

$|2x-1|\geq 5$에서 $2x-1\leq -5$ 또는 $2x-1\geq 5$

$2x-1\leq -5$에서 $x\leq -2$

$2x-1\geq 5$에서 $x\geq 3$

따라서 부등식의 해는 $x\leq -2$ 또는 $x\geq 3$

11.

정답 ④   상 **중** 하

구하고자 하는 직선의 방정식을 $y=ax+b$라 하면,

이 직선이 B$(0,\ -4)$를 지나므로 $b=-4$이다.

또한 A$(3,\ 2)$를 지나므로

$2=3a-4$, $a=2$

$\therefore$ 직선의 방정식은 $y=2x-4$

12.

정답 ④   상 **중** 하

중심이 $(2,\ -1)$이고 y축에 접하는 원이므로 반지름의 길이는 원의 중심의 $|x$좌표$|=2$이다.

따라서 원의 방정식은

$(x-2)^2+(y+1)^2=2^2$

$x^2-4x+4+y^2+2y+1=4$

$\therefore x^2+y^2-4x+2y+1=0$

---

tip 좌표축에 접하는 원의 방정식

- x축에 접하는 원 : $|$중심의 y좌표$|=$(반지름의 길이)
- y축에 접하는 원 : $|$중심의 x좌표$|=$(반지름의 길이)

13.

정답 ④   상 중 **하**

점 $(5,\ 4)$를 직선 $y=x$에 대해 대칭이동하면 x좌표, y좌표의 값이 서로 바뀐다.

$\therefore (4,\ 5)$

---

tip 점의 대칭이동

- $y=x$에 대한 대칭이동 : $(x,\ y)\ \rightarrow\ (y,\ x)$
- $y=-x$에 대한 대칭이동 : $(x,\ y)\ \rightarrow\ (-y,\ -x)$

14.

정답 ②   상 중 **하**

$A=\{1,\ 2,\ 3,\ 4,\ 6,\ 8,\ 12,\ 24\}$, $B=\{1,\ 2,\ 3,\ 6\}$에서 교집합 $A\cap B$는 집합 A와 집합 B에 공통으로 들어 있는 원소를 구해야 하므로

$A\cap B=\{1,\ 2,\ 3,\ 6\}$이고, 원소의 개수는 4이다.

$\therefore n(A\cap B)=4$

15.

정답 ②   상 **중** 하

$p \rightarrow q$의 대우는 $\sim q \rightarrow \sim p$이다.

그러므로 명제 '$xy=0$이면 $x=0$또는 $y=0$이다.'의 대우는

'$x \neq 0$이고 $y \neq 0$이면 $xy \neq 0$이다.'가 된다.

tip 명제의 역과 대우

- 명제 : $p \rightarrow q$
- 명제의 역 : $q \rightarrow p$
- 명제의 대우 : $\sim q \rightarrow \sim p$

16.

정답 ④   **상** 중 하

$(f \circ g)(4) = f(g(4))$이므로

$g(4)$의 값은 $g(4) = 4 + 3 = 7$

$f(7)$의 값은 $f(7) = 7^2 - 7 = 42$

$\therefore (f \circ g)(4) = 42$

17.

정답 ①   상 **중** 하

유리함수 $y = \dfrac{3}{x}$의 그래프를 x축 방향으로 1만큼,

y축 방향으로 -3만큼 평행이동하면

$$y - (-3) = \frac{3}{x-1}$$

$$y = \frac{3}{x-1} - 3$$

따라서 $a = -1$, $b = -3$이므로

$\therefore a + b = -4$

tip 함수 $y = \dfrac{k}{x-p} + q \,(k \neq 0)$의 그래프

- 함수 $y = \dfrac{k}{x}\,(k \neq 0)$의 그래프를 x축 방향으로 p만큼, y축 방향으로 q만큼 평행이동한 것이다.
- 정의역은 $\{x \,|\, x \neq p$인 실수$\}$이고, 치역은 $\{y \,|\, y \neq q$인 실수$\}$이다.
- 점 (p, q)에 대하여 대칭이다.
- 점근선은 두 직선 $x = p$, $y = q$이다.

18.

정답 ②   상 중 **하**

주재료는 2가지이고, 그 각각에 대하여 부재료를 3가지 넣을 수 있으므로

볶음 음식을 만드는 모든 경우의 수는

$2 \times 3 = 6$이다.

tip 곱의 법칙

사건 A가 일어나는 경우의 수가 m이고, 그 각각에 대하여 사건 B가 일어나는 경우의 수가 n일 때, 두 사건 A, B가 동시에 일어나는 경우의 수는 $m \times n$

19.

정답 ③   상 중 **하**

서로 다른 옷 5벌을 옷걸이에 일렬로 거는 모든 방법의 수를 구하려면 5벌 중 5벌을 선택하여 일렬로 나열하는 것이므로

$$_5\mathrm{P}_5 = 5!$$
$$= 5 \times 4 \times 3 \times 2 \times 1$$
$$= 120$$

$\therefore$ 경우의 수는 120

tip 순열

서로 다른 n개에서 $r\,(r \leq n)$개를 선택하여 일렬로 나열하는 것을 n개에서 r개를 선택하는 순열이라 하고, 그 순열의 수를 기호로 $_n\mathrm{P}_r$로 나타낸다.

- $_n\mathrm{P}_r = n \times (n-1) \times (n-2) \times \cdots \times (n-r+1)$ (단, $0 < r \leq n$)
- $_n\mathrm{P}_n = n \times (n-1) \times (n-2) \times \cdots \times 3 \times 2 \times 1 = n!$
- $_n\mathrm{P}_r = \dfrac{n!}{(n-r)!}$ (단, $0 \leq r \leq n$)
- $_n\mathrm{P}_0 = 1$, $0! = 1$

20.

정답 ②   상 **중** 하

토핑 7개 중에서 서로 다른 3개를 고르기만 하면 되므로 조합의 공식을 사용한다.

$$_7\mathrm{C}_3 = \frac{7 \times 6 \times 5}{3 \times 2 \times 1} = 35$$

$\therefore$ 경우의 수는 35

tip 조합

서로 다른 n개에서 순서를 생각하지 않고 $r(r \leq n)$개를 선택하는 것을 n개에서 r개를 선택하는 조합이라 하고, 그 조합의 수를 기호로 $_nC_r$로 나타낸다.

- $_nC_r = \dfrac{_nP_r}{r!} = \dfrac{n!}{r!(n-r)!}$ (단, $0 \leq r \leq n$)
- $_nC_n = 1,\ _nC_0 = 1,\ _nC_1 = n$
- $_nC_r = _nC_{n-r}$

▌ 제③교시 　　　　**영 어**

01	②	02	③	03	④	04	④	05	④
06	①	07	③	08	②	09	③	10	③
11	①	12	①	13	②	14	③	15	④
16	①	17	④	18	④	19	②	20	③
21	①	22	③	23	②	24	①	25	③

[01~03]

01.

| 정답 ② | 상 중 **하** |

| 해석 |

그 제품은 다양한 특징이 있다.

| 어휘와 표현 |

product 제품　diverse 다양한　feature 특징

02.

| 정답 ③ | 상 중 **하** |

| 해석 |

나는 확실히 어머니의 업적을 자랑스럽게 여겼다.

| 어휘와 표현 |

be proud of 자랑스러워하다　obviously 확실히
achievement 업적, 성취

03.

| 정답 ④ | 상 중 **하** |

| 해석 |

나는 한국어로 말하기에 능숙하다.

| 어휘와 표현 |

be good at ~에 능숙하다, 잘한다　speak 말하다

04.

| 정답 ④ | 상 중 **하** |

옷과 치마이기 때문에, 뒤의 단어가 앞의 단어에 포함되는 관계이다. 오직 ④만 반대 관계의 단어이다.

| 해석 |

엄마가 나에게 가장 좋아하는 옷을 골라보라고 했을 때, 나는 치마를 골랐다.

① 문구-펜
② 감정-행복
③ 음식-파스타
④ 거절하다-승낙하다

05.

정답 ④　　　　상 중 **하**

| 해석 |

해피 이브닝 가수 대회
날짜 : 11월 10일
장소 : 그린 경기장
티켓 가격 : 15달러

| 어휘와 표현 |

evening 밤　stadium 경기장

[06~08]

06.

정답 ①　　　　상 **중** 하

| 해석 |

- 나는 이것에 익숙하지 않다.
- 항공사들은 많은 호텔들과 거래를 하고 있다.

| 어휘와 표현 |

be familiar with ~에 익숙하다
have deal with ~와 거래를 하다

07.

정답 ③　　　　상 **중** 하

| 해석 |

- 제가 태어났을 때 당신과 엄마가 얼마나 놀랐는지요.
- 5번가를 타고 법원 뒤쪽으로 가는 건 어때요?

| 어휘와 표현 |

courthouse 법원

08.

정답 ②　　　　상 중 **하**

| 해석 |

- 그가 나에게 말했다.
- 그것은 대중의 우려 때문에 물러날 수밖에 없었다.

| 어휘와 표현 |

back down 물러서다　public 대중　concern 우려

09.

정답 ③　　　　상 **중** 하

밑줄 친 표현은 모전자전이라는 의미로, 그 어머니가 낳은 그 딸이라는 뜻이다.

| 해석 |

A : 당신의 천재 딸은 잘 지내고 있나요?
B : 걔는 아주 잘 지내고 있어요. 그녀는 지난달에 대학을 막 졸업했어요.
A : 저는 항상 그녀가 성공할 것이라 믿고 있었어요. 당신이 언제나 반에서 가장 똑똑한 아이였잖아요. 모전자전이죠.
B : 고마워요. 정말 기쁘네요.

| 어휘와 표현 |

graduate 졸업하다

10.

정답 ③　　　　상 **중** 하

B는 간밤의 폭풍으로 많은 것을 잃어버렸으므로, 화가 나있다고 볼 수 있다.

| 해석 |

A : 지난 밤 그 폭풍은 믿기 힘들 정도였어!
B : 나도 알아! 전원이 나갔을 때, 나는 컴퓨터에 과제를 저장하지 못했어, 그래서 난 모든 것을 날려버렸어.
A : 정말 안 되었다.
B : 그리고 나는 오늘 아침에 일어나서 주방 전체가 물바다가 된 것을 보았지.

| 어휘와 표현 |

storm 폭풍　power 전원　report 과제

11.

정답 ①　　　　　　　　　　　상 **중** 하

두 사람의 대화를 통해 A는 선생이고 B는 학생임을 짐작할 수 있다.

| 해석 |

A : 무슨 일이니?

B : 저는 제 시험 점수를 바로잡고 싶어요.

A : 그래, 확인해보자. 하지만 난 너를 다른 사람들보다 유리하게 해줄 수는 없어.

| 어휘와 표현 |

correct 바로잡다　advantage 유리한 점

12.

정답 ①　　　　　　　　　　　**상** 중 하

해당 내용은 전부 소금에 대한 설명이다.

| 해석 |

이것은 각종 요리에 사용된다. 해수 무게의 약 3%는 이것이 차지한다. 그러나 수증기가 이것을 남겨두기 때문에, 이것은 증발에 의해 바다를 떠날 수 없다. 이것은 음식을 오래 보관시킨다.

| 어휘와 표현 |

weight 무게　water vapor 수증기

account for (~의 비율을)차지하다　evaporation 증발

[13~14]

13.

정답 ②　　　　　　　　　　　**상** 중 하

| 해석 |

A : 안녕하세요. 저 어제 여기에 왔었는데요.

B : 어떤 일로 오셨어요?

A : 글쎄, 어제 찾아간 비자 발급용 사진이 너무 작아서요.

B : 제가 사진 사이즈를 바꿔드릴게요.

① 저는 웨딩 사진을 찍을 수 있어요.

③ 그가 그렇게 말하더라구요.

④ 대사관이 새로운 장소로 이사한 것 같아요.

| 어휘와 표현 |

embassy 대사관

14.

정답 ③　　　　　　　　　　　상 **중** 하

| 해석 |

A : 마지막으로 자전거를 탄 이래로 6개월이 지나서 타이어 바람이 빠졌어요.

B : 6개월 동안 자전거를 타지 않았다면, 다른 부품들도 점검하세요.

A : 어떤 부품들을 점검해야 하나요?

B : 브레이크가 잘 작동하는지를 점검하세요.

① 자전거 매장에서 아르바이트를 했어요.

② 당신도 자전거 타는 것을 좋아하는지 몰랐어요.

④ 그래서 자전거를 관리하는 법을 잘 아시는군요.

| 어휘와 표현 |

go flat 바람이 빠지다　part 부분

15.

정답 ④　　　　　　　　　　　상 **중** 하

| 해석 |

A : 제가 지난주에 책을 대출했는데, 기한이 지났는데 아직 못 찾았어요.

B : 책을 잃어버렸다는 말씀이신가요?

A : 유감스럽지만 그렇습니다. 이 경우에는 어떻게 해야 합니까?

B : 당신은 똑같은 책을 사서 그것을 반납해야 합니다.

| 어휘와 표현 |

case 경우　return 돌려주다

16.

정답 ①　　　　　　　　　　　상 **중** 하

운동기구를 통해 체중을 감량한 사실을 내세워 운동기구 구입을 촉진하는 광고 글이다.

| 해석 |

Super 100의 효과가 얼마나 좋은지 놀랐습니다. 하루에 한 시간도 들이지 않았는데 두 달 만에 10kg을 뺐어요. 그러니 지체하지 마시고 이 마술 같은 기계를 구입하세요.

| 어휘와 표현 |

amazed 놀란, 대경실색한　magical 마법의, 신비한

17.

정답 ④ 상 중 **하**

| 해석 |

럭셔리 레스토랑

고급 양식 요리

- 연중무휴
- 오전 10시부터 오후 10시까지 영업
- 아이들을 위한 15% 할인 쿠폰 이벤트
- 애완동물 반입 금지

| 어휘와 표현 |

quality 우수함 **discount** 할인

18.

정답 ④ 상 **중** 하

해당 글은 텔레비전의 유해한 요소에 대해서는 설명하고 있지 않다.

| 해석 |

텔레비전은 인간 생활에 유용한 매체이다. 텔레비전은 대화 상대가 필요한 현대인에게 좋은 친구가 될 수 있으며, 그리고 복잡한 일상 속에서 지친 현대인이 휴식을 취할 수 있도록 도와주는 오락 수단이 되기도 한다. 따라서 텔레비전은 우리에게 소중하다.

| 어휘와 표현 |

modern 현대의 **complex** 복잡한

19.

정답 ② 상 중 **하**

해당 글은 가족이 함께 하는 대화 시간이 필요하다고 주장하고 있다.

| 해석 |

오늘날 많은 가정에서 부모와 자식 간에 대화가 사라지고 있다. 부모는 일로, 자녀는 공부로 바빠서 서로 얼굴을 보기도 힘들기 때문이다. 그러나 가정에서 원만한 대화가 이루어져야 한다. 가족은 대화를 통해 서로의 지친 마음을 위로 할 수 있기 때문이다. 이제부터 가족이 함께하는 시간을 만들어 대화를 해보자.

| 어휘와 표현 |

smooth 원만한 **take place** 일어나다
comfort 안락, 편안 **dialogue** 대화

[20~21]

20.

정답 ③ 상 **중** 하

해당 글은 배경 지식이 글 이해에 얼마나 중요하게 작용하는지에 대한 이야기이므로, ③이 적절하다.

| 해석 |

배의 구조를 설명하는 글은 뱃사람에게는 쉽게 이해되지만, 다른 사람에게는 잘 이해되지 않을 것이다. 또, 요리를 즐겨하는 이들은 요리에 관한 글을 잘 이해하지만 요리에 관심이 없는 이들은 이해하는 데 어려움을 느낄 수도 있다. 이런 여러 예들은 모두 배경 지식이 글 이해에 얼마나 중요하게 작용하는지를 잘 보여 준다.

| 어휘와 표현 |

Article 글, 기사 **explain** 설명하다 **structure** 구조
illustrate 분명히 보여주다, 실증하다 **background** 배경

21.

정답 ① 상 **중** 하

소설의 제목은 '운수 좋은 날'인데 반하여, 소설의 내용은 가장 운수가 나쁜 날에 대한 것이라는 뜻으로, ①이 가장 적절하다.

| 해석 |

소설 제목 '운수 좋은 날'은 가장 비극적인 날을 반어적으로 표현한 것이다. 작품의 제목은 '운수 좋은 날'이지만, 작품의 내용은 가장 운수가 나쁜 날이다. 이것은 일시적인 행운 뒤에 비극적 결말이 준비되어 있다는 모순된 현실을 극적으로 제시한다.

| 어휘와 표현 |

ironic 반어적인 **dramatically** 극적으로
present 나타내다 **contradictory** 모순되는
tragic 비극적인 **temporary** 일시적인

22.

정답 ③　　　　　　　　　　　　　상 **중** 하

내가 맵고 짠 음식을 먹고 생긴 부작용에 대해서 말해야 하므로, ③에 들어가는 것이 가장 적절하다.

| 해석 |

나는 맵고 짠 음식을 좋아하는 습관을 가지고 있다. 이것은 내가 어릴 때부터 있는 습관이다. 나는 맵고 짠 음식을 먹으면 스트레스가 풀린다. 하지만 스트레스가 풀리는 유일한 방법이 음식을 먹는 것이기 때문에 부작용도 있다. 그 중 한 가지는 바로 배가 아파지는 것이다. 언젠가 나는 응급실에 가야만 했던 적이 있다. 나는 끔찍한 그날의 기억이 아직도 생생하다.

| 어휘와 표현 |

habit 습관　**relieve** 경감하다　**emergency room** 응급실
vividly 생생히

23.

정답 ②　　　　　　　　　　　　　상 중 **하**

조부모님 댁에서 농사에 대해 알아온 것들을 얘기하려는 글로, ②가 가장 적절하다.

| 해석 |

나는 오늘 조부모님 댁을 방문했다. 그분들은 벼와 채소를 재배하신다. 점심을 먹고, 나는 들판에서 일을 했다. 그것은 어려운 일이다. 온몸에 땀이 흐르고 가시에 찔려 고생스러웠다. 그러나 나는 농사에 대해 많은 것을 배웠다. 여기 내가 농사에 대해 배운 지식들이 있다.

| 어휘와 표현 |

flow 흐르다　**be stabbed** 찔리다　**sweat** 땀
vegetable 야채, 채소　**farming** 농업, 농사

[24~25]
24.

정답 ①　　　　　　　　　　　　　**상** 중 하

문맥을 살펴보면 풍자만화의 독자는 유머만화의 독자와는 다소 다를 것이라 예측하는 문장이 오기 위해서는 '따라서'라는 의미의 ①이 들어가야 한다.

| 해석 |

풍자만화는 여러 면에서 유머만화와 유사하다. 하지만 등장인물들의 대화에 그 차이점이 있다. 유머만화가 그저 재미있기만 한 반면에, 풍자만화는 유머와 풍자를 이용하여 심각한 의견을 제시하려고 한다. 주제 또한 다르다. 따라서 풍자만화의 독자는 유머만화의 독자와는 다소 다를 것이다.

| 어휘와 표현 |

humorous 유머　**serious** 심각한　**whereas** 반면에

25.

정답 ③　　　　　　　　　　　　　상 **중** 하

해당 글은 풍자만화는 여러 면에서 유머만화와 유사하지만, 이 둘의 차이점이 있음을 다루고 있다.

■ 제④교시

사 회

01	③	02	①	03	④	04	④	05	④
06	④	07	②	08	①	09	④	10	①
11	②	12	③	13	②	14	③	15	④
16	②	17	③	18	①	19	④	20	③
21	①	22	④	23	③	24	④	25	③

01.

정답 ③ 상 중 **하**

행복한 삶의 구체적인 조건은 다양하지만 질 높은 정주환경과 경제적 안정, 민주주의의 실현 등이 대표적이라고 할 수 있다. 또한 국가는 국가만이 아니라 국민의 행복을 위하여 다양한 사회 복지 제도를 마련해야 한다. 따라서 ③의 내용은 행복의 조건으로 적절하지 않은 설명이다.

02.

정답 ① 상 중 **하**

해당 글은 '암묵적 비용'에 대해서 설명하고 있다.
② 명시적 비용 : 어떤 대안을 선택함으로써 실제로 지불하는 비용
③ 기회 비용 : 하나의 선택을 했을 때, 그로 인해 선택하지 않은 대안들 중 가장 큰 비용
④ 매몰 비용 : 이미 지불하여 회수할 수 없는 비용

03.

정답 ④ **상** 중 하

정주 환경이란 인간이 정착하여 살아가는 주거지와 다양한 주변 환경을 말한다. 여기에 시민 참여가 활성화되는 민주주의 실현이란 말은 다른 보기에 비해서 적절하지 않다.

04.

정답 ④ 상 중 **하**

해당 글은 모두 건조 기후 지역의 생활양식을 설명하고 있다.

05.

정답 ④ 상 **중** 하

지진 해일은 지형과 관련된 자연재해이다.

06.

정답 ④ 상 **중** 하

열섬현상은 일교차가 큰 봄과 가을 또는 겨울에 뚜렷하며 낮보다는 밤에 심하게 나타난다. 대기권 내에서는 지상에서 위로 올라 갈수록 온도가 낮아지기 때문에 오염된 공기 덩어리가 주변의 공기보다 따뜻하여 위로 상승한다. 따뜻한 공기 덩어리는 찬 공기보다 상대적으로 가볍기 때문에 상승 기류가 나타나 공기 오염이 나타나지 않으나 위층의 공기가 아래층의 공기보다 기온이 높으면 오염된 공기는 위로 상승하지 못하고 지상에 정체하게 된다. 오염 물질을 확산시키기 위해서는 대기의 기류가 활발히 운동을 하여야 하는데 열섬 현상이 나타날 경우 도심의 하늘을 뜨거운 공기가 뚜껑처럼 덮고 있어 공기가 정체되게 된다. 도심 주변 상공의 찬 공기에 눌려 움직이기 어렵기 때문이다. 이에 따라 배기가스를 포함한 대기 오염 물질들도 함께 도심 상공에 체류하면서 오염 농도가 높아지게 된다.

07.

정답 ② 상 **중** 하

해당 글은 모두 산업화의 특징에 대해 서술하고 있다.

08.

정답 ① 상 **중** 하

해당 글은 모두 사물 인터넷에 대해 서술하고 있다. 사물 인터넷은 비록 유비쿼터스와 비슷하더라도 기존의 자체적 통신 시스템을 인터넷이라는 체제에 흡수하면서 확장된 개념이 되었다.
② UCC : 손수 만든 제작물이다.
③ 전자 민주주의 : 정보 통신의 발달을 기반으로 정치 과정에서 신속 · 정확한 정보를 제공하여 시민과 정치권 혹은 시민 간의 수평적 의사소통이 가능하게 하며 직접적 정치 참여를 활성화한다.
④ 유비쿼터스 : 시간과 장소에 상관없이 자유로이 네트워크 접속이 가능한 환경이다.

09.

정답 ④ 상 **중** 하

헌법 제37조 2항 전단에서 규정하고 있는 기본권 제한의 목적은 '국가 안전 보장, 질서 유지, 공공복리'이다. 법률로써 기본권을 제한할 수 있게 한 것은 국민의 대표 기관인 국회가 제정한 법률에 의할 때에만 비로소 개인의 기본권이 충분히 보장된다고 보기 때문이다.

10.

정답 ① 상 **중** 하

해당 글은 영국에서 일어난 차티스트 운동에 대한 글이다.
④ 서프러제트 운동 : 영국에서 일어난 여성 참정권 운동

11.

정답 ② 상 **중** 하

주어진 글은 헌법 제103조로 공정한 재판을 위하여 입법부와 행정부로부터 사법부는 독립되어 있어야 한다는 의미이다.

12.

정답 ③ 상 **중** 하

사회적 약자는 구성원의 수를 말하는 것이 아니라 그들이 한 사회 내에서 발휘하는 영향력 등을 고려한 표현이다.

13.

정답 ② 상 **중** 하

독점 자본주의는 19세기 말에 나타난 자본주의이다. 독점자본주의를 통해 과잉 생산이 이루어지면서 실제로 구매 능력을 가진 소비자가 부족해지며 대공황이 발생하였다.

14.

정답 ③ 상 **중** 하

외부 효과란 경제 주체가 경제 활동을 하는 과정에서 의도치 않게 타인에게 이익을 주거나, 의도치 않게 피해를 입히고도 대가를 치르지 않는 현상으로 경제 활동을 방해한다는 것이다.

15.

정답 ④ 상 **중** 하

국제 무역의 확대를 통해 국민 경제의 자율성을 침해할 수 있다.

16.

정답 ② 상 **중** 하

해당 글은 위험 관리를 위하여 분산 투자해야 하는 이유에 대해서 설명하고 있다.

17.

정답 ③ 상 **중** 하

업적주의적 정의론에서는 주식이나 부동산의 폭등 때문에 마땅한 기여나 노력 없이 벌어들이게 된 개인의 소득이 엄청난 현실은 정당화될 수 없다.

18.

정답 ① 상 중 **하**

불평등이 심해지면 사회적 계층 이동에 장애물이 생겨 경제 성장을 저해한다. 사회적 계층 이동성이 줄어든다는 것은 가난한 계층 사람들이 그보다 높은 계층으로 갈 수 있는 직업과 일을 구하지 못한다는 뜻이다.

19.

정답 ④ 상 **중** 하

③은 산사태의 원인이다.

tip 산사태
- 많은 양의 바위, 흙 등이 경사면을 따라 흘러내리는 현상
- 집중 호우, 지진, 화산 폭발, 인위적인 산지 사면 절단으로 인해 발생
- 사방공사, 조림사업 등으로 산사태 예방 가능

20.

| 정답 ③ | **상** 중 하 |

남부아시아 문화권에는 인도와 그 주변 국가(파키스탄, 방글라데시 등)가 해당된다. 힌두교, 이슬람교, 불교를 믿는다.
② **동부아시아 문화권** : 한국, 중국, 일본 등이 속해 있으며 유교와 불교문화가 발달하고 젓가락과 한자를 사용한다.

21.

| 정답 ① | 상 중 **하** |

다음에서 설명하는 문화 변동의 양상은 문화 동화이다.
② **문화 병존** : 한 사회 내에서 다른 두 사회의 문화가 각각의 독립성을 유지하면서 함께 존재한다.
③ **문화 융합** : 한 사회의 기존 문화가 외부에서 들어온 문화와 접촉한 결과 기존의 두 문화 요소와 성격이 다른 새로운 문화가 형성된다.

---

tip 문화 전파의 종류
- **직접 전파** : 두 문화 간의 직접적인 접촉으로 일어난다.
- **간접 전파** : 인터넷 등과 같은 매체를 통해 이루어진다.
- **자극 전파** : 다른 사회의 문화 요소에 자극을 받아 새로운 문화 요소를 발명된다.

22.

| 정답 ④ | 상 **중** 하 |

서로 다른 종교를 믿고 있는 인도와 파키스탄은 카슈미르 지역의 영토권을 두고 극심한 분쟁을 겪고 있다.

23.

| 정답 ③ | 상 중 **하** |

① **자문화 중심주의** : 자기의 문화를 가장 우수한 것으로 여기고 타문화도 자기 문화의 관점에서 판단하고 평가하려는 태도이다.
② **문화 상대주의** : 다른 문화의 배경이 되는 자연적·역사적·사회적 맥락을 알고 문화를 이해하는 태도를 말한다.

④ **극단적 문화 상대주의** : 인류의 보편적인가치를 무시하는 행위도 그 사회의 맥락에서 문화적 풍습으로 이해하려는 태도를 의미한다.

24.

| 정답 ④ | 상 중 **하** |

해당 글은 다문화 사회에서 나타나는 갈등을 해결하기 위한 방안들로 읽어야 적절하다.

25.

| 정답 ③ | 상 **중** 하 |

해당 글은 국경 없는 의사회를 설명하는 글이다.
① **국제 사면 위원회** : 특정 정부, 정파, 이데올로기, 경제 체제, 종교적 신념을 초월하여 독립적으로 활동하는 인권관련 비정부 기구이다.
② **유엔 아동 기금** : 국제 연합(UN) 총회의 결의에 따라 전쟁 피해 아동과 청소년들의 구호를 목적으로 설립된 국제기구이다.
④ **국제 형사 재판소** : 국제 인권법 상 가장 중대한 범죄를 저지른 개인을 기소하여 심판할 수 있는 최초의 상설 국제 재판소이다.

과 학

01	②	02	①	03	③	04	④	05	②
06	④	07	①	08	②	09	④	10	④
11	④	12	④	13	④	14	④	15	①
16	①	17	③	18	④	19	②	20	④
21	②	22	③	23	②	24	③	25	④

01.

정답 ②   상 **중** 하

주기율표의 같은 족에 속하는 원소는 원자가 전자수가 같기 때문에 화학적 성질이 비슷하다.

02.

정답 ①   상 **중** 하

할로젠 원소에 대한 설명이다. 할로젠 원소는 비금속 원소 중에서도 음이온이 되려는 경향이 가장 큰 원소이다.
② 알칼리 금속 : 주기율표의 1족에 해당하는 원소이다.
③ 준금속 : 금속과 비금속 사이에 위치한 원소로, 금속과 비금속의 중간 성질을 가진다.
④ 비금속 : 대체로 주기율표의 오른쪽에 배치되어 있는 원소이다.

03.

정답 ③   상 **중** 하

규산염 광물은 규소와 산소로 이루어진 $Si-O$(규산염) 사면체를 기본 골격으로 하여 여러 원소들이 결합하여 만들어진다.
①, ④ 원소광물 : 1종의 원소로 된 광물

04.

정답 ④   상 중 **하**

펩타이드 결합에 대한 설명이다. 아미노산은 펩타이드 결합을 통해 연결되어 폴리펩타이드를 형성하며, 폴리펩타이드가 복잡한 3차원적 입체 구조를 형성하여 단백질이 만들어진다.

---

tip 지질, 단백질, 핵산의 구성 물질

• 지질 : C, H, O
• 단백질 : C, H, O, N
• 핵산 : 뉴클레오타이드(인산, 당, 염기)

05.

정답 ②   상 **중** 하

ㄱ. 그래핀은 강철보다 200배 이상 단단하다.
ㄴ. 그래핀은 탄소 원자가 육각형 모양으로 결합하여 한 층으로 펼쳐진 평면 구조를 하고 있다.
ㄷ. 면적이 늘어나거나 휘어지더라도 전기적 성질이 변하지 않는다.

06.

정답 ④   상 중 **하**

뉴턴의 제2법칙(가속도 법칙)을 이용하면
$F=ma$ (F : 힘, m : 질량, a : 가속도)이므로
$F=3kg \times 3m/s^2=9N$

07.

정답 ①   상 중 **하**

운동량＝질량×속도이므로
축구공의 운동량은 $0.2kg \times 15m/s=3kg \cdot m/s$이다.
따라서 야구공의 속력 v는
$0.15kg \times v=3kg \cdot m/s$ 에서 $v=20m/s$이다.

08.

정답 ②   상 중 **하**

식물이 호흡과 광합성을 하며 기체를 흡수하거나 방출하는 것은 기권과 생물권의 상호 작용이다.

09.

정답 ④ 상 **중** 하

ㄱ. 토양으로 이동한 유기물은 미생물에 의해 분해되어 이산화 탄소로 대기 중으로 이동하거나 석탄, 석유, 천연가스 등의 화석 연료로 저장된다.

ㄷ. 화석 연료로 저장된 탄소는 인간에 의해 다시 이산화 탄소로 배출된다.

ㄴ. 동물에서 호흡 작용이 일어나는 것은 생물권에서 이산화 탄소로 대기 중으로 이동하는 현상이다.

10.

정답 ④ 상 중 **하**

화산재는 대기 오염을 일으켜 인간 생활에 불편을 야기한다.

> **tip 화산**
>
> • 화산 분출물 : 화산이 분출하면 화산 가스, 화산 쇄설물, 용암 등이 분출됨
> • 화산 가스에는 수증기, 이산화 탄소, 이산화 황, 질소, 염소 등이 들어 있음
> • 화산 쇄설물은 크기에 따라 화산진, 화산재, 화산력 등으로 구분함
> • 용암은 성분과 온도에 따라 점성이 다르며, 흐르는 속도가 달라짐

11.

정답 ④ 상 **중** 하

세포 : 생명 시스템을 구성하는 구조적 · 기능적 단위

조직 : 모양과 기능이 비슷한 세포의 모임

기관 : 여러 조직이 모여 고유한 형태와 기능을 나타내는 것

개체 : 여러기관이 모여 고유의 구조와 기능을 가지고 생명 활동을 하는 독립된 하나의 생물체

12.

정답 ④ 상 **중** 하

ㄴ. 금속이 산소와 결합할 때 금속은 전자를 잃고 산화되고, 산소는 전자를 얻어 환원된다.

ㄷ. 산소가 수소와 반응하여 물이 생성될 때 수소는 산소와 결합하므로 산화되고, 이때 산소는 환원된다.

ㄱ. 산화는 전자를 잃는 반응이고, 환원은 전자를 얻는 반응이다.

13.

정답 ④ 상 **중** 하

ㄱ. 염기는 단백질을 녹이는 성분이 있으므로 피부에 묻으면 미끈거린다.

ㄷ. 염기가 공통적인 성질을 나타내는 이유는 염기가 이온화하여 공통으로 수산화 이온(OH^-)을 내놓기 때문이다. 즉, 염기성은 수산화 이온(OH^-)때문에 나타난다.

ㄴ. 염기는 산과 달리 대부분의 금속과 반응하지 않는다.

> **tip 산과 염기의 세기**
>
> • 산의 세기 : 수용액에서 이온화가 잘 되어 H^+을 많이 내놓는 산을 강한 산, 이온화가 잘 안 되어 H^+을 적게 내놓는 산을 약한 산이라고 함
> • 염기의 세기 : 수용액에서 이온화가 잘 되어 OH^-을 많이 내놓는 염기를 강한 염기, 이온화가 잘 안되어 OH^-을 적게 내놓는 염기를 약한 염기라고 함

14.

정답 ④ 상 **중** 하

ㄴ. pH가 7보다 작은 용액의 액성은 산성, pH가 7인 용액의 액성은 중성, pH가 7보다 큰 용액의 액성은 염기성이다.

ㄷ. 염기성 용액에 BTB 용액을 떨어뜨리면 파란색을 나타낸다.

ㄱ. 수용액 속 H^+ 농도가 클수록 pH가 작다.

15.

정답 ① 상 **중** 하

ㄱ. 수용액에서 산과 염기가 반응하여 물과 염이 생성되는 반응이다.

ㄴ. 중화 반응은 열이 발생하는 반응이며, 이때 발생하는 열을 중화열이라고 한다.

ㄷ. 중화 반응에서 산의 음이온과 염기의 양이온이 만나 염을 생성한다.

16.

정답 ① 상 **중** 하

신생대에는 매머드와 화폐석이 표준화석이다.

② 삼엽충은 고생대의 표준화석이다.

③ 화폐석은 신생대의 표준화석이다.
④ 암모나이트는 중생대의 표준화석이다.

---

tip 표준화석

- **정의** : 지질 시대의 특정한 시기에만 살았던 생물 화석으로 지층의 생성 시대를 알려줌
- **조건** : 생존 기간이 짧고, 분포 면적이 넓음. 특정한 시기에만 생존해야 화석이 발견된 지층의 생성 시기를 알 수 있음

17.

정답 ③ 상 중 **하**

변이는 개체가 가진 유전자의 차이로 나타나는데, 개체 사이의 유전자 차이는 오랫동안 축적된 돌연변이와 유성 생식 과정에서 생식세포의 다양한 조합으로 발생한다.

18.

정답 ④ 상 **중** 하

현재 상업적으로 대량 재배되는 단일 품종의 바나나가 특정 질병으로 멸종 위기에 처해 있는 것은 유전적 다양성의 중요성을 보여주는 사례이다. 단일 품종을 대량으로 재배함으로써 유전적 다양성이 매우 낮아 특정 질병에 대한 저항성을 갖는 개체가 존재하지 않기 때문이다.
① 변이가 다양한 종일수록 유전적 다양성이 높다.
② 유전적 다양성이 높은 종은 환경 변화에 대한 적응력이 높다.
③ 생물 다양성에는 각각의 생물종이 가지는 유전 정보의 다양함을 포함한다.

19.

정답 ② 상 중 **하**

온도와 생물의 상호 관계에 대한 내용이다. 북극여우는 사막여우보다 몸집에 비해 귀와 꼬리가 짧아서 피부를 통한 열의 방출이 억제된다.

20.

정답 ④ 상 중 **하**

화석 연료의 사용으로 대기 중으로 방출되는 이산화 탄소 등의 온실 기체가 증가하면서 지구의 평균 기온이 상승하는 현상을 지구 온난화라고 한다.

21.

정답 ② 상 중 **하**

전기 에너지가 열 에너지로 전환된다. 에너지가 전환되더라도 에너지의 총합은 항상 일정하게 보존된다.

---

tip 에너지 전환의 예

	에너지 전환
건전지	화학 → 전기
전동기	전기 → 운동
태양 전지	빛 → 전기
인체	화학 → 열, 운동
광합성	빛 → 화학

22.

정답 ③ 상 **중** 하

에너지 제로 하우스는 필요한 에너지를 태양, 지열, 풍력 등 재생 에너지를 통해 얻고, 단열을 통해 외부와의 열 출입을 차단하는 미래형 주택이다.
① **증기 터빈** : 화력 발전소 등의 보일러에서 발생한 고압의 증기를 이용하여 날개를 회전시키는 장치
② **탄소 포인트 제도** : 온실 기체 감축 실적에 따라 탄소 포인트를 발급하고, 이에 상응하는 인센티브를 제공하는 제도
④ **친환경 자동차 구매 지원 제도** : 하이브리드 자동차나 전기 자동차와 같이 환경 친화적인 고가의 자동차를 구입하는 경우, 자동차 가격의 일부와 충전 시스템 설치 비용 등을 지원하여 친환경 자동차 구매를 유도하는 제도

23.

정답 ② 상 중 **하**

수력 발전에 대한 설명이다. 수력 발전은 연료가 필요 없고,

공해 물질을 배출하지 않으며, 홍수 및 가뭄을 예방하는 효과가 있다.

24.

정답 ③ 상 **중** 하

전자기 유도에 의해 코일에 흐르는 전류를 유도 전류라고 한다.

① 유도 전압 : 전자기 유도에 의해 유도 전류를 흐르게 하는 전압

② 스페이서 : 송전선이 서로 닿지 않고 일정한 간격을 유지하도록 하는 장치

④ 감지 전류 : 인체에 전압이 가해지면 일정한 값에서 통전(通電)되고 있다는 것을 느끼게 된다. 이 값을 전류의 감지 전류라고 한다.

25.

정답 ④ 상 **중** 하

연료 전지는 휴대용 전자 제품, 수소 연료 전지 자동차, 대형 발전 장치 등에 이용되고 있다.

① 태양 전지 : 반도체로 구성되어 있으며, 빛을 받으면 전압이 생긴다.

② 제어봉 : 핵발전을 할 때 핵분열 속도를 줄이기 위해서는 중성자를 흡수하여 그 수를 줄여야 하는데 이처럼 중성자를 흡수하는 장치를 제어봉이라 한다. 카드뮴이나 붕소 등이 사용된다.

③ 원자로 : 연쇄 반응 속도를 인위적으로 제어하여 원자력을 서서히 끌어내는 장치로, 감속재와 제어봉이 사용된다.

제⑥교시 # 한국사

01	③	02	④	03	①	04	④	05	②
06	①	07	③	08	②	09	②	10	①
11	③	12	①	13	①	14	④	15	①
16	③	17	②	18	②	19	④	20	②
21	④	22	③	23	④	24	①	25	③

01.

정답 ③ 상 중 **하**

㉠은 청동기 시대이다. 청동기 시대에 제작되었던 유물은 비파형 동검이다.

① 명도전 : 중국의 화폐이다. 중국과의 교류가 있었던 철기 시대에 사용되었다.

② 슴베찌르개 : 구석기 시대의 사냥 도구이다.

④ 뼈바늘 : 신석기 시대의 유물이다.

---

tip 각 시대별 대표 유물

- **구석기 시대** : 뗀석기, 슴베찌르개, 주먹도끼
- **신석기 시대** : 가락바퀴, 빗살무늬 토기, 움집
- **청동기 시대** : 비파형 동검, 거푸집, 거친무늬 거울, 민무늬 토기, 미송리식 토기, 고인돌
- **철기 시대** : 세형 동검, 잔무늬 거울, 독무덤

02.

정답 ④ 상 중 **하**

고조선의 세력 범위는 청동기 시대를 특징짓는 유물의 하나인 비파형 동검과 고인돌의 출토 분포로 짐작할 수 있다. 8조법으로 사회 질서를 유지하였고, 이 가운데 현재 3개의 조항만이 전해진다.

---

tip 고조선의 8조법

고조선은 사회가 복잡해지고 통치 조직이 확립되면서 사회 질서를 유지하기 위한 8개 조항의 법규를 제정하였는데 현재는 3개만 전한다.

- 사람을 죽인 자는 즉시 죽인다. → 생명존중
- 남에게 상처를 입힌 자는 곡식으로 갚는다. → 재산보호
- 도둑질한 자는 그 집의 노비로 삼는다. → 신분제도

03.

정답 ① 상 **중** 하

장수왕은 고구려의 전성기 때의 왕으로 수도를 평양으로 천도하여 왕권을 강화하였고, 남진 정책으로 한강 유역을 확보하였다. 광개토대왕릉비를 건립하였고 중원 고구려비에 업적을 기록하였다.

② **법흥왕** : 신라의 왕으로 율령을 반포하고, 불교를 공인, 연호를 사용하는 등 중앙 집권 국가 체제를 완비하였다.

③ **의자왕** : 백제의 마지막 왕으로 초반에는 신라의 대야성 등 40여 성을 함락하고 전쟁에서의 주도권을 잡았으나 집권 말년에 주색과 사치에 빠지고 나당연합군에 의해 나라를 잃었다.

④ **문무왕** : 통일 신라의 왕으로 통일 전쟁을 승리하고 왕권을 강화하였다.

04.

정답 ④ 상 중 **하**

풍수지리사상은 '땅의 성격을 파악하여 좋은 터전을 찾는 사상'으로 신라 말기에 도선에 의해서 수용되었으며, 안정된 사회를 염원하는 일반 백성의 인식이 반영되었다.

① **도교** : 고구려 영류왕(624) 때 전래되었으며, 신라 말기 진골 귀족의 사치와 향락의 경향에 반발하여 은둔 사상인 도교와 노장 사상이 보급되었다.

② **업설** : 전생에 지은 행위의 결과를 현생에서 받는다는 주장

③ **불립문자** : 불도의 깨달음은 마음에서 마음으로 전하는 것이므로 말이나 글에 의지하지 않는다는 의미

05.

정답 ② 상 중 **하**

골품제는 신라시대의 신분제도로 골품(骨品), 즉 개인의 혈통(血統)의 높고 낮음에 따라 관등 상한선, 정치 및 사회 활동 범위, 가옥 규모, 복식 등이 규정되었으나 관직은 규정되지 않았다.

① **음서제** : 과거를 치지 않고 관직에 진출하는 제도이다.(공신·종신의 자손, 5품 이상 고위 관료의 자손)

③ **균역법** : 조선 영조 때 종전의 군적수포제에서 군포 2필을 부담하던 것을 1년에 군포 1필로 경감해주는 제도

④ **진대법** : 봄에 백성들에게 곡식을 빌려 주고 가을에 갚도록 한 제도로 고구려에서 가난한 백성들을 구하기 위해 실시함

06.

정답 ① 상 중 **하**

묘청의 서경 천도 운동에 대한 내용이다. 묘청은 지덕이 쇠한 개경을 버리고 서경으로 도읍을 옮겨 나라를 바로 잡을 것, 임금을 황제라고 불러 나라의 위신을 세울 것, 군사를 일으켜 오랑캐 나라인 금을 정벌할 것을 주장하였다.

tip 묘청의 서경 천도 운동에 대한 평가

신채호는 그의 〈조선사 연구초〉에서 묘청의 서경 천도 운동을 "조선역사상 일천년래 제일대 사건"이라 하여 북진 정책 등을 높이 평가하였다. 또한 그는 묘청 세력과 김부식 세력이 대립을 "낭불과 유(儒)의 전(戰)이며, 국풍파와 한학파의 전이며, 독립당과 사대당의 전이며, 진취 사상과 보수 사상의 대립"이라 평하였다.

07.

정답 ③ 상 중 **하**

고려의 신분 구성은 귀족(왕족, 5품 이상 관료), 중류층(하급 관리), 양민(백정, 농민, 상공업자), 천민(노비)으로 구성되었다. 이때 고려의 백정은 조선 시대에 도축업을 하던 천민 계층과는 달리 일반 농민을 가리키는 말이다.

08.

정답 ② 상 **중** 하

고려 시대 전시과 제도는 문무 관리, 군인, 한인에 이르기까지 18과로 등급을 나누어 관직 복무와 직역에 대한 대가로 전지와 시지를 지급하였다. 이때 소유권이 아닌 수조권을 주었는데, 5품 이상의 관리에게는 공음전을 지급하였다.

① **과거제** : 광종이 호족들의 힘을 약화시키고 왕권을 강화할 목적으로 시행한 관리를 뽑기 위해 시행된 시험 제도이다.

③ **독서삼품과** : 신라 시대 원성왕 때 유교경전의 이해 수준을 시험해 관리를 채용하는 제도이다. 진골귀족의 반대와 골품제로 제대로 기능하지 못했으나, 학문과 유학 보급에 기여하였다.

④ **녹읍** : 신라 시대의 토지제도이다. 해당 지역의 주민들로부터 조세와 노동력 수취가 가능하였다.

09.

| 정답 ② | 상 중 **하** |

임진왜란으로 경복궁이 소실된 후 1865~1868년에 흥선 대원군이 소실된 경복궁을 재건하기 위해 당백전을 발행하였다.
① 덕수궁 : 본래 이름이 경운궁인 덕수궁은 궁궐 안에 지어진 최초의 서양식 건물 정관헌과 근대식 석조 건물 석조전이 들어서 있어 고유한 궁궐의 양식과는 다른 것이 특징이다.
③ 수원 화성 : 조선 후기에 정조가 지은 성으로 1997년에 유네스코 세계문화유산으로 지정됨
④ 행주산성 : 임진왜란 때 행주대첩이 벌어졌던 곳

10.

| 정답 ① | 상 중 **하** |

조선 시대 중앙에 설치한 국립 대학으로 고려 시대 국자감을 계승하였다. 고려 시대의 국자감은 기술학을 교육하였으나, 성균관에서는 기술학을 교육하지 않았다.
② 승정원 : 왕명을 출납하는 비서 기관(중추원의 후신)으로 국왕 직속 기관
③ 춘추관 : 역사서 편찬과 보관을 담당
④ 포도청 : 상민의 범죄를 담당하는 경찰 기관

11.

| 정답 ③ | 상 중 **하** |

세종 때 우리 풍토에 맞는 농사법을 모아 농사직설을 간행하였다.
① 동몽수지 : 어린이가 지켜야 할 예절을 기록한 윤리서이다.
② 의방유취 : 조선전기 세종 때 김순의가 편찬한 동양 최대의 의학 백과사전으로, 우리나라에 전해 내려오는 한방 의서들을 종류에 따라 일괄적으로 그 지식을 정리하여 집대성한 것이다.
④ 본조편년강목 : 고려 후기 충숙왕 때 민지가 편찬(1317)한 고려왕조에 관한 역사서로, 현존하지는 않으나 문헌기록을 통해 그 실재를 확인할 수 있는 최초의 강목체 사서이다.

12.

| 정답 ① | 상 **중** 하 |

김종직과 조광조로 대표되는 세력이고 향약과 서원을 세력 기반으로 했다는 사실은 바로 사림에 관한 내용이다. 따라서 사림의 성장이 옳은 발표 주제가 될 수 있다.

13.

| 정답 ① | 상 중 **하** |

척화비는 흥선 대원군의 통상 수교 거부 정책의 영향으로 건립되었다.
임진왜란으로 조선의 토지가 황폐화 되었고 실록 등 많은 문화재가 소실되었다. 또한 명이 쇠퇴하고 여진족이 성장하였고 일본에서 도자기 문화, 성리학 등이 발전하였다.

14.

| 정답 ④ | 상 중 **하** |

태종 때 권근·김사형·이회 등이 제작한 세계지도로, 현존하는 동양 최고(最古)의 세계 지도, 중화사상 반영, 이슬람 지도학의 영향, 유럽과 아프리카 대륙까지 묘사
① 자격루 : 우리나라 최초의 자동 물시계
② 앙부일구 : 조선시대의 대표적인 해시계
③ 동국여지승람 : 조선시대의 인문지리서

15.

| 정답 ① | 상 중 **하** |

임술 농민 봉기에 대한 내용이다.
진주 지역 포악한 관리(백낙신·홍병원 등)의 탐학으로 인하여 일어났다. 몰락 양반 유계춘의 지휘하에 농민들이 진주성을 점령하였다.
② 난징 조약 체결 : 난징 조약은 1842년 8월 아편전쟁의 종결을 위하여 영국과 청나라가 체결한 강화조약이다.
③ 호포제 실시 : 조선 후기 고종 때 흥선 대원군이 실시한 군역 제도이다. 호(戶)를 단위로 군포를 징수하였다.
④ 왕규의 난 : 정종 초기, 왕규가 외손자인 광주 원군을 왕으로 세우고자 일으킨 반란이다.

16.

정답 ③ 상 **중** 하

세종 때 세계 최초로 측우기를 만들어 전국 각지의 강우량을 측정하였다.
ㄱ. 고려 태조(왕건) 때의 일이다.
ㄴ. 신라 진흥왕 때의 일이다.

17.

정답 ② 상 **중** 하

ㄴ. 임오군란(1882) → ㄷ. 갑신정변(1884) → ㄱ. 갑오개혁 (1894)의 순서이다.

18.

정답 ② 상 중 **하**

고종이 국정 개혁의 기본 강령인 홍범 14조를 반포하였다.
① 국민 대표 회의 개최 이후에 임시 정부가 침체된 상황에서 한인 애국단을 조직하여 윤봉길 의사와 이봉창 의사의 의거를 주도하였다.
③ 1948년 김규식과 함께 38도선을 넘어 남북 협상을 추진하였다.
④ 1919년 대한민국 임시정부에 참여하여 이후 주석을 역임하였다.

19.

정답 ④ 상 중 **하**

안중근에 대한 설명이다. 남포에 돈의 학교를 설립하여 인재 양성에 힘쓰다가 1907년 연해주로 망명하여 의병 운동에 참가하고, 1909년 만주의 하얼빈 역에서 이토 히로부미를 사살하였다.
민종식, 최익현, 신돌석은 을사의병을 주도한 인물들이다.

20.

정답 ② 상 **중** 하

카이로 회담은 제2차 세계 대전 중 미국, 영국, 중국의 정상이 카이로에 모여 처음으로 한국의 독립을 결의한 회담이다.

① 얄타 회담(1945) : 미국, 영국, 소련 대표 참여, 소련이 일본과의 전쟁에 참여할 것을 결의
③ 6자 회담 : 북한의 핵문제를 해결하는 방안을 논의하기 위하여 한반도 주변의 6개국이 참여하는 다자 회담
④ 판문점 회담 : 한국전쟁을 끝내기 위해 판문점에서 연 휴전 회담

21.

정답 ④ 상 중 **하**

광주 학생 항일 운동에 대한 내용이다. 약 5개월 동안 전국의 학생 54,000여 명이 참여함으로써 3·1 운동 이후 최대의 민족 운동으로 발전하였다.
① 조선학 운동 : 우리 민족의 전통 사상과 문화 속에서 민족의 고유한 특색을 찾아내어, 문화적으로 민족의 주체성을 유지하려는 운동이다. 1930년대 중반에 본격적으로 전개되었다.
② 신앙 결사 운동 : 고려 중기 이후 개경 중심의 귀족 불교의 타락에 반발하여 불교계를 비판하고 불자의 각성을 촉구하는 운동이다.
③ 수선사 결사 운동 : 명리에 집착하는 무신 집권기 당시 불교계의 타락상을 비판하고 승려 본연의 자세로 돌아가 독경과 선 수행 등에 고루 힘쓰자는 개혁 운동, 송광사를 중심으로 전개되었다.

22.

정답 ③ 상 **중** 하

신채호 일제의 왜곡이 심하였던 고대사 연구에 치중하여 『조선 상고사』·『조선사 연구초』등을 저술하여 민족주의 역사학의 기반을 확립하였다. 민족 사관으로 낭가(郎家) 사상을 강조하였다.
① 백남운 : 사적 유물론을 도입하여 일제의 정체성론에 대항하였고, 『조선 사회 경제사』·『조선 봉건 사회 경제사』를 저술하였다.
② 윤동주 : 일제강점기 때의 시인으로, 주요 작품으로 『서시』, 『별 헤는 밤』, 『자화상』 등이 있다.
④ 이육사 : 일제강점기에 『청포도』, 『절정』, 『광야』 등을 저술한 시인이자 독립운동가이다.

tip 신채호의 『조선 상고사』

역사란 무엇이뇨. 인류 사회의 아(我)와 비아(非我)의 투쟁이 시간에서 발전하여 공간까지 확대하는 심적 활동의 상태의 기록이니. 세계사라 하면 세계 인류의 그리 되어 온 상태의 기록이며, 조선사라 하면 조선 민족이 그리 되어 온 상태의 기록이니라. 그리하여 아에 대한 비아의 접촉이 많을수록 비아에 대한 아의 투쟁이 더욱 맹렬하여 인류 사회의 활동이 휴식할 사이가 없으며, 역사의 전도가 완결될 날이 없다. 그러므로 역사는 아와 비와의 투쟁의 기록이니라.

23.

정답 ④ 　상 **중** 하

사사오입 개헌안은 개헌 당시 대통령에 한해 중임 제한을 적용하지 않는다는 내용을 포함하였다.

① 3선 개헌 : 북한의 도발에 대한 대응과 지속적 경제 성장 추진을 내세워 대통령 3회 연임을 허용하는 개헌안을 편법으로 통과시켰다. 그 결과 개정된 헌법에 따라 치러진 대통령 선거에서 박정희가 당선되었다.

② 진보당 사건 : 조봉암이 제3대 대통령 선거에서 진보적인 정책을 내세워 많은 표를 얻자 위기를 느낀 이승만 정부가 진보당을 해체하고 조봉암을 사형시켰다.

③ 5·16 군사 정변 : 박정희를 중심으로 일부 군인들이 정변을 일으켜 정권을 장악하였다.

tip 사사오입 개헌안

제55조 대통령과 부통령의 임기는 4년으로 한다. 단, 재선에 의하여 1차 중임할 수 있다.
부칙 이 헌법 공포 당시의 대통령에 대하여는 제55조 제1항 단서의 제한을 적용하지 아니한다.

24.

정답 ① 　상 중 **하**

독도는 울릉도에 가까이 있어 예로부터 울릉도의 부속 섬으로 인식되었다. 일본 에도막부의 『죽도기사』의 기록에는 안용복이 두 차례 일본으로 와 울릉도와 독도가 우리 땅임을 일본 관리로부터 확답을 받고 돌아갔다는 내용이 있다. 또한 대한 제국의 칙령 제41호에 의해 우리의 고유 영토임이 확인되었다.

② 간도 : 을사늑약(을사조약) 후, 일제가 대한 제국의 외교권을 빼앗아가면서 중국(청)과 간도협약을 맺어 빼앗기게 된

지역이다.

③ 강화도 : 인천에 있는 섬으로, 고려 시대 때 몽골의 침입으로 수도를 옮긴 곳이며, 1871년 신미양요 때 미국이 제너럴셔먼호 사건을 빌미로 조선을 개항시키려고 무력 침략해 전투가 벌어진 곳이다. 또한 일본과 최초의 근대적 조약인 강화도 조약을 체결한 곳이다.

④ 거문도 : 제주도와 여수 중앙에 있는 섬이다.

tip 대한 제국 칙령 제41호(1900)

제2조 군청 위치는 태하동으로 정하고 구역은 울릉 전도(全島)와 죽도(竹島), 석도(石島,독도)를 관할할 것

25.

정답 ③ 　상 중 **하**

2007년 10월 2일부터 4일까지 2박3일 동안 대한민국의 노무현 대통령이 북한의 평양을 방문하여 김정일 국방위원장과 정상회담을 하였다.

① 문재인 정부 때의 일이다.
② 노태우 정부 때의 일이다.
④ 이명박 정부 때의 일이다.

▌제⑦교시　도 덕

01	④	02	②	03	④	04	①	05	④
06	②	07	④	08	④	09	①	10	③
11	④	12	③	13	①	14	④	15	④
16	②	17	④	18	①	19	③	20	②
21	②	22	③	23	③	24	④	25	①

01.

정답 ④　　　상 중 **하**

해당 글은 사회 구성원 간의 소통과 담론을 중시하는 하버마스의 공론장에 대한 글이다. 이는 담론 윤리에 해당한다.

tip 소통과 담론의 필요성

독일의 철학자 하버마스는 공론장이 시민이 자유롭게 참여하는 대화의 과정을 통해 여론을 형성하는 사회생활의 연장이라고 보았다. 그가 공론장을 중시여긴 이유는 소통과 담론을 통해 도덕적 권위를 갖춘 합의를 도출할 수 있기 때문이다. 누구에게나 열려 있는 자유롭고 합리적인 담론공간의 존재는 숙의 민주주의의 실현을 위해서도 꼭 필요하다.

02.

정답 ②　　　상 중 **하**

ⓒ은 반대 입장의 논거이다. 이는 '대중의 정서에 미칠 부정적인 영향을 방지해야 한다.'로 수정해야 한다.

03.

정답 ④　　　상 **중** 하

노직은 재화의 취득 과정이 정당한지는 봐야 한다고 본다. 그는 재화의 취득과 이전의 절차나 과정이 정당하면 그 과정을 통해 얻은 소유물에 관해서는 개인이 절대적 소유 권리를 가진다고 주장한다.

04.

정답 ①　　　상 **중** 하

공자를 계승한 맹자는 사단(四端)이라는 선한 마음이 누구에게나 주어져 있다고 주장하였다.

tip 맹자의 사단(四端)과 사덕(四德)

• 사단(四端)
　– 측은지심(惻隱之心) : 불쌍하고 가엾게 여기는 마음
　– 수오지심(羞惡之心) : 불의를 부끄러워하고 미워하는 마음
　– 사양지심(辭讓之心) : 양보하고 공경하는 마음
　– 시비지심(是非之心) : 옳고 그름을 분별하는 마음
• 사덕(四德) : 인(仁), 의(義), 예(禮), 지(智)

05.

정답 ④　　　상 **중** 하

롤스는 절차적 정의에 따르는 '정의의 원칙'을 주장하며, 원초적 입장(무지의 베일을 쓴 상태)이라는 가상적 상황에서 모두가 합의할 수 있는 정의의 원칙을 제시하였다. 자본주의를 비판하며 공산사회를 이상사회로 본 사상가는 마르크스이다.

06.

정답 ②　　　상 **중** 하

문맥 상 (가)에 들어갈 가장 올바른 말은 '사회 윤리적'이다.

07.

정답 ④　　　상 **중** 하

성 윤리에서 중도주의의 입장은 사랑 중심의 성 윤리를 제시하고, 사랑을 동반한 성적 관계는 허용될 수 있다고 주장하며, 사랑이 결부된 성적 관계는 육체적·정서적으로 교감할 수 있다고 본다. ㄱ은 보수주의 입장이며, ㄴ은 자유주의의 입장이다.

08.

정답 ④　　　상 중 **하**

동물 중심주의는 도덕적 고려의 범위를 동물까지 확대해야 한다고 보는 사상으로, 현대 생활의 새로운 윤리 문제의 특징이 아니다. 동물 중심주의는 동물을 인간을 위한 수단으로 여기는 것에 반대하고 동물의 복지와 권리의 향상을 강조한다.

 **새로운 윤리 문제의 특징**

- **파급 효과의 광범위성** : 전 지구적으로 영향을 끼칠 수 있고, 현세대는 물론 미래 세대까지 위협할 수 있다.
- **책임 소재의 불분명성** : 책임 소재를 가리기가 쉽지 않으며, 누구 하나를 지목하여 책임을 묻기 쉽지 않다.
- 전통적인 윤리 규범만으로는 해결하기 어렵다.

09.

정답 ①   상 **중** 하

17세기의 철학자 데카르트는 동물의 권리 논쟁에서 동물을 자동인형 또는 움직이는 기계에 불과하기 때문에 동물이 도덕적으로 고려 받을 권리를 갖지 않는다고 주장하였다. 동물 권리에 대한 논의 초창기의 의견으로, 이후 후세 학자들의 논쟁에 영향을 준다.

10.

정답 ③   상 **중** 하

윤리적 탐구는 전체적인 상황에서 해석하여 최선의 결론을 도출해야 한다.

11.

정답 ④   상 **중** 하

도가는 삶과 죽음을 사계절의 변화와 같다고 보고, 불교는 인연법에 의한 윤회의 과정으로 본다. 따라서 도가, 불교 모두 생사를 차별해서는 안 되는 순환 과정이라고 본다.

12.

정답 ③   상 중 **하**

아래 설명은 전부 직업에 대한 것이다.

13.

정답 ①   상 **중** 하

고대 그리스 아테네의 철학자 소크라테스는 산파술 등의 성찰을 통해 자신의 삶을 부단히 검토해야 한다고 강조하였다.

 **산파술**

끊임없는 질문을 통해 자신의 무지를 자각할 수 있도록 돕는 방법

14.

정답 ④   상 중 **하**

과학 기술 비관주의의 관점은 과학 기술의 비인간적인 측면을 부각하고, 과학 기술의 여러 혜택과 성과를 부정한다. 과학 기술이 모든 문제를 해결할 수 있을 것이라 보는 관점은 과학 기술 지상주의의 관점이다.

15.

정답 ④   상 **중** 하

업적주의란 개인의 재능과 노력으로 얻은 사회적 지위를 중요하게 여기는 입장이다. 부유세에 반대하는 이들은 부유세가 개인의 재능과 노력으로 정당하게 얻은 개인의 재산권을 과도하게 침해하는 행위라고 본다. 개인의 재산을 과도하게 가져가는 국가의 국민이라면 그 누가 땀 흘려 많은 돈을 벌고 싶겠냐는 것이다.

16.

정답 ②   상 중 **하**

종교 간 갈등의 원인으로는 다른 종교에 대한 무지와 편견, 민족적 · 문화적 · 경제적 이해관계의 상충, 자기 종교의 절대성을 지나치게 주장하는 배타적 태도에 있다.

17.

정답 ④   상 **중** 하

주어진 글은 지속 가능한 발전에 대한 설명이다.
② **환경 개발론** : 자연은 도구적 성격을 지녔으며 사람들에게 도움이 된다면 자연을 개발하는 것이 바람직하다고 본다.

18.

정답 ① 상 **중** 하

㉠은 '문화' 상대주의고, ㉡은 '윤리' 상대주의다. 그러나 윤리 상대주의는 보편 윤리를 위반하는 문화까지 인정하게 되어, 비판적·윤리적 성찰을 방해할 수도 있다.

19.

정답 ③ 상 중 **하**

제시문은 '정보 격차 문제'에 대한 내용이다. 정보 격차는 새로운 정보 기술에 접근할 수 있는 능력과 환경을 가진 사람과 그렇지 못한 사람 사이에 사회적·경제적 격차가 심화되는 현상을 말한다. ③의 '인터넷 실명제'는 정보 격차에 의해 발생하는 문제와 거리가 멀다.

20.

정답 ② 상 중 **하**

세계화 시대 통일 한국이 지향해야 할 민족주의의 모습은 우리 민족의 주체성을 유지하면서 다른 민족의 문화와 삶의 양식을 포용하는 열린 민족주의이다.

21.

정답 ② 상 **중** 하

②는 아리스토텔레스의 윤리사상에 대한 설명이고, ①, ③, ④는 플라톤의 윤리 사상에 대한 설명이다.

22.

정답 ③ 상 **중** 하

- 하이데거는 죽음이란 인간과 함께 있기 때문에 죽음을 외면하지 말고 항상 자각하며 살라고 하였다. 또한 이렇게 자각함으로써 삶의 의미와 가치를 느끼고 의미 있고 가치 있는 삶을 살게 한다고 말하였다.
- 공자는 죽음 그 자체보다는 도덕적으로 실천하는 삶에 더욱 충실히 살아야 한다고 말하였다.

23.

정답 ③ 상 중 **하**

선진국은 개발도상국과 후진국의 환경 피해에 대해 적극적인 보상과 지원을 할 윤리적 의무가 있다.

24.

정답 ④ 상 **중** 하

(가)는 공자와 맹자가 주장한 민본주의 사상이다. 민본주의의 백성은 군주를 부모와 같이 여기고 군주가 부여한 의무를 자발적으로 따라야 한다. (나)는 시민들이 정치에 참여하는 민주주의 사상이다. 국민을 위한 정치를 중시한다는 점에서 공통적이라 할 수 있다. 하지만 민본주의의 백성은 정치의 대상자이자 수혜자일 뿐이지, 정책 결정 과정에 주체적으로 참여하는 것에는 한계를 지닌다.

25.

정답 ① 상 **중** 하

전 세계의 다양한 문화가 상호 작용하며 융합되기 시작하면서, 예전보다 각 국가의 윤곽과 개성이 희미해졌다고 볼 수 있다.

---

tip 세계화의 긍정적·부정적 측면

- **긍정적 측면**
  - 개발도상국에 서구의 재화가 들어오면서 그 나라 사람들이 경제적으로 부유해질 수 있다.
  - 글로벌 경쟁은 창의성과 혁신을 장려하고 상품과 서비스 가격을 억제한다.
  - 세계화를 통해 각 나라의 정부는 협력과 조정 능력이 향상된다.
  - 영화, 음악, 음식, 의복 등의 외국 문화의 접근이 용이하다.
- **부정적 측면**
  - 한 기업이 다른 나라에 공장을 세우면, 그 나라에 일자리를 제공하는 반면 다른 일자리를 빼앗을 수 있다.
  - 전 세계의 문화가 상호 작용하면서 각 국가의 윤곽과 개성이 희미해진다.
  - 전 세계적으로 질병이 확산될 가능성이 더 높고, 그 질병 분류 안에는 파괴적인 영향을 미칠 새로운 침입종도 포함된다.

Put yourself on view.

This brings your talents to light.

자신을 내 보여라.

그러면 재능이 드러날 것이다.

– 발타사르 그라시안 Baltasar Gracian

좋은 결과 있길 SISCOM이 응원합니다.

시스컴

고졸
검정고시 모의고사

정답 및 해설

검정고시 모의고사

제2회

성명		수험번호	

- 답안지의 해당란에 성명과 과목명, 수험번호를 정확히 기재하세요.

- 이 시험지는 1교시 국어, 2교시 수학, 3교시 영어, 4교시 사회, 5교시 과학, 6교시 한국사, 7교시 도덕(선택 I)으로 구성되어 있습니다.

구분	과목	시험시간
1교시	국어	09:00~09:40(40분)
2교시	수학	10:00~10:40(40분)
3교시	영어	11:00~11:40(40분)
4교시	사회	12:00~12:30(30분)
중식(12:30~13:30)		
5교시	과학	13:40~14:10(30분)
6교시	한국사	14:30~15:00(30분)
7교시	도덕(선택 I)	15:20~15:50(30분)

※ 이 시험지는 고등학교 졸업학력 검정고시를 대비하기 위한 실전용 모의고사입니다. 실제 시험 방식과는 다소 차이가 있을 수 있습니다.

제 ① 교시 국 어

수험번호 (   )   성 명 (   )

※ 다음 물음에 대한 가장 옳은 답을 하나만 골라, OMR 답안지에 정확히 표기하시오.

01. 다음 대화의 상황에 나타난 의사소통의 목적으로 가장 적절한 것은?

> 윤석 : 지원아! 정말 오래간만이야. 반가워.
> 지원 : 정말 오랜만이다. 우리 얼마 만에 만나는 거니?
> 윤석 : 고등학교 졸업하고 3년만이네! 그동안 잘 지냈어?
> 지원 : 그럼, 잘 지냈지! 너는 어떻게 지냈어?

① 안부를 묻기 위해 말하고 있다.
② 협상을 위하여 말하고 있다.
③ 함께 문제를 해결하려 말하고 있다.
④ 위로를 위해 말하고 있다.

02. 〈보기〉를 참고할 때 밑줄 친 경우와 같은 것으로 적절하지 <u>않은</u> 것은?

> ────〈 보기 〉────
> 무더운 여름날 창문이 닫힌 교실에 들어온 선생님이 학생들에게 "덥구나."라고 말했을 때 발화된 문장은 실제로 '방이 덥다'는 평서문의 의미뿐만 아니라 '창문을 열라'는 '명령'의 의미로도 해석된다. 이렇듯 <u>담화 상황에서는 발화된 문장의 유형과 의도가 일치하지 않을 때도 있다.</u>

① 상황 : 실수를 저지른 신입 사원에게 상사가
　발화 : 다음번에는 잘 해.
② 상황 : 집에 밤늦게 들어온 아이에게 어머니가
　발화 : 도대체 지금 몇 시니?
③ 상황 : 계산대 앞에서 주머니를 뒤지며 친구에게
　발화 : 어 지갑을 놓고 왔네.
④ 상황 : 밤새도록 음악을 틀어놓는 이웃에게
　발화 : 잠 좀 잡시다.

03. 다음 밑줄 친 부분에 해당하지 <u>않은</u> 것은?

> 합성어는 형성 방식에 있어서 앞의 어근과 뒤의 어근에 따라 나눌 수 있다. 예를 들어 '앞뒤'는 두 어근의 결합 방식이 대등하므로 대등 합성어, '돌다리'는 앞 어근이 뒤 어근에 의미상 종속되어 있으므로 종속 합성어, '춘추'는 두 어근과는 완전히 다른 제 3의 의미가 도출되므로 <u>융합 합성어</u>라 할 수 있다.

① 쥐뿔　　　　　② 논밭
③ 밤낮　　　　　④ 모순(矛盾)

04. 표준발음법의 두 조항이 모두 적용된 사례를 〈보기〉에서 찾아 바르게 묶은 것은?

> 표준발음법
> 제18항 받침 'ㄱ(ㄲ, ㅋ, ㄳ, ㄺ), ㄷ(ㅅ, ㅆ, ㅈ, ㅊ, ㅌ, ㅎ), ㅂ(ㅍ, ㄼ, ㄿ, ㅄ)'은 'ㄴ, ㅁ' 앞에서 [ㅇ, ㄴ, ㅁ]으로 발음한다.
> 제29항 합성어 및 파생어에서, 앞 단어나 접두사의 끝이 자음이고 뒤 단어나 접미사의 첫음절이 '이, 야, 여, 요, 유'인 경우에는, 'ㄴ' 음을 첨가하여 [니, 냐, 녀, 뇨, 뉴]로 발음한다.

> ────〈 보기 〉────
> ㄱ. 빨간 색연필[생년필]로 이름을 쓰면 안 된다.
> ㄴ. 이모는 고구마를 식용유[시굥뉴]에 튀기고 계셨다.
> ㄷ. 아카시아 꽃잎[꼰닙]이 휘날리는 모습이 이쁘구나.
> ㄹ. 명절에 집에 갈 때는 집에 가는 직행열차[지캥녈차]를 타고 가야한다.

① ㄱ, ㄴ   ② ㄱ, ㄷ
③ ㄴ, ㄷ   ④ ㄷ, ㄹ

05. 〈보기〉의 ㉠~㉣의 예로 옳게 짝지어진 것은?

> ───〈 보기 〉───
> 음운 변동은 어떤 음운이 다른 음운으로 바뀌는 '교체', 한쪽의 음운이 다른 쪽 음운의 성질을 닮는 ㉠'동화', 새로운 음운이 생기는 ㉡'첨가', 어떤 음운이 없어지는 ㉢'탈락', 두 음운이 하나의 음운으로 합쳐지는 ㉣'축약'으로 나눌 수 있다.

① ㉠ : 국화   ② ㉡ : 젖히다
③ ㉢ : 화살   ④ ㉣ : 아드님

06. 다음 글에 나타난 중세 국어의 모습으로 알맞지 않은 것은?

> 〈소학언해〉
> 孔·공子·ᄌᆞ ㅣ 曾증子·ᄌᆞᄃᆞ·려 닐·러
> 굴·ᄋᆞ샤·ᄃᆡ, ·몸·이며 얼굴·이며
> 머·리털·이·며 ·술·흔 父·父母:모·ᄭᅴ
> ·ᄌᆞ온거·시·라. :감·히 헐·워 샹히·오·디
> 아·니:홈·이 :효·도·ᄋᆡ 비·르·소미·오,
> ·몸·을 세·워 道:도·를 힝·ᄒᆞ·야 일
> :홈·을 後:후世:세·예 베퍼·ᄡᅥ ·부母
> :모를 :현·뎌케 :홈·이 :효·도·ᄋᆡ
> ᄆᆞ·ᄎᆞᆷ·이니·라.

① 끊어적기 방식만 사용되고 있다.
② 'ㅸ'과 'ㅿ'이 거의 소실되고 'ㆁ', 'ㆍ'는 사용되었다.
③ 8종성법이 사용되었다.
④ 방점으로 성조를 나타내었다.

07. ㉠에 들어갈 내용으로 가장 적절하지 않은 것은?

논제	유전자 복제 실험은 정당하다.
찬성 측 논거	• 유전자 복제를 통해 인류는 생명과학 분야를 더 잘 알 수 있게 된다. • 현대 의료로 치료되기 어려운 병들을 치료할 수 있게 된다.
반대 측 논거	• 복제 기술의 부작용이 우려된다. • (㉠)

① 인간의 자연스러운 출산 과정에 어긋난다.
② 우량 동물의 번식과 보전이 가능해진다.
③ 인간의 존엄성을 훼손할 수 있다.
④ 복제 인간의 정체성 혼란이 우려된다.

08 다음 글에서 ㉠~㉣을 고쳐 쓰기 위한 방안으로 적절하지 않은 것은?

> 옛 수학과 새로운 수학을 비교하면, 옛것은 고정되고 유한한 대상을 고려하며 ㉠활동적인 반면에, 새것은 변화하고 무한한 대상을 연구하며 역동적이다. ㉡옛것을 무시하면 과학 역사에 큰 해를 끼친다. 이렇듯 수학은 자연에 발을 딛고 ㉢있을때, 현대 동역학이나 현대 천체 역학과 같은 자연 과학의 발전에 공헌함은 물론 수학 자체의 지속적인 ㉣발전을 이루어 낼 수 있었다.

① ㉠ : 문맥을 고려하여 '정적인'으로 바꾼다.
② ㉡ : 통일성을 해치는 내용이므로 삭제한다.
③ ㉢ : 띄어쓰기가 잘못되어 있으므로 '있을 때'로 바꾼다.
④ ㉣ : 잘못된 조사 사용이므로 '발전이'로 고친다.

[09~11] 다음 글을 읽고 물음에 답하시오.

가을날 노랗게 물들인 @은행잎이
바람에 흔들려 휘날리듯이
그렇게 가오리다
임께서 부르시면…….

호수에 안개 끼어 자욱한 밤에
말없이 재 넘는 ⓑ초승달처럼
그렇게 가오리다
임께서 부르시면…….

포근히 풀린 봄 하늘 아래
굽이굽이 하늘 가에 ⓒ흐르는 물처럼
그렇게 가오리다
임께서 부르시면…….

파아란 하늘에 백로가 노래하고
이른 봄 ⓓ잔디밭에 스며드는 햇볕처럼
그렇게 가오리다
임께서 부르시면…….

− 신석정, 「임께서 부르시면」

09. 이 시의 표현상의 특징으로 적절하지 <u>않은</u> 것은?

① 반복과 변조를 통해 형태적 안정감을 준다.
② 어둠과 밝음의 대립적인 시어를 사용하였다.
③ 어순의 도치는 화자의 간절한 심정을 강조하고 있다.
④ 화자는 현실 도피적 태도로 임에게 귀의하고자 한다.

10. 〈보기〉의 관점을 고려할 때, '임'의 함축적인 의미로 볼 수 <u>없는</u> 것은?

〈 보기 〉
• 발표 시점이 1931년이라는 것을 고려하여, 시대적 상황을 고려해 보아야 한다.
• 가을바람에 떨어지는 은행잎과 시적 화자를 동일시하는 시적 상황을 고려해 보아야 한다.
• 은행잎, 초승달, 봄 하늘, 물, 잔디밭, 햇볕 등과 같은 시어를 사용한 이유를 생각해 보아야 한다.

① 자연　　　　　　　② 추상성
③ 절대자　　　　　　④ 잃어버린 조국

11. @~ⓓ 중 이질적인 시어는?

① @　　　　　　　　② ⓑ
③ ⓒ　　　　　　　　④ ⓓ

[12~14] 다음 글을 읽고 물음에 답하시오.

　몇 해 전, 해방이 되던 날만 해도 아버지는 ㉠마을 사람들과 함께 장터에서 만세를 불렀다. 쨍쨍 내리쪼이는 햇빛 아래서 목이 터져라고 대한독립 만세를 불렀다. 그런데 언제쯤부터인가? 그렇다, 재작년 겨울부터 아버지는 사람의 눈을 피해 숨어서 다니기 시작했었지. 밤을 낮 삼아 다니기 시작했었지. 어디론가 감쪽같이 사라졌다간 나타나고, 나타났다간 사라져 버리곤 했었지. 아무도 모른다. 아버지가 무슨 일을 맡아서 그러고 다녔는지는. 마을 사람들이 아버지를 두고 쑤군쑤군했고, 순사들이 자주 우리 집을 들랑거렸지만 재작년 겨울부터 ㉡그들은 아버지를 본 적이 없다. 누가 시켜서 하는 일인지, 누구를 시켜 무슨 일을 하고 있는지 아무도 모른다. 쌀 한 톨 생기지 않는 일에 목숨을 걸고 산길을 타고 다닌 아버지의 요술을 어쩜 다른 사람은 알 필요가 없다. 아버지가 하는 짓은 스스로의 문제라는 듯 나에게는 물론 어머니나 이모부에게조차 알리지를 않았으니깐. 꽃이 왜 피는지, 꽃은 향기를 어떻게 만드는지 모르듯 이 세상에는 남이 모를 일이 너무 많으니깐.
　국민학교 이학년 때던가. 나는 아버지와 산책을 나갔던 적이 있었다. 안개도 자욱한 초여름의 이른 새벽이었다. 이슬에 바짓가랑이를 쫄딱 적신 채 아버지와 나는 들길을 거닐었다. 아버지는 나의 손을 잡았고, 잠으로부터 트이기 시작하는 나의 귀는 종달새의 자랑스러운 재잘거림을 듣고 있었다. 아버지는 물기 맑은 풀잎에서 폴짝 뛰어오르는 한 마리의 청개구리를 손바닥에 올려놓았다. 아버지의 손톱만한 그 놈의 빛 고운 연초록 등판은 윤기가 쪼르르 흘렀고, 얇고 흰 뱃가죽은 놀람 탓인지 연신 팔딱거리고 있었다. ⓒ아버지는 말했다.

"요 꼬마 놈은 매일 아침 하루도 쉬지 않고 높이뛰기 연습을 한단 말이야. 첫날은 반 뼘을 뛰지만, 이튿날은 한 뼘을 뛰거든. 다음날은 한 뼘 반을 뛰고 그 다음날은 두 뼘을 뛰고 그 다음날은……."

"아버지, 그럼 나중에 하늘에 닿겠네요?"

"아니지, 하늘에 닿아 보려고 뛰지만 결국 하늘에는 닿지 못하지. 왜냐하면 하늘은 끝이 없으니까."

"그럼 죽을 때까지 뛰겠네요?"

"그렇지, 죽는 날까지 매일 뛰지."

"참 불쌍한 놈이네요?"

"아냐, 자기가 뛰고 싶어 뛰니깐."

"왜 뛸까요?"

"그건 아버지도 몰라."

아, 무섭다. 땅거미가 깔린다. ②곧 어두워질 것이다.
어둠은 무섭다. 밤이 싫다. 벌써부터 내일 새벽이 기다려진다. 선바위산 뒤에서 해가 솟아오르고 날이 훤해질 때까지 나는 잠을 설칠 것이다. 그래서 날이 밝으면 왜 내가 어릴 적 그런 거짓말을 했냐고 묻기도 전에 아버지는 죽고 없을 것이다. 청개구리 말이다.

－김원일, 「어둠의 혼」

12. 이 글의 서술 방법과 그 효과를 설명한 것으로 바르지 <u>않은</u> 것은?

① 어린 아이의 눈을 통해 기술함으로써 상황 묘사에 사실성을 부여했다.

② 문제에 대한 해답을 내리지 않는 방법으로 독자에게 생각의 여지를 제공했다.

③ 현재의 사건이 어떤 의미를 지니는지 회상을 통해 효과적으로 표현했다.

④ 인물들의 갈등 양상을 정확한 심리 묘사를 통해 사실적으로 전달했다.

13. 다음 글을 참고했을 때, 아버지가 '나'에게 전하고자 했던 교훈은?

> 어릴 적 아버지와 나는 강둑을 거닐며 많은 이야기를 했다. "쉬지 않고 흐르는 이 강처럼 너도 쉬지 않고 자라야 한다." 아버지는 이런 말도 했다. …중략… 이제 내가 죽기 전 영원히 만날 수 없게 된 아버지, 어린 나에게 너무나 큰 수수께끼를 남기고 죽어 버린 아버지의 일생을 더듬을 때 나는 알 수 없는 두려움 때문에 사시나무처럼 떤다. 그와 더불어 나는 무엇인가 깨달은 듯한 느낌을 가지게 된다.

① 우리가 알고 있다고 생각하는 것의 대부분은 그 본질을 알 수 없는 것이다.

② 사람은 미래를 알 수 없기 때문에 두려움을 느끼게 된다.

③ 살아 나가는 데 용기를 가져야 하고 어떤 어려움과 슬픔도 이겨내야 한다.

④ 살아 있는 모든 생명들은 자기 자신의 발전을 위해 꾸준히 노력한다.

14. ㉠~㉣ 중, 가장 나중의 일을 서술하고 있는 것은?

① ㉠ 　　　　② ㉡

③ ㉢ 　　　　④ ㉣

[15~16] 다음 글을 읽고 물음에 답하시오.

> 德(덕)이란 곰븨예 받줍고, 福(복)이란 림븨예 받줍고,
> 德(덕)이여 福(복)이라 호늘, 나ᅀᆞ라 오소이다.
> 아으 動動(동동)다.
>
> 正月(정월)ㅅ 나릿므른 아으 어져 녹져 ᄒᆞ논ᄃᆡ.
> 누릿 가온ᄃᆡ 나곤 몸하 ᄒᆞ올로 녈셔.
> 아으 動動(동동)다리.

고등학교 졸업학력 검정고시 모의고사

二月(이월)ㅅ 보로매, 아으 노피 현 燈(등)ㅅ블 다호라.
萬人(만인) 비취실 즈싀샷다.
아으 動動(동동)다리.

三月(삼월) 나며 開(개)혼 아으 滿春(만춘) 둘욋고지여.
ᄂᆞ미 브롤 즈슬 디녀 나샷다.
아으 動動(동동)다리.

四月(사월) 아니 니저 아으 오실셔 곳고리새여.
므슴다 錄事(녹사)니ᄆᆞᆫ 녯나ᄅᆞᆯ 닛고신뎌.
아으 動動(동동)다리.

五月(오월) 五日(오일)애, 아으 수릿날 아춤 藥(약)은
즈믄 힐 長存(장존)ᄒᆞ샬 藥(약)이라 받줍노이다.
아으 動動(동동)다리.

六月(유월)ㅅ 보로매 아으 별해 ᄇᆞ룐 빗 다호라.
도라보실 니믈 젹곰 좃니노이다.
아으 動動(동동)다리.

七月(칠월)ㅅ 보로매 아으 百種(백종) 排(배)ᄒᆞ야 두고,
니믈 ᄒᆞᆫ 듸 녀가져 願(원)을 비ᄉᆞᆸ노이다.
아으 動動(동동)다리.

−작자미상, 「동동」

15. 이 노래에 사용된 후렴구의 기능에 대한 설명으로 가장 적절한 것은?

① 특정한 어휘를 사용함으로써 향토적 효과를 얻는다.
② 반복의 효과를 바탕으로 시 전체에 통일성을 부여한다.
③ 시적 화자의 정서를 압축해서 드러내주는 구실을 한다.
④ 시상을 매듭지으면서 논리적 전개에 긴밀히 대응한다.

16. 이 노래에 대한 설명으로 적절하지 <u>않은</u> 것은?

① 부정적 현실에 대한 체념과 도피의 태도를 보이고 있다.
② 세시 풍속과 관련하여 화자의 정서를 드러내고 있다.
③ 주변 상황과 대조하여 화자의 심정을 강조하고 있다.
④ 화자의 처지를 사물에 빗대어 표현하고 있다.

[17~19] 다음 글을 읽고 물음에 답하시오.

[앞부분의 줄거리] 평양에 사는 김 진사가 서울에 벼슬을 구하러 간 사이, 그의 아내 이(李) 부인은 딸 채봉을 이웃에 사는 장생과 결혼시키기로 한다. 한편 김 진사가 찾아간 서울의 세도가 허 판서는 김 진사에게 딸이 있다는 말을 듣고 그 딸을 자신에게 첩으로 달라고 요구한다. 김 진사는 이를 승낙하고 벼슬을 얻기로 한 후 집으로 돌아온다.

"아버님 먼 길 안녕히 다녀 내려오셨습니까?"
김 진사는 채봉을 보고 귀한 생각이 한층 더 나서 채봉의 등을 어루만지며,
"오냐, 잘 있었더냐? 그래 그간 글공부도 더 하고 바느질도 많이 익혔느냐?"
그러면서 이 부인을 쳐다보며 말하기를
"여보 마누라! 참 애기가 이제는 침선(針線) 같은 것은 배워도 쓸 데가 없구려. 침모(針母)가 다 해다 바칠 테니 말이오."
채봉이 얼굴을 숙이니 볼이 발그레해지더라. 김 진사가 다시 채봉을 보고
"아가, 너 재상의 소실이 좋으냐. 여염집 부인이 좋으냐? 아비 어미 있는데 부끄러워하지 말고 네 소원대로 말해 보아라."
채봉이가 예사 여염집 처녀 같으면, 이런 말에 대하여 아무리 부모의 말일지라도 대구를 하여 대답하리요마는 채봉은 원래 학식도 있을 뿐 아니라, 장생의 일이 잠시도 잊혀지지 아니하더니, 부모의 하는 말을 들은 터이라 조금도 서슴지 않고 안색을 바로 하고 대답하되,
"   ⓐ   "

"허허 그 자식. 네가 남의 별실 구경을 못해서 이런 소리를 하나 보다마는, 참 세상에 그 같은 호강은 또 없느니라."

이 부인이 말을 가로막아 김 진사를 쳐다보며,

"영감은 어린 자식에게 별 말씀을 다하시는구려. 딸자식이란 것은 바깥부모의 하시는 대로 좇아가는 법이지. 아가, 너는 네 방으로 가거라."

채봉을 보내고 두 내외가 서울로 올라갈 의논을 하고, 그날로 온갖 세간을 내다 팔아 서울로 올라갈 행장을 차리니라.

이 때 채봉이 초당으로 나와 장생의 일을 생각하고 홀로 탄식하되,

"부운 같은 이 세상에 부귀공명이 무엇인고. 그와 같이 나를 사랑하던 우리 부모가 일조에 날로 하여금 신의(信義)를 배반하고 천첩(賤妾)의 몸이 되게 하려 하니 가엾고 한심한 일이로구나. 부모는 부귀에 눈이 어두워 그러하거니와, 나는 여자의 몸이 되어 한 번 허락한 마음을 변하지 아니하여 잠깐 동안 부모의 근심을 끼칠지라도, 내 몸이나 불의지죄(不義之罪)를 면하리라."

하는데, 눈물이 옷깃을 적신다. 이윽고 한 꾀를 생각하고 취향을 대하여,

"이애, 취향아! 내가 너를 몇 해 동안 친형제같이 알고 지낸 터이어니와, 내 억울한 사정을 알 사람은 너밖에 없구나. 장씨의 일은 너도 아는 바이어니와, 아무리 부모의 분부인들 그런 중한 언약을 오늘날 배반할 수 있나. 이를 어찌하면 좋을까?"

"글쎄올시다. 당초에 서울서 정혼을 하고 오시더라도 퇴혼을 하겠다고 말씀하시던 마님께서 마음이 변하였으니, 아마 소저는 서울 마나님이 꼭 되는 길밖에 없을까하외다. 그러나 올라가시면 그만이지마는, 나는 이 바닥에 살며 장씨를 무슨 낯으로 봅니까."

채봉이 이 말을 듣더니,

"이애, 그러지 않을 도리가 있다."

하고 취향의 귀에 입을 대고 무슨 비밀한 말을 하고 다시 말을 이어,

"아무리 생각해도 그리할 수밖에 없으니, 가다가 중로(中路)에서 몸을 피할 터이니, 너는 어멈하고 뒤를 밟아 오너라."

취향이 고개를 까닥까닥하고,

"그러시면 진사님과 마님께서 오죽하시겠습니까. 그러

나 소저 생각이 그러하시면 시키는 대로 하지요."

익일 오경(五更)에 발행(發行)할새, 취향이 손을 잡고 이별하거늘, 주머니에서 돈 50냥을 주며 은근히 부탁하되,

"이걸로 노자를 삼아 부디 어젯밤 약속을 잊지 말고 따라오너라."

총총히 작별하고 교군에 올라앉으니, 김 진사와 이 부인이 속도 모르고 채봉의 마음 돌림을 다행으로 여겨 곧 발행하더라.

– 작자 미상, 「채봉감별곡」

17. 윗글을 읽고 이해한 내용으로 옳은 것은?

① 채봉은 부모의 뜻을 거역하려 한다.

② 취향과 채봉은 둘 다 김 진사의 딸이다.

③ 김 진사 내외는 채봉에게 바느질을 가르치고자 한다.

④ 이 부인은 김 진사가 돌아온 후에 채봉을 장생과 결혼시키려고 한다.

18. 윗글에 나타나있는 서술자의 시점을 가장 잘 설명한 것은?

① 생생하고 구체적인 장면을 객관적으로 제시하기에 적합하다.

② 광범위하고 복잡한 사건의 내용을 제한 없이 서술할 수 있다.

③ 주인공이 서술자가 되어 자신의 내면을 섬세하게 제시할 수 있다.

④ 등장인물이 관찰자가 되어 주동 인물의 내면을 추리하여 서술하고 있다.

19. 윗글의 문맥상 ⓐ에 들어가기에 가장 적절한 것은?

① 먹을 가까이 하면 검어진다고 했소.

② 개가 될 양이면 부잣집 개가 낫다고 했소.

③ 닭의 입이 될지언정 소의 뒤가 되기는 싫소.

④ 떨어진 꽃은 가지로 돌아갈 수 없고, 깨진 거울은 다시 비추지 못하는 법이오.

고등학교 졸업학력 검정고시 모의고사

[20~22] 다음 글을 읽고 물음에 답하시오.

예술 형태로서의 영화는 여타의 예술 매체와 많은 유사점을 지니고 있다. 회화나 조각과 마찬가지로 영화도 선, 질감, 색채, 질량 등을 사용하며, 또한 빛과 그림자의 섬세한 상호작용에 의존한다. 연극과 마찬가지로 영화도 극적 사건, 얼굴 표정, 대사 등을 통해 시각적으로 의미를 전달한다. 영화는 음악이나 시처럼 복잡하면서도 섬세한 운율과 이미지와 은유와 상징을 사용한다. 또는 무용이나 무언극에서처럼 움직이는 (㉠)을(를) 통해 일련의 운율적 재질을 창조한다. 그리고 영화는 소설처럼 시간과 공간을 이용하여 무한히 넓고 깊은 차원을 자유자재로 표현할 수 있다.

이런 무수한 유사점에도 불구하고 영화는 여전히 독특한 예술이다. 특히 자유로우면서도 지속적인 (㉡)의 역동성에 있어서는 어떤 예술과도 다르다. 영화는 시각, 음향, 움직임에 의한 동시적인 의사소통이 수월하므로 회화나 조각에 비해 한결 복잡한 감각적 효과를 창출할 수 있다. 영화는 연극에 비해 장면 전환이 훨씬 자유롭다. 끊임없는 영상의 흐름은 장면의 전환 시에 발생하는 물리적인 어둠의 순간도 눈으로는 포착할 수 없을 만큼 빠르게 진행시키기 때문에 매 장면의 선명도에 지장을 주는 일이 없다. 또한 영화는 소설이나 시처럼 인쇄된 지면의 추상적 상징이 독자의 두뇌 작용을 통해 시각 영상과 음향으로 전달되는 것이 아니라, 직접 시각 영상과 음향을 통해 의사소통 하는 예술이다.

영화는 주제만이 아니라 소재에 접근하는 시각의 범위에 있어서도 무한하다. 영화는 서정적인 것에서 서사적인 데 이르는 어떤 영역도 포함할 뿐만 아니라, 순전히 객관적인 것에서 극도로 주관적인 것에 이르기까지 다 담아낼 수 있다. 또한 피상적인 현실성이나 감각적인 것은 물론 지적이거나 철학적인 것까지도 포착할 수 있다. 시간적인 차원에 있어서는 먼 과거나 미래를 끊임없이 오가고, 불과 몇 초를 몇 시간처럼 확장시키는가 하면, 반대로 한 세기를 몇 분으로 압축할 수도 있다. 게다가 섬세하며 연약하거나 아름다운 느낌에서부터 가장 야수적이고 폭력적이며 강박적인 감정에 이르는 온갖 인간 정서를 표현할 수도 있다.

이상과 같은 주제나 그 취급법의 무한한 영역보다도 더 중요한 것은, 다루고자 하는 주제의 본질에 관계없이 영화 매체가 전달하는 전적인 현실감이다. 현실감이란 무엇보다도 영상과 음향과 움직임이 지속적인 흐름, 즉

화면상의 모든 것이 현재 시제로 진행되고 있는 것처럼 보이도록 만들고, 이로 인해 관객이 스크린에 투사되는 환영에 전적으로 몰입하게 만드는 기본적인 영화적 특성이다. 이처럼 가장 완전하면서도 극단적인 (㉢)이 영화를 통해 현저한 리얼리티를 형태 짓고, 또한 정서 효과를 불러일으키는 것이다.

영화의 역사는 사실상 위대한 리얼리즘을 향한 방대한 진화 과정이었다고 볼 수 있다. 영화는 회화에서 사진으로, 영상의 투사로, 음향으로, 색채로, 그리고 대형 화면과 입체 화면으로 면면히 발전해 왔다.

20. 윗글에서 사용한 글쓰기 전략으로 가장 적절한 것은?

① 영화에 대한 일반적인 통념에 문제를 제기하고 있다.
② 영화가 가지는 특징을 다양한 시각에서 소개하고 있다.
③ 영화와 연극을 비교하며 상반된 관점을 절충적으로 종합하고 있다.
④ 예술 분야 전문가의 견해를 인용하여 들어 영화의 특징을 구체화하고 있다.

21. 〈보기〉와 같은 관객의 반응을 초래한 요소가 <u>아닌</u> 것은?

〈 보기 〉

영화가 상영되고 있는 동안 한 사내가 좌석을 찾아 다니고 있었다. 그가 좌석 사이를 가로지르고 있을 때였다. 순간 영화에 빠져 공포에 질린 표정을 짓고 있던 한 관객이 그의 팔을 꽉 움켜쥐면서 소리쳤다. "앉아, 이 바보야! 너 우리 모두를 죽이려고 그래!" 화면에서 악당은 움직이는 대상을 향해 무차별로 총을 난사하고 있었다.

① 영상 ② 음향
③ 현재 시제 ④ 추상적 상징

22. ㉠~㉢에 들어갈 말을 순서대로 나열한 것은?

① 이미지-영상-환상 ② 이미지-환상-영상
③ 영상-이미지-환상 ④ 영상-환상-이미지

[23~25] 다음 글을 읽고 물음에 답하시오.

중세부터 르네상스 시대에 이르기까지 생리학 분야의 절대적 권위는 2세기경 그리스 의학을 집대성한 갈레노스에게 있었다. 갈레노스의 피의 소모 이론은 피의 전달 경로에 대한 근본적인 오류를 포함하고 있었으나, 갈레노스의 포괄적인 생리학 체계의 일부로서 권위 있게 받아 들여졌다. 중세를 거치면서 인체 해부가 가능했지만, 그러한 오류들은 고대의 권위를 추종하는 학문 풍토 때문에 시정되지 않았다.

16세기에 이르러 베살리우스는 해부를 통해 격막에 구멍이 없으며, 폐정맥이 공기가 아닌 피의 통로라는 사실을 발견했다. 그 후 심장에서 나간 피가 폐를 통과한 후 다시 심장으로 돌아오는 폐순환이 발견되자 갈레노스의 피의 소모 이론은 도전에 직면했다. 그러나 당시의 의학자들은 갈레노스의 이론에 얽매여 있었으므로 격막 구멍이 없다는 사실로 인해 생긴 문제, 즉 우심실에서 좌심실로 피가 옮겨 갈 수 없는 문제를 폐순환으로 설명할 수 있다고 생각하였다.

이러한 판도를 바꾼 사람은 하비였다. 그는 생리학에 근대적인 정량적 방법을 도입했다. 그는 심장의 용적을 측정하여 심장이 밀어내는 피의 양을 추정했다. 그 결과, 심장에서 나가는 동맥피의 양은 섭취되는 음식물의 양보다 훨씬 많았다. 먹은 음식물보다 더 많은 양의 피가 만들어질 수 없으므로 하비는 피가 순환되어야 한다고 생각했다. 그는 이 가설을 검증하기 위해 실험을 했다. 하비는 끈으로 자신의 팔을 묶어 동맥과 정맥을 함께 압박하였다. 피의 흐름이 멈추자 피가 통하지 않는 손은 차가워졌다. 동맥을 차단했던 끈을 약간 늦추어 동맥피만 흐르게 해 주자 손은 이내 생기를 회복했고, 잠시 후 여전히 끈에 압박되어 있던 정맥의 말단 쪽 혈관이 부풀어 올랐다. 끈을 마저 풀어 주자 부풀어 올랐던 정맥은 이내 가라앉았다. 이로써 동맥으로 나갔던 피가 손을 돌아 정맥으로 돌아온다는 것이 확실해졌다.

이 실험을 근거로 하비는 1628년에 '좌심실 → 대동맥 → 각 기관 → 대정맥 → 우심방 → 우심실 → 폐동맥 → 폐 → 폐정맥 → 좌심방 → 좌심실'로 이어지는 피의 순환 경로를 제시했다. 반대자들은 해부를 통해 동맥과 정맥의 말단을 연결하는 통로를 찾을 수 없음을 지적하였다. 얼마 후, 말피기가 새로 발명된 현미경으로 동맥과 정맥의 말단을 연결하는 모세혈관을 발견하면서 피의 순환 이론은 널리 받아들여졌다. 그리고 폐와 그 밖의 기관들을 피가 따로 순환해야 하는 이유를 포함하여 다양한 인체 기능을 설명하는 새로운 생리학의 구축이 시작되었다.

---

23. 윗글의 내용과 일치하지 <u>않은</u> 것은?

① 하비는 끈을 통해 실험을 하였다.
② 2세기에는 갈레노스의 이론이 권위 있게 받아졌다.
③ 베살리우스는 해부를 통해 격막에 구멍이 없음을 발견하였다.
④ 하비는 동맥과 정맥의 말단을 연결하는 모세혈관을 발견하였다.

24. 위 글을 보아 '피의 순환 이론'의 성립이나 수용에 기여하지 <u>않은</u> 것은?

① 현미경의 발명
② 근대적인 정량적 방법
③ 새로운 생리학의 구축
④ 끈을 이용한 실험적 방법의 활용

25. 다음은 '하비'가 제시한 피의 순환 경로의 일부이다. '하비'가 끈 실험에서 차단했던 위치를 바르게 고른 것은?

좌심실 → 대동맥 → 각 기관 → 대정맥 → 우심방
㉠　　　　㉡　　　　㉢　　　　㉣

① ㉠, ㉢　　　　　　② ㉠, ㉣
③ ㉡, ㉢　　　　　　④ ㉡, ㉣

※ 확인사항
답을 OMR 카드의 해당란에 정확히 표기하였는가?

제②교시　　수　　　학

수험번호 (　　　　　　　)　　　성　명 (　　　　　　　)

※ 다음 물음에 대한 가장 옳은 답을 하나만 골라, OMR 답안지에 정확히 표기하시오.

01. 두 다항식 $A=2x^2+x+1$, $B=x^2-x+3$에 대하여 $A-B$는?

① x^2-2x+4　　　　② x^2-x+1

③ x^2+x+3　　　　④ x^2+2x-2

02. 등식 $7x^2+ax-8=7x^2+3x+b$가 x에 대한 항등식일 때, 두 상수 a, b에 대하여 $a+b$의 값은?

① -6　　　　② -5

③ -4　　　　④ -3

03. 다항식 $2x^3-5x+a$가 $x-3$으로 나누어떨어질 때, 상수 a의 값은?

① -39　　　　② -38

③ -37　　　　④ -36

04. 다항식 $x^3-ax^2+27x-27$을 인수분해한 식이 $(x-3)^3$일 때, 상수 a의 값은?

① 1　　　　② 3

③ 6　　　　④ 9

05. $6i(1+3i)=a+6i$일 때, 실수 a의 값은? (단, $i=\sqrt{-1}$)

① -18　　　　② -1

③ 1　　　　④ 18

06. 이차방정식 $2x^2+6x-8=0$의 두 근을 α, β라고 할 때, $\alpha\beta$의 값은?

① -2　　　　② -3

③ -4　　　　④ -5

07. $-2\leq x\leq 4$일 때, 이차함수 $y=\dfrac{1}{2}x^2-2$의 최솟값은?

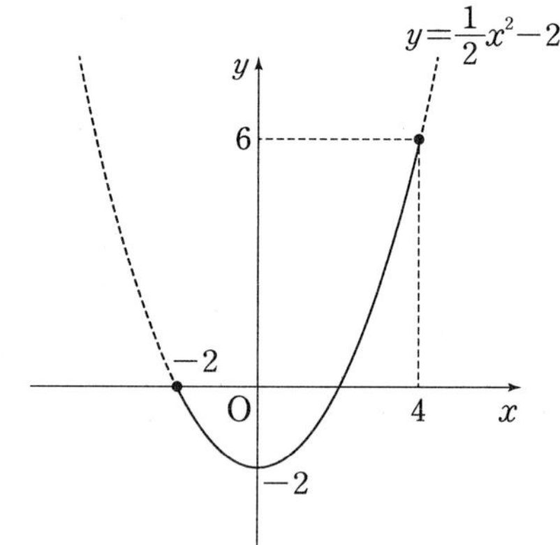

① -2　　　　② -1

③ 0　　　　④ 1

08. 삼차방정식 $x^3+ax-b=0$과 이차방정식 $x^2-2x-3=0$이 공통인 두 근을 가질 때, $a-b$의 값은? (단, a, b는 상수이다.)

① -15　　　　② -13

③ -11　　　　④ -9

09. 연립부등식 $\begin{cases} 5x<3x+8 \\ 8x>7x-1 \end{cases}$의 해가 $-1<x<a$일 때, 상수 a의 값은?

① 4　　　　② 5

③ 6　　　　④ 7

10. 부등식 $\left| \dfrac{1}{3}x-2 \right| \leq 10$의 해는 $a\leq x\leq b$와 같다. $a+b$의 값은?

① 12　　　　② 13

③ 14　　　　④ 15

11. 좌표평면 위의 두 점 $A(-4, 3)$, $B(-1, 7)$ 사이의 거리는?

① 3　　　　② 4

③ 5　　　　④ 6

12. 직선 $y=3x+3$에 평행하고, 점 $(1, 2)$를 지나는 직선의 방정식은?

① $y=\dfrac{1}{3}x+1$　　　　② $y=\dfrac{1}{3}x-1$

③ $y=3x+1$　　　　④ $y=3x-1$

13. 두 점 $A(-1, -1)$, $B(5, 5)$를 지름의 양 끝점으로 하는 원의 방정식은?

① $(x+2)^2+(y+2)^2=18$

② $(x+2)^2+(y-2)^2=18$

③ $(x-2)^2+(y+2)^2=18$

④ $(x-2)^2+(y-2)^2=18$

14. 좌표평면 위의 점 $(2, 5)$를 원점에 대하여 대칭이동한 점의 좌표는?

① $(-2, -5)$　　　　② $(-2, 5)$

③ $(2, -5)$　　　　④ $(5, 2)$

15. 두 집합 $A=\{1, 2, 3, 4, 6, 12\}$, $B=\{1, 2, 4, 8, 16\}$에 대하여 $n(A\cap B)$의 값은?

① 3　　　　② 4

③ 5　　　　④ 6

고등학교 졸업학력 검정고시 모의고사

16. 명제 '$x=-1$이면 $x^3=-1$이다.'의 역은?

① $x=-1$이면 $x^3\neq-1$이다.

② $x\neq-1$이면 $x^3=-1$이다.

③ $x^3=-1$이면 $x=-1$이다.

④ $x^3\neq-1$이면 $x\neq-1$이다.

17. 함수 $f:X\to Y$가 그림과 같을 때, $(f\circ f)(2)$의 값은?

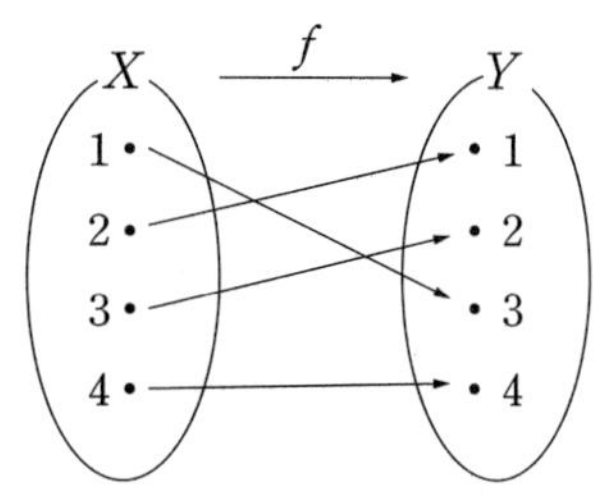

① 1 　　　　② 2

③ 3 　　　　④ 4

18. 유리함수 $y=\dfrac{1}{x-a}+3$의 그래프의 점근선은 두 직선 $x=1,\ y=3$이다. 상수 a의 값은?

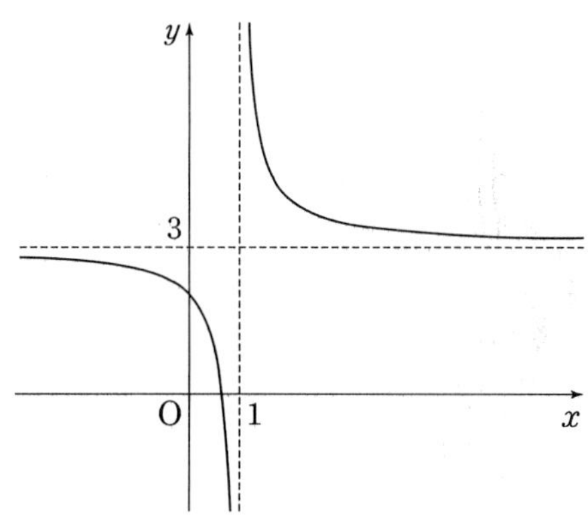

① 1 　　　　② 3

③ 5 　　　　④ 7

19. 그림은 4개의 서로 다른 공을 나타낸 것이다. 이 4개의 공에서 서로 다른 2개의 공을 택하여 일렬로 나열하는 경우의 수는?

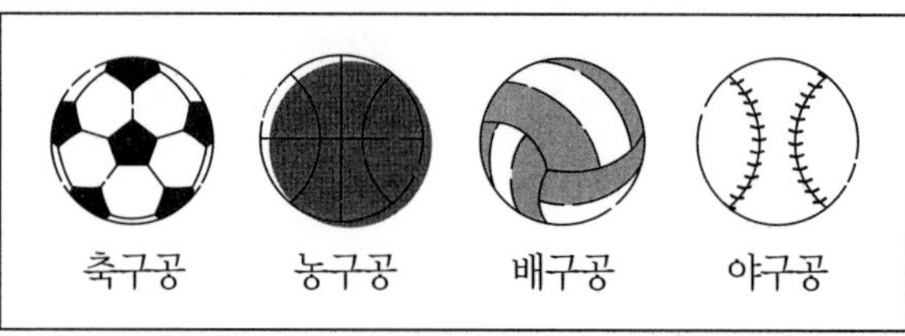

① 12 　　　　② 15

③ 18 　　　　④ 21

20. 다음 1부터 5까지의 숫자 카드가 있다. 이 5개의 숫자 카드 중에서 서로 다른 2개의 숫자 카드를 선택하는 경우의 수는?

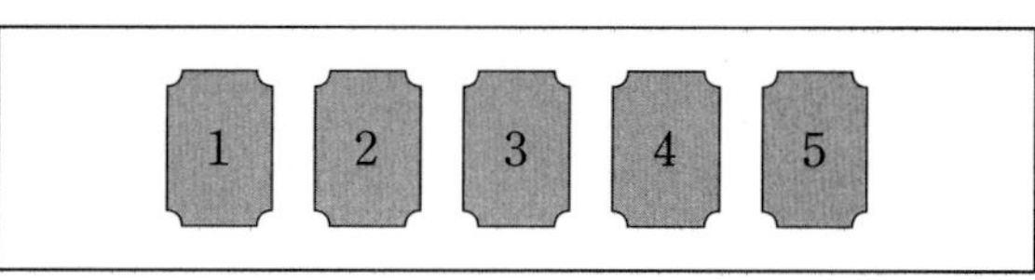

① 8 　　　　② 10

③ 12 　　　　④ 14

※ 확인사항

답을 OMR 카드의 해당란에 정확히 표기하였는가?

제 ③ 교시　　영 어

수험번호 (　　　　　　　)　　　**성 명 (　　　　　　　)**

※ 다음 물음에 대한 가장 옳은 답을 하나만 골라, OMR 답안지에 정확히 표기하시오.

[01~03] 다음 밑줄 친 부분의 뜻으로 가장 적절한 것을 고르시오.

01.

> As soon as I loaded the <u>luggage</u>, the train left.

① 몸　　　　　　② 서랍
③ 수하물　　　　④ 속도

02.

> It is <u>regrettable</u> that the teacher get angry with me.

① 즐거운　　　　② 좋은
③ 용서 받는　　④ 유감인

03.

> <u>Generally</u> speaking, the Koreans are diligent and polite.

① 솔직하게　　　② 일반적으로
③ 진심을 담아　④ 객관적으로

04. 다음 밑줄 친 두 단어의 관계가 나머지 셋과 <u>다른</u> 것은?

> Even if you think I'm <u>stupid</u>, I know I'm <u>smart</u>.

① fast - slow　　　② begin - start
③ positive - negative　④ sleep - wake

05. 다음 전시 안내문에서 언급되지 <u>않은</u> 것은?

> Oriental painting Exhibition
> Date : 2022.1.4.~2022.1.18.
> Place : Cheongdam Museum
> Time : 9a.m-8p.m
> Tickets : Adults $20, Students $10
> 　　　Watch out for lost items.

① 장소　　　　　② 휴관일
③ 표 가격　　　④ 마감 시간

[06~08] 다음 빈칸에 공통으로 들어갈 말로 가장 적절한 것을 고르시오.

06.

> • Mother is interested ________ classic music.
> • I eat yogurt ________ the morning

① on　　　　　　② in
③ at　　　　　　④ of

고등학교 졸업학력 검정고시 모의고사

07.

> • _________ makes me happy is you.
> • I don't know _________ he is implying.

① that ② what
③ how ④ which

08.

> • They all laughed _________ my joke.
> • They arrived _________ the station.

① at ② with
③ to ④ on

09. 다음 대화에서 밑줄 친 표현의 의미로 가장 적절한 것은?

> A : Why don't you start exercising in the morning with me?
> B : I want to sleep more. Why do I have to do such a hard thing?
> A : It is said that <u>early birds catch bugs.</u>

① 일찍 일어나면 그만큼 이득이 있다.
② 시간은 빠르게 흘러간다.
③ 하루아침에 이루어지는 일은 없다.
④ 많으면 많을수록 좋다.

10. 대화에서 알 수 있는 B의 심정으로 가장 적절한 것은?

> A : Would you like to go to k-pop festival in Seoul tomorrow with me?
> B : What? There's a festival tomorrow?
> A : yes, why?
> B : I really want to do that, but sorry I can't. I have a test tomorrow.
> A : Too bad. Let's go together next time.

① 기대된다 ② 속상하다
③ 행복하다 ④ 긴장된다

11. 다음 중 대화가 이루어지는 장소로 가장 적절한 것은?

> A : My winter coat got so dirty.
> B : Yes. Please leave it to me.
> A : When should I come back to find it?
> B : There are many orders now, so you'll have to come in a week.

① 신발 가게 ② 은행
③ 세탁소 ④ 약국

12. 다음에서 밑줄 친 it이 가리키는 것은?

> When we go somewhere, we use <u>it</u>. <u>It</u> is useful and convenient. Most people use <u>it</u> to travel. <u>It</u> can carry a lot of baggage. When you're driving <u>it</u>, you must fasten the seat belt.

① 지하철 ② 애완동물
③ 집 ④ 자동차

[13~14] 대화의 빈칸에 들어갈 말로 가장 적절한 것을 고르시오.

13.

> A : I am so tired because I didn't sleep yesterday to study.
> B : Why don't you take a break?
> A : ________________________.

① I make it once or twice a week.
② Why are you so tired?
③ Sounds great.
④ How long have you been there?

14.

> A : How was the exhibition you reserved last Saturday?
> B : I couldn't go to the exhibition.
> A : Why?
> B : ________________________.

① The exhibition was also held last year.
② I lost my exhibition ticket on the bus.
③ I met my friend at the exhibition.
④ I have never been to an exhibition so far.

15. 다음 대화의 주제로 가장 적절한 것은?

> A : Many people have their hobbies. What's your hobby?
> B : I collect stamps. And my sister raises plants. How about you?
> A : I make my own clothes and wear them.
> B : Really? I make hats!
> A : Wow. There are so many hobbies in the world.

① 사람들은 저마다 취미가 다르다.
② 취미는 사는 데 즐거움을 준다.
③ 취미에는 우표수집과 식물 기르기가 있다.
④ 옷은 스스로 만들어야 한다.

16. 다음 글을 쓴 목적으로 가장 적절한 것은?

> Attention, please. We are sorry to inform you that the train will be delayed for 10 minutes due to an electrical problem. Please use other means of transportation if you're in a hurry.

① 안내하려고   ② 거절하려고
③ 감사하려고   ④ 사과하려고

17. 다음 안내문의 내용과 일치하지 <u>않는</u> 것은?

> **Big Winter Sale**
> <u>All clothes 40% off</u>
> - From August 13 to August 30
> - Open Tuesday~Sunday, 10 a.m. to 10 p.m.
> - All new clothes

① 8월 13일부터 30일까지 세일한다.
② 40% 일부 할인한다.
③ 전부 새 옷이다.
④ 화요일부터 일요일까지 영업한다.

고등학교 졸업학력 검정고시 모의고사

18. 다음 글의 설명과 일치하지 <u>않는</u> 것은?

A study found that enrollment* in physical education classes was not related to academic achievement scores, but involvement in active physical activity was. Students who engaged in active activity outside of school at least 20 minutes per day, three days per week, were found to have higher academic scores.

*enrollment 등록

① 체육 수업 등록은 학업 성취도와는 상관관계가 없다.
② 운동의 수준과 학업 성취는 상관없다.
③ 하루에 20분 교외 활동을 참가하는 학생들은 학업 성적이 높다.
④ 일주일에 3일을 활발한 교외활동에 참가하는 학생들은 학업 성적이 높다.

19. 다음 글의 주제로 가장 적절한 것은?

Our eyes give us away when we are not telling the truth. One way to tell if someone is lying is to watch the pupils of his eyes. When the person is preparing the lie, the black part of the eye will get small. On the contrary, while the person is actually telling the truth, the pupils will get large.

① 항상 말조심을 해야 한다.
② 대화할 때는 눈을 마주보아야 한다.
③ 눈이 작은 사람이 거짓말을 잘 한다.
④ 눈을 보면 말의 진실성을 알 수 있다.

[20~21] 다음 글의 빈칸에 들어갈 말로 가장 적절한 것을 고르시오.

20.

It was spring and some 6th grade boys at a suburban elementary school were fooling around on the playground. They had discovered a great new __________. One of them would kneel down behind someone and the other would push the person over.

① trick   ② sentence
③ luck   ④ flower

21.

The main requirement for one kind of penguin, known as the nesting penguin, is ________. Each individual penguin protects its land by threatening its neighbors. The result is rather unique : penguins are spaces evenly apart. They stand exactly the length of two beaks away from each neighbor.

① present   ② enemy
③ plants   ④ space

22. 글의 흐름으로 보아 다음 문장이 들어가기에 가장 적절한 곳은?

So people generally keep their mouths shut.

Nobody likes performance reviews. (①) Employees are nervous they will hear nothing but criticism, and bosses are nervous their direct reports will respond defensively. (②) That is unfortunate because most employees need help figuring out how to improve their performance. (③) Also, it can be harmful to the company if a lack of clear feedback leads to undesirable work behaviors. (④)

23. 다음 글의 바로 뒤에 이어질 내용으로 가장 적절한 것은?

> Soccer is my favorite sport. It is fun and exciting. I like running and kicking. I play on the Dragon team. My uncle coaches the team. We practice every Tuesday and Thursday. On Saturdays, we play mini game. I will explain the rules of the mini game I played on Saturday, today.

① 축구를 좋아하는 이유
② 미니 게임을 할 때 가장 좋은 자세
③ 미니 게임의 규칙
④ Dragon 팀의 화합의 힘

[24~25] 다음 글을 읽고 물음에 답하시오.

> Participating in sports is quite different from watching sports. ___________, many people would rate tackle football as the most popular sport in the USA. But tackle football is not a good option due to the number of players required, lack of equipment, and risk of injury. Thus it is more correct to say that football is the most popular spectator sport, but it is rated far below the participation ranking.

24. 윗글의 빈칸에 들어갈 말로 가장 적절한 것은?

① However   ② Otherwise
③ For example   ④ Thus

25. 윗글의 주제로 가장 적절한 것은?

① 미식축구는 미국에서 가장 인기 있는 스포츠이다.
② 스포츠에 참여하는 것은 스포츠를 보는 것과 아주 다르다.
③ 미식축구는 부상의 위험이 높아 인기가 없다.
④ 스포츠의 인기를 판단하는 기준은 관중에 있다.

제 ④ 교시 사 회

수험번호 (   )   성 명 (   )

01. 다음에서 설명하는 인간, 사회, 환경을 바라보는 시각은?

> • 사회 현상을 시대적 배경과 맥락에 초점을 두고 살펴본다.
> • 오늘날 사회 현상이 일어나는 이유와 그 결과를 추론하여 앞으로의 사회의 변화 방향도 짐작할 수 있다.

① 윤리적 관점 ② 시간적 관점
③ 공간적 관점 ④ 사회적 관점

02. 다음에서 설명하는 행복의 기준을 가진 시대 상황은?

> 신앙을 통해 절대자에게 귀의하는 것이 가장 지배적인 행복의 기준이다.

① 선사 시대 ② 중세 시대
③ 산업화 시대 ④ 현대

03. 선거의 4원칙에 해당하지 <u>않는</u> 것은?

① 보통선거 ② 직접선거
③ 도덕선거 ④ 비밀선거

04. 다음과 같은 전통적 생활양식을 볼 수 있는 지역의 기후는?

> • 기후 : 최한월 평균기온 $-3°C \sim 18°C$
> • 농업 : 북서부 유럽의 혼합 농업, 남유럽의 수목 농업, 아시아의 벼농사 등
> • 전통 가옥 : 채광과 통풍을 위해 창문이 크며, 난방 시설을 설치

① 열대 기후 지역 ② 한대 기후 지역
③ 온대 기후 지역 ④ 건조 기후 지역

05. 다음에서 설명하는 문화권은?

> • 역사 : 다양한 부족이 지역마다 분포하여 각자의 역사가 뚜렷함.
> • 언어 및 종교 : 고유 언어, 토속 신앙
> • 민족 : 부족 단위의 공동체 문화 발달

① 남아메리카 문화권 ② 유럽 문화권
③ 아프리카 문화권 ④ 동아시아 문화권

06. 다음에서 설명하는 자원은?

> • 에너지 효율이 좋고 오염물질이 적다.
> • 액화 기술의 발달로 생산량과 소비량이 증가했다.

① 석유 ② 풍력
③ 천연가스 ④ 지력

07. ㉠에 들어갈 것은?

> (㉠)은 기본적으로 정부의 총체적 계획 담당자가 모든 경제 활동을 지휘·감독할 수 있는 완벽한 위치에 있다는 전제하에서 유지되는 경제 체제이다. 정부의 계획 담당자가 누가, 어떤 재화나 용역을, 얼마만큼 생산할 것인지를 구체적으로 결정함으로써 사회 구성원의 복지를 최대로 증진할 수 있다고 본다.

① 수정 자본주의   ② 사회주의
③ 산업 자본주의   ④ 신자유주의

08. 공동체주의적 정의관에 대한 설명으로 옳지 <u>않은</u> 것은?

① 평등과 사회적 책임을 중시하며 발전한다.
② 공동체가 공유하는 좋은 삶의 모습을 추구하고 실현한다.
③ 개인은 공동체의 가치와 목적을 내면화한다.
④ 국가는 개인에게 특정한 가치나 삶의 방식을 강제할 수 없다.

09. ㉠에 들어갈 말로 적절하지 <u>않은</u> 것은?

생애 주기	발달 과업 및 특징
중·장년기	㉠

① 가족을 구성하여 배우자 및 부모로서의 역할 수행한다.
② 직업인으로서의 역할을 수행한다.
③ 소득이 소비보다 많은 시기이다.
④ 은퇴 이후의 삶에 적응하고자 건강관리에 힘쓴다.

10. (가)～(다)는 한국의 인권 신장의 역사적 사건이다. 발생 시기가 빠른 순서대로 나열한 것은?

> (가) 4.19 혁명
> (나) 동학 농민 운동
> (다) 6월 민주 항쟁

① (가) − (다) − (나)   ② (나) − (가) − (다)
③ (나) − (다) − (가)   ④ (다) − (가) − (나)

11. 다음은 헌법 제10조의 조항이다. ㉠, ㉡에 들어갈 말을 알맞게 짝지은 것은?

> 모든 국민은 인간으로서의 존엄과 (㉠)을/를 가지며, 행복을 추구할 권리를 가졌다. 국가는 개인이 가지는 불가침의 기본적 (㉡)을/를 확인하고 이를 보장할 의무를 진다.

	㉠	㉡
①	가치	명분
②	국가	인권
③	가치	인권
④	권리	명분

12. 다음에서 설명하는 것은?

> 주식회사가 경영 자금을 마련하기 위해 투자자로부터 돈을 받고 발행하는 증서

① 채권   ② 예금
③ 펀드   ④ 주식

고등학교 졸업학력 검정고시 모의고사

13. ㉠에 들어갈 것은?

> (㉠)은 상대적인 개념이다. 예를 들어, 서울에서 맑은 공기는 다른 지역에 비해 (㉠)이 높다. 서울은 교통량이 많고 인구가 밀집해 다른 지역보다 맑은 공기를 접하기가 어렵기 때문이다.

① 희소성   ② 선택
③ 편익   ④ 합리성

14. 다음에서 설명하는 문화 변동의 양상은?

> 서양인의 크고 강한 체력이 육식과 관계있다는 것을 알아낸 일본은 육식을 장려하였고, 그 결과로 나온 음식이 돈가스이다. 그러나 돈가스는 서양 음식과 달리 일본 튀김처럼 튀기고, 나이프와 포크가 아닌 젓가락으로 먹을 수 있도록 적당하게 자르며, 쌀밥과 함께 먹을 수 있는 반찬 구실을 한다.

① 문화 계승   ② 문화 병존
③ 문화 동화   ④ 문화 융합

15. 국제 무역의 확대에 따른 영향으로 옳지 <u>않은</u> 것은?

① 소비자는 상품 선택의 폭이 확대, 질 좋고 저렴한 것을 선택할 수 있다.
② 기업은 더 많은 제품을 판매하여 높은 이윤을 얻을 수 있다.
③ 국가는 무역 이익으로 인해 경제 성장의 효과를 거둘 수 있다.
④ 국가는 문화 교류가 비활성화되어 문화 발전에 이바지할 수 있다.

16. 다음에서 설명하는 것은?

> 일정한 시간 동안 게임을 이용하는 데 제한을 둬 사이버 중독 예방 효과가 나타난다.

① 용광로 정책   ② 뉴딜 정책
③ 셧다운제 정책   ④ 디지털 디바이드

17. 다음과 같은 특징을 갖는 정치 참여 주체는?

> • 특정 계층 및 집단의 이익을 실현하기 위해 조직하여 정부나 의회에 영향력을 행사하는 집단이다.
> • 특수한 영역의 문제에만 관심을 가지며, 정치적 책임을 지지 않는다.

① 정당   ② 이익집단
③ 시민단체   ④ 정부기관

18. 다음 시설의 입지를 둘러싸고 발생하는 갈등을 해결하기 위한 방안으로 가장 바람직한 것은?

> 화장터, 쓰레기 매립지, 범죄자 보호관찰소

① 시설 건립 계획 폐지
② 정부의 강제적인 조정
③ 사법부의 판결에 따른 결정
④ 이해 당사자 간의 대화와 타협

19. 다음에서 설명하는 것은?

> 누진적 세금을 통해 얻은 재정을 활용해 모든 사람이 비슷한 수준의 복지 혜택을 누릴 수 있도록 복지 정책을 편다.

① 선별적 복지   ② 보편적 복지
③ 지역 발전 기반 마련   ④ 여성 할당제

20. 다음에서 설명하고 있는 나라는?

> • 분단 기간 : 1945년~1989년
> • 양국 관계 : 경쟁적 대립 및 협력 관계
> • 통일 이후 체제 : 자본주의
> • 발전 격차 : 평화적 흡수 통일

① 독일　　　　　　② 베트남
③ 이탈리아　　　　④ 프랑스

21. 다음에서 설명하는 자연재해는?

> 페루나 에콰도르에서 바닷물 온도가 올라가는 현상이 크리스마스 경에 나타나 수개월 지속되는 것이다.

① 쓰나미　　　　　② 라니냐
③ 엘니뇨　　　　　④ 폭설

22. ㉠에 들어갈 것으로 적절한 것은?

> 국가의 경계를 넘어 중심지 역할을 수행하는 도시로 외국인 직접 투자, 기업 본사 집중도, 지배적 사업 유형, 항공 교통의 편리성, 생산자 서비스의 강점, 연구 개발 기능 등이 (　㉠　)의 평가 기준이 된다.

① 공업 도시　　　　② 세계 도시
③ 다국적 기업　　　④ 슬로 시티

23. 다음에 해당하는 갈등 지역은?

> • 갈등 당사국 : 가봉, 적도기니
> • 내용 : 음바니에 섬의 원유를 둘러싼 분쟁

① 기니만　　　　　② 가봉 해역
③ 카슈미르　　　　④ 가봉 열도

24. 다음에서 설명하는 것은?

> • 도시화가 진행됨에 따라 난방 시설과 자동차열 등 인공 열의 발생으로 도심 지역이 주변보다 온도가 3℃~4℃ 높은 현상
> • 안개와 강수량은 증가하고 습도, 일사량, 풍속은 감소

① 대기 오염　　　　② 산업화
③ 제트 기류　　　　④ 열섬

25. 다음에서 설명하는 현상은?

> 수도권과 비수도권, 도시와 농촌 등 지역을 기준으로 사회적 자원이 불균등하게 분배되는 현상이다.

① 공간 불평등　　　② 계층의 양극화
③ 연고주의　　　　④ 성장 위주 개발 정책

※ 확인사항
답을 OMR 카드의 해당란에 정확히 표기하였는가?

제 2 회 고등학교 졸업학력 검정고시 모의고사

제 ⑤ 교시　　　과　　　학

수험번호 (　　　　　　　)　　　성　명 (　　　　　　　)

※ 다음 물음에 대한 가장 옳은 답을 하나만 골라, OMR 답안지에 정확히 표기하시오.

01. 물체가 자신의 운동 상태를 계속 유지하려는 성질은?

① 관성　　　　　　② 중력
③ 자기력　　　　　④ 전기력

02. 다음 중 태양 전지를 이용하여 전기를 생산하는 발전 방식은?

① 수력 발전　　　　② 풍력 발전
③ 화력 발전　　　　④ 태양광 발전

03. 다음 물체 A~D 중 운동량이 가장 작은 것은?

물체	질량(kg)	속도(m/s)
A	3	1
B	3	2
C	2	1
D	2	2

① A　　　　　　　② B
③ C　　　　　　　④ D

04. 코일 주위에서 자석을 움직일 때에 흐르는 유도전류를 증가시키기 위한 방법은?

① 코일의 감은 수를 적게 한다.
② 더 세고 강한 자석을 사용한다.
③ 자석을 움직이는 속력을 감소시킨다.
④ 코일에서 먼 거리에서 자석을 움직인다.

05. 변압기에서 1차 코일과 2차 코일의 감은 수의 비가 1 : 2일 때 1차 코일에 걸린 전압이 100V라면 2차 코일에 걸린 전압은?

① 100V　　　　　　② 200V
③ 300V　　　　　　④ 400V

06. 그림과 같이 질량이 다른 물체 A, B, C를 진공 상태에서 가만히 놓았다. 높이가 h로 같을 때, A~C가 지면에 도달하는 순간까지 걸리는 시간에 대한 설명으로 옳은 것은?

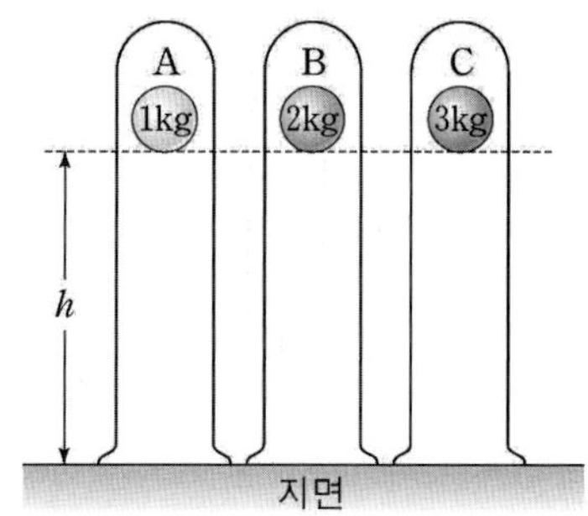

① A가 가장 짧다.　　② B가 가장 길다.
③ C가 가장 길다.　　④ 모두 같다.

07. 다음 〈보기〉에서 알칼리 금속을 있는 대로 모두 고른 것은?

〈보기〉
ㄱ. 리튬(Li)　　　　ㄴ. 헬륨(He)
ㄷ. 나트륨(Na)　　　ㄹ. 네온(Ne)

① ㄱ, ㄴ　　　　　② ㄴ, ㄹ
③ ㄱ, ㄷ　　　　　④ ㄷ, ㄹ

08. 다음 중 주기율표에서 같은 족에 속하는 원소가 같은 값을 갖는 것은?

① 질량수
② 전자 수
③ 양성자수
④ 원자가 전자 수

09. 그림은 수소(H_2)의 전자 배치를 나타낸 것이다. 이에 대한 설명으로 옳은 것만을 〈보기〉에서 모두 고른 것은?

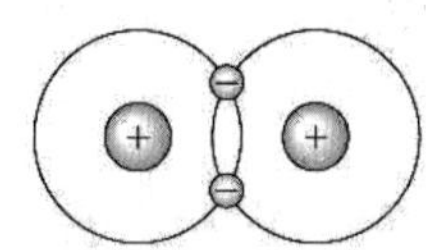

〈보기〉
ㄱ. 공유 결합 물질이다.
ㄴ. 공유 전자쌍은 2개이다.
ㄷ. 이온 결합 물질이다.

① ㄱ
② ㄴ
③ ㄱ, ㄴ
④ ㄴ, ㄷ

10. 효소와 관련된 설명으로 옳은 것을 〈보기〉에서 모두 고른 것은?

〈보기〉
ㄱ. 단백질이 주 성분이다.
ㄴ. 효소가 작용하면 물질대사 속도가 느려진다.
ㄷ. 물질대사 과정을 조절하여 생명을 유지할 수 있게 한다.

① ㄱ
② ㄱ, ㄴ
③ ㄱ, ㄷ
④ ㄴ, ㄷ

11. 다음은 몇 가지 산의 이온화를 나타낸 것이다. 산의 공통적 성질을 나타내는 이온은?

- $HCl \rightarrow H^+ + Cl^-$
- $HNO_3 \rightarrow H^+ + NO_3^-$
- $H_2SO_4 \rightarrow 2H^+ + SO_4^{2-}$

① 염화 이온(Cl^-)
② 질산 이온(NO_3^-)
③ 황산 이온(SO_4^{2-})
④ 수소 이온(H^+)

12. 빅뱅 직후 우주 초기에 생성된 입자들을 생성된 시간 순서대로 옳게 나열한 것은?

① 기본 입자 → 원자 → 양성자, 중성자
② 기본 입자 → 양성자, 중성자 → 원자
③ 양성자, 중성자 → 원자 → 기본 입자
④ 양성자, 중성자 → 기본 입자 → 원자

13. 다음 설명에 해당하는 물질은?

- 모든 생물의 세포에 존재하는 유전 물질이다.
- 단위체는 뉴클레오타이드이다.

① 핵산
② 단백질
③ 지방산
④ 셀룰로스

14. 세포막을 경계로 막을 통과하지 못하는 용질의 농도 차가 존재할 때 물이 세포막을 통해 확산되는 현상은?

① 내성
② 확산
③ 삼투
④ 종 다양성

고등학교 졸업학력 검정고시 모의고사

15. 다음 설명의 ㉠, ㉡에 해당하는 것은?

> 물질대사는 생물체 내에서 일어나는 화학 반응으로, 물질을 합성하는 ㉠ 과 분해하는 ㉡ 이 있다.

① ㉠ : 동화 작용, ㉡ : 이화 작용
② ㉠ : 동화 작용, ㉡ : 효소 작용
③ ㉠ : 이화 작용, ㉡ : 동화 작용
④ ㉠ : 이화 작용, ㉡ : 효소 작용

16. 다음 세포 내 유전 정보의 흐름에서 ㉠에 해당하는 것은?

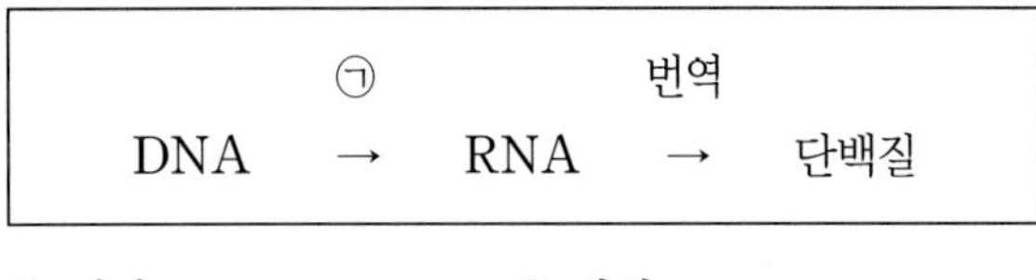

① 전사
② 번역
③ 통과
④ 반사

17. 그림은 식물 세포의 구조를 나타낸 것이다. A~D 중 유전 물질인 **DNA**가 있어 유전 현상이 나타나게 하며, 세포의 생명 활동을 조절하는 중추는?

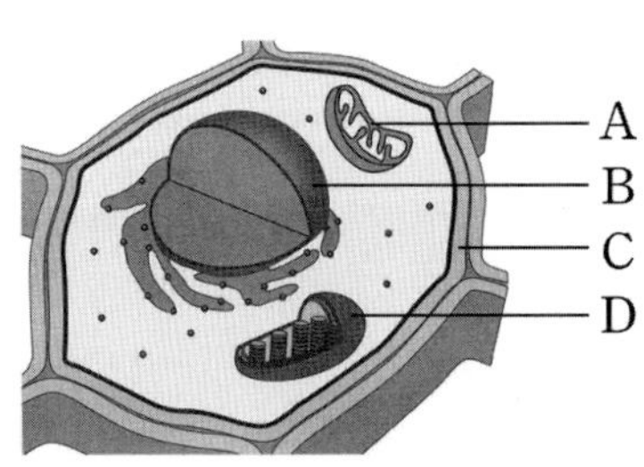

① A
② B
③ C
④ D

18. 다음은 어떤 안정한 생태계에서 1차 소비자의 개체 수가 일시적으로 감소하였을 때에 생태계 평형이 회복되는 과정을 순서없이 나열한 것이다. ㄱ~ㄷ을 일어나는 순서대로 배열한 것은?

> ㄱ. 1차 소비자 개체 수 증가
> ㄴ. 생산자 개체 수 감소, 2차 소비자 개체 수 증가
> ㄷ. 생산자 개체 수 증가, 2차 소비자 개체 수 감소

① ㄴ, ㄱ, ㄷ
② ㄴ, ㄷ, ㄱ
③ ㄷ, ㄴ, ㄱ
④ ㄷ, ㄱ, ㄴ

19. 한 식물에서 위치에 따라 잎의 두께가 다른 것과 관련된 환경 요인은?

① 물
② 빛
③ 흙
④ 공기

20. 빛을 분광기나 프리즘에 통과시킬 때 빛이 나누어지면서 만들어지는 색의 띠는?

① 자외선
② 적외선
③ 전자파
④ 스펙트럼

21. 다음 설명의 ㉠에 해당하는 것은?

> 화산 활동으로 대기 성분이 변하는 것은 ㉠ 의 상호 작용이다.

① 지권과 수권
② 지권과 기권
③ 수권과 생물권
④ 지권과 생물권

22. 판의 아래에서 맨틀 물질이 부분적으로 용융되어 있어 맨틀 대류가 일어나는 곳은?

① 지각 ② 연약권
③ 규모 ④ 진도

23. 다음에서 설명하는 지구 시스템의 주된 에너지원은?

> • 에너지원은 지구 중심으로부터 흘러나오는 열과 암석에 포함된 방사성 원소가 붕괴할 때 방출하는 열에너지이다.
> • 지권에서 지진, 화산 활동, 판 운동 등 지각 변동을 일으킨다.

① 조력 에너지 ② 태양 복사 에너지
③ 바이오 에너지 ④ 지구 내부 에너지

24. 그림은 높이에 따른 기권의 기온 분포를 나타낸 것이다. A~D 중 대류가 활발하며 기상현상이 나타나는 층은?

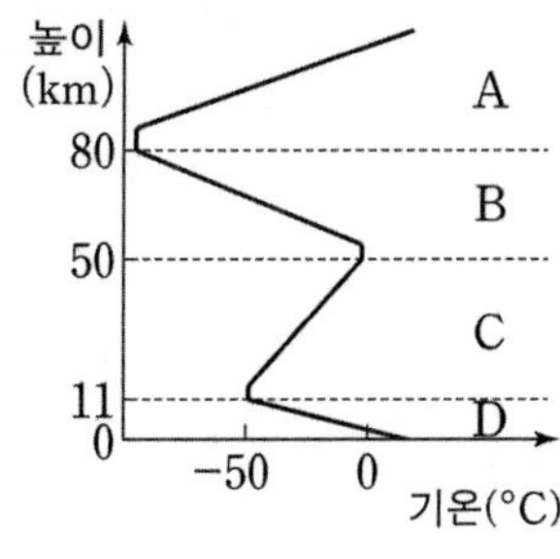

① A ② B
③ C ④ D

25. 다음 설명에 해당하는 지질 시대는?

> • 초기에는 비교적 온난한 기후가 계속 되었으나, 후기에는 추워져 빙하기와 간빙기가 반복되었다.
> • 화폐석, 속씨식물이 번성하였다.

① 선캄브리아대 ② 고생대
③ 중생대 ④ 신생대

> ※ 확인사항
> 답을 OMR 카드의 해당란에 정확히 표기하였는가?

제 ⑥ 교시　　한국사

수험번호 (　　　　　　　　)　　성 명 (　　　　　　　　　)

※ 다음 물음에 대한 가장 옳은 답을 하나만 골라, OMR 답안지에 정확히 표기하시오.

01. 다음 유물이 처음으로 제작된 시대는?

〈가락바퀴〉

① 구석기 시대　　② 신석기 시대
③ 청동기 시대　　④ 철기 시대

02. 다음에서 ㉠에 들어갈 나라는?

〈 ㉠ 의 사회〉
- 1책 12법 : 남의 물건을 훔쳤을 때는 훔친 것의 12배를 갚게 하였음
- 순장 : 왕이 죽으면 부장품과 함께 사람도 매장하였음
- 형사취수혼 : 형이 죽으면 동생이 형수와 결혼함

① 옥저　　② 동예
③ 마한　　④ 부여

03. 다음에서 설명하는 신라의 왕은?

- 화랑도를 국가적 조직으로 개편함.
- 활발한 정복 활동으로 한강 유역을 완전히 장악함.

① 태조왕　　② 고이왕
③ 소지왕　　④ 진흥왕

04. ㉠에 들어갈 내용으로 적절한 것은?

〈신라의 삼국 통일 과정〉
나 · 당 연합(648) → ㉠ → 매소성 전투(675) → 삼국 통일 이룩(676)

① 백제 멸망　　② 금관가야 병합
③ 살수대첩 승리　　④ 강동 6주 확보

05. 발해에 대한 설명으로 옳지 <u>않은</u> 것은?

① 대조영이 지린성 동모산 기슭에서 발해를 건국하였다.
② 특수 행정구역인 9주 5소경을 설치하였다.
③ 지배계급인 소수의 고구려인과 피지배 계급인 다수의 말갈인으로 구성되었다.
④ 고구려 계승 의식을 내세웠다.

06. 다음에서 ㉠에 들어갈 내용으로 가장 적절한 것은?

교사 : 여러분, ㉠ 에는 어떤 것들이 있는지 말해볼까요?
학생1 : 호족과 혼인관계를 맺었어요.
학생2 : 기인 제도가 있어요.

① 남진정책
② 유교 교육의 진흥
③ 최승로의 시무 28조
④ 태조 왕건의 호족 포용 및 통제 정책

07. 다음에서 설명하는 고려의 정치기구는?

> - 중서문하성과 중추원의 고위 관료들이 모여 국가의 중요한 일을 논의한 회의 기구
> - 고려 귀족 정치의 특징을 보여주고 있음

① 역분전　　　　　　② 대간과 삼사
③ 어사대　　　　　　④ 도병마사와 식목도감

08. 다음은 고려 전기의 대외 관계에 대한 표이다. ⊙에 해당하는 것은?

<거란의 침입과 대응>

구분	침입	대응
1차	소손녕이 대군을 이끌고 침입	⊙
2차	강조의 정변을 구실로 침입	양규의 활약
3차	거란 장수 소배압이 군사를 이끌고 침입	강감찬의 귀주 대첩

① 팔만대장경의 조판　　② 서희의 외교 담판
③ 권문세족의 등장　　　④ 정방을 폐지함

09. 다음에서 설명하는 내용으로 옳은 것은?

> - 조선 시대 태종과 세조가 실시했던 제도로서 6조가 의정부를 거치지 않고 업무를 바로 임금에게 보고 하도록 한 것이 특징임
> - 국왕을 중심으로 한 통치 체제를 강화하기 위해 실시됨

① 골품제　　　　　　② 면리제
③ 6조 직계제　　　　④ 의정부 서사제

10. 다음에서 설명하는 정조의 정책은?

> 　⊙　은/는 신진 인물이나 중하급 관리들 가운데 능력 있는 사람들을 선발하여 재교육시키는 제도이다.

① 속오군　　　　　　② 친영 제도
③ 초계문신제　　　　④ 친명배금 정책

11. 다음에서 설명하는 사건은?

> - 원인 : 후금은 세력을 계속 확장하여 국호를 청으로 바꾸고 심양을 수도로 건국, 청의 군신 관계 요구에 대해 주화론(외교적 교섭)과 주전론(척화론, 전쟁 불사)이 대립
> - 경과 : 대세가 주전론으로 기울자 청은 다시 대군을 이끌고 침입, 인조는 남한산성에서 항전
> - 결과 : 삼전도에서 굴욕적인 강화를 하고 조선은 청과 군신 관계를 맺음

① 기묘사화　　　　　② 병자호란
③ 신미양요　　　　　④ 무신 정변

12. 다음에서 설명하는 것은?

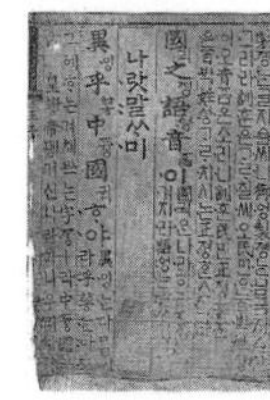

> - 백성들의 문자 생활을 위해 세종과 집현전 학자들이 함께 창제하였다.
> - 일반 백성들의 문자 생활이 가능해졌다.

① 동국통감　　　　　② 훈민정음
③ 기자실기　　　　　④ 동국사략

고등학교 졸업학력 검정고시 모의고사

13. 밑줄 친 '사건'에 대한 설명으로 옳은 것은?

> 4~5명의 개화당이 <u>사건</u>을 일으켜서 나라를 위태롭게 한 다음 청나라 사람의 억압과 능멸이 대단하였다. …(중략)… 종전에는 개화가 이롭다고 말하면 그다지 싫어하지 않았으나 이 <u>사건</u> 이후 조야(朝野) 모두 '개화당은 충의를 모르고 외인과 연결하여 매국배종(賣國背宗)하였다'고 하였다.
>
> － 『윤치호일기』 －

① 김옥균 등이 주도하였다.
② 수신사 파견의 계기가 되었다.
③ 민립 대학 설립을 추진하였다.
④ 구식 군대에 대한 차별이 원인이었다.

14. 다음에서 ㉠에 들어갈 내용을 〈보기〉에서 고른 것은?

> 〈흥선 대원군의 주요 활동〉
> • 비변사 폐지, 의정부 기능 강화
> • 『대전회통』 편찬
> • 사창제 실시
> • ㉠

> 〈보기〉
> ㄱ. 서원 철폐　　　　ㄴ. 경복궁 중건
> ㄷ. 화성 건설　　　　ㄹ. 삼정이정청 설치

① ㄱ, ㄴ
② ㄱ, ㄷ
③ ㄴ, ㄷ
④ ㄴ, ㄹ

15. 다음에서 ㉠에 들어갈 사건으로 옳은 것은?

> 〈㉠에 대한 답사〉
> • 일시 : 2022년 3월 12일 10시
> • 집결 장소 : 고부 관아 터
> • 일정 : 고부 관아 터 → 전봉준 고택 →만석보 유지비 → 점심 → 황토현 전적지

① 갑오개혁
② 홍경래의 난
③ 임술 농민 봉기
④ 동학 농민 운동

16. 다음에서 설명하는 사건은?

> 을미사변 이후 신변의 위협을 느낀 고종이 러시아 공사관으로 거처를 옮긴 사건이다. 이후 친러 내각이 성립 되었다.

① 구본신참
② 황국 협회
③ 공도 정책
④ 아관 파천

17. 다음에서 ㉠에 들어갈 것은?

> 〈　㉠　의 수립〉
> • 배경 : 안으로는 외세의 간섭을 막고 자주 독립 국가를 세우려는 국민적 자각, 밖으로는 러시아 독점 세력을 견제하려는 국제적 여론
> • 수립 : 러시아 공사관에서 1년 만에 환궁한 고종은 국호를 ㉠ , 연호를 광무로 고치고 황제라 칭하여 자주 국가임을 내외에 선포

① 초제
② 남경
③ 상피제
④ 대한 제국

18. 다음에서 설명하는 조직은?

> 여성계의 민족 유일당 운동으로 결성되어 여성의 권익 향상과 여성 해방 운동을 전개하였다.

① 별기군
② 근우회
③ 천도교 소년회
④ 조선 소년 연합회

19. 1920년대의 문화 통치에 대한 설명으로 옳지 <u>않은</u> 것은?

① 헌병 경찰 제도 실시
② 조선 · 동아일보 간행
③ 한국인의 교육 기회 확대
④ 문관(민간인) 출신 총독 임명 가능

20. 다음에서 ㉠에 들어갈 단체는?

㉠	조직	김구가 대한민국 임시 정부의 침체 극복을 목적으로 결성
	의거	이봉창의 도쿄 의거 · 윤봉길의 상하이 홍커우 공원 의거

① 의열단
② 교정도감
③ 한인 애국단
④ 조선어 학회

21. 다음에서 설명하는 인물은?

- 『열하일기』를 저술하였다.
- 수레와 선박의 이용 및 화폐 유통의 필요성을 주장하였다.
- 『양반전』 등의 한문 소설에서 양반들을 풍자하였다.

① 유수원
② 홍길동
③ 이방원
④ 박지원

22. 다음에서 설명하는 민주화 운동은?

　광주와 전라남도 시민들이 군사독재를 반대하고, 계엄령 철폐, 민주정치 지도자 석방 등을 요구하여 벌인 민주화 운동

① 문자 보급 운동
② 민족 유일당 운동
③ 5 · 18 민주화 운동
④ 6월 민주 항쟁

23. 다음에서 설명하는 민족 운동은?

　평양에서 조만식 등이 주도하였으며, 우리나라에서 생산되는 물건의 구입을 권하였다.

① 형평 운동
② 서경 천도 운동
③ 물산 장려 운동
④ 좌 · 우 합작 운동

24. 다음 내용과 관련된 정부는?

- 여성부를 신설함
- 국민 기초 생활 보장법을 제정함
- 분단 이후 처음으로 남북 정상 회담을 개최하여 6 · 15 남북 공동 선언을 이끌어 냄

① 박정희 정부
② 노태우 정부
③ 김영삼 정부
④ 김대중 정부

25. 다음에서 ㉠에 들어갈 내용으로 옳은 것은?

> ㉠
- 민족 통일 3대 원칙 : '자주 · 평화 · 민족 대단결'의 원칙
- 합의 사항 : 통일 문제 협의를 위해 남북조절위원회 설치, 남북 직통 전화 설치
- 한계 : 남북한 모두 독재 체제 강화에 이용(유신 헌법, 사회주의 헌법)

① 8 · 15 선언
② 남북 적십자 회담
③ 7 · 4 남북 공동 성명
④ 제네바 합의

　※ 확인사항
　답을 OMR 카드의 해당란에 정확히 표기하였는가?

제 ⑦ 교시   도 덕

수험번호 (   )   성 명 (   )

※ 다음 물음에 대한 가장 옳은 답을 하나만 골라, OMR 답안지에 정확히 표기하시오.

01. 사회 윤리 영역의 윤리적 문제로 옳지 <u>않은</u> 것은?

① 직업윤리 문제
② 공정한 분배 및 처벌과 관련된 문제
③ 시민 참여와 시민 불복종 문제
④ 기술의 가치중립성과 사회적 책임 문제

02. 다음에서 설명하고 있는 윤리적 태도로 적절한 것은?

> • 자신이 옳음을 증명하는 것보다 다른 이에게서 배우는 것을 더 중요하게 여긴다.
> • 자신의 생각에 대한 다른 사람의 비판을 흔쾌히 받아들이고, 남의 생각도 신중히 비판한다.

① 공리주의   ② 윤리 상대주의
③ 합리주의   ④ 보수주의

03. ㉠, ㉡에 들어갈 말이 옳게 짝지어진 것은?

(㉠) 명령	행위의 결과와 상관없이 행위 자체가 선(善)이기 때문에 무조건 수행해야 하는 도덕적 명령
(㉡) 명령	일정한 조건이 붙는 명령으로 "만일 네가 A를 원한다면 너는 B를 행해야 한다."라는 형식으로 표현되는 명령

	㉠	㉡
①	정언	가언
②	준칙	격률
③	가언	정언
④	보편	존엄

04. 서양의 윤리적 접근 중 의무론적 접근의 특징으로 옳은 것을 〈보기〉에서 고른 것은?

> 〈보기〉
> ㄱ. 언제 어디서나 우리가 따라야 할 보편타당한 법칙이 존재한다.
> ㄴ. 윤리적으로 옳고 선한 결정을 하려면 유덕한 품성을 길러야 한다.
> ㄷ. 자연의 질서를 따르는 행위는 옳지만 그것을 어기는 행위는 그르다.
> ㄹ. 최대 다수의 최대 행복이 중요하다.

① ㄱ, ㄴ   ② ㄱ, ㄷ
③ ㄴ, ㄷ   ④ ㄴ, ㄹ

05. 삶과 죽음에 대해 다음과 같이 주장한 사상가는?

> 삶은 육체 안에 갇힌 영혼의 감금 생활이요, 죽음은 육체로부터 영혼의 해방이자 분리이다.

① 에피쿠로스   ② 장자
③ 플라톤   ④ 클림트

06. ㉠에 들어갈 용어로 옳지 <u>않은</u> 것은?

> 유리 : "가치 있는 것은 뭘까?"
> 승재 : "아무래도 내 자신을 (㉠)하며 살아가는 삶이 아닐까?"
> 유리 : "그에 대한 장점은 뭘까?"
> 승재 : "도덕적 자신의 존재를 자각함으로써 인격 함양에 도움이 되지."

① 참선   ② 산파술
③ 이기적 실천   ④ 일일삼성(一日三省)

07. 예술지상주의의 입장으로 가장 적절한 것은?

① 예술의 목적은 미적 가치의 구현에 있다.
② 예술의 사회적 영향력을 간과해선 안 된다.
③ 예술작품은 도덕적 교훈을 제공해야 한다.
④ 예술이 가치가 있는 이유는 선(善)을 권장하기 때문이다.

08. 다음에서 설명하는 국가 권위의 정당화 관점으로 옳지 <u>않은</u> 것은?

> 사람들은 사회에 들어갈 때 그들이 자연 상태에서 가졌던 평등, 자유 및 집행권을 사회가 요구하는 바에 따라 입법부가 처리할 수 있도록 사회의 수중에 양도한다. 그러나 그것은 오직 모든 사람이 그 자신, 그의 자유 및 그의 재산을 더욱 잘 보존하려는 의도에서 행하는 것이다.
>
> －로크, 「통치론」

① 인간 본성의 관점　　② 동의의 관점
③ 공공재와 관행의 혜택　④ 천명의 관점

09. 다음 중 공직자 윤리에 대한 설명으로 가장 적절하지 <u>않은</u> 것은?

① 법령을 준수하며 성실히 직무를 수행해야 한다.
② 업무 수행에 있어 공익과 사익을 엄격히 구분해야 한다.
③ 효율적이고 민주적인 방식으로 직무를 수행해야 한다.
④ 국민에게 걸리지만 않는다면 사사로운 청탁(請託)은 가능하다.

10. 업적에 따라 이익을 분배하는 정의의 문제점으로 가장 적절한 것은?

> • 객관적 평가 및 측정이 쉽다.
> • 동기 부여 및 생산성이 높아진다.

① 서로 다른 종류의 업적에 대한 양과 질의 평가가 어렵다.
② 능력 획득에 선천적인 요소가 개입된다.
③ 능력을 평가하는 기준이 모호할 수 있다.
④ 개인의 자유와 책임 의식이 약화된다.

11. (가)에 들어갈 사상은?

(가)	도덕적 인격 완성
	도덕적 이상 사회의 실현
	인(仁)
	타인에 대한 존중과 배려

① 불교　　　　　② 도교
③ 유교　　　　　④ 그리스도교

12. 다음에서 소개하는 윤리 사상가는?

> • 호주 출신의 철학자
> • 공리주의에 기초하여 쾌락과 고통을 느끼는 능력을 도덕적 고려 기준으로 삼았다.
> • 저서 : 「실천 윤리학」

① 피터 싱어　　　② 하버마스
③ 롤스　　　　　④ 노직

13. 소통과 담론 과정에서 필요한 윤리적 자세로 적절하지 <u>않은</u> 것은?

① 공적 의사 결정 과정에 적극적으로 참여해야 한다.
② 진실에 근거하여 거짓 없는 소통을 해야 하고 대화에 힘써야 한다.
③ 자신의 오류 가능성을 인정하는 겸허한 태도를 지녀야 한다.
④ 모든 종파와 사상을 분리시켜 고집하고, 더 높은 차원에서 분할해야 한다.

고등학교 졸업학력 검정고시 모의고사

14. 정보 사회에서 인간이 갖게 되는 인격권의 종류로 옳지 <u>않은</u> 것은?

① 성명권　　　　　② 초상권
③ 저작 인격권　　　④ 표절권

15. 다음은 서술형 평가 문제와 학생 답안이다. 밑줄 친 ㉠~㉢ 중 옳지 <u>않은</u> 것은?

> 〈문제 : 예술의 상업화에 반대하시오.〉
>
> 학생 답안 : ㉠예술의 상업화는 예술 작품을 단지 하나의 상품이자 부의 축적 수단으로 바라보도록 한다. 또한 ㉡흥행이나 수익성만을 지나치게 추구하게 될 수 있으며, ㉢소비자들의 이목을 끌기 위해 과도하게 선정적이고 폭력적인 요소를 포함하게 될 수 있다. 여러모로 ㉣예술의 상업화는 예술 작품의 미적 가치와 윤리적 가치를 드높인다 볼 수 있다.

① ㉠　　　　　② ㉡
③ ㉢　　　　　④ ㉣

16. 다음에서 인간 중심주의 관점에만 '√' 표시를 한 학생은?

관점＼학생	A	B	C	D
• 인간만이 도덕적 지위를 지닌다.	√	√		√
• 자연과 인간의 이분법적 세계관을 강조한다.		√	√	√
• 생태계의 가치를 실현하는 데 인간의 개입을 허용하지 않는다.	√	√	√	

① A　　　　　② B
③ C　　　　　④ D

17. 생식 세포 유전자 치료에 반대하는 이유로 적절한 것은?

① 병의 유전을 막아 다음 세대의 병을 예방할 수 있다.
② 그 혜택이 일부 사람에게 치중될 수 있다.
③ 새로운 치료법 개발을 통해 경제적 효용 가치를 산출할 수 있다.
④ 유전 질환을 물려주지 않으려는 부모의 자율적 선택을 존중한다.

18. (가)에 들어갈 용어는?

	(가)
찬성	성의 자기 결정권과 표현의 자유를 보장해야 한다.
찬성	이윤 극대화를 추구하는 자본주의 논리에 부합한다.
반대	인격적 가치를 지니는 것을 대상화한다.
반대	외모 지상주의를 조장한다.

① 성 상품화　　　② 가족 윤리
③ 부부 윤리　　　④ 성차별

19. 다음에 해당하는 윤리 사상가는?

> • 개인적 차원의 행복주의를 사회적 차원으로 확대시켰다.
> • 「우리는 언젠가 다리의 수, 피부에 융털이 있는지의 여부, 엉치뼈의 끝 모습 등이 고통을 느낄 수 있는 존재에게 고통을 주고도 보상 없이 내팽개칠 수 있는 이유가 안 된다는 것을 인식하게 될 것이다.」라는 말을 남겼다.
> • 쾌락과 고통만을 평가함에 있어 고려해야 할 것은 강력성, 지속성, 확실성, 원근성이라고 주장하였다.

① 벤담　　　　　② 칸트
③ 밀　　　　　　④ 데카르트

20. 다음과 같은 사회제도가 정의롭지 <u>못한</u> 이유는?

> 1950년대까지 흑백분리법은 흑인들과 백인들이 같은 학교에 다니지 못하도록 규정했을 뿐 아니라 백인들과 같은 식당이나 교통수단을 이용하지 못하도록 하였다. 또한 당시에 철도회사가 백인 승객들이 타는 객차와 흑인 승객들이 타는 객차를 분리하도록 허용한 대법원은 '분리되긴 하지만 똑같은 대우'를 받기 때문에 합법적이라고 판결했다.

① 다수결의 절차를 거치지 않았다.
② 법적 절차와 제도를 준수하지 않았다.
③ 구성원에게 동일하게 적용되지 않았다.
④ 생태 윤리에 어긋났다.

21. ㉠에 들어갈 용어로 가장 적절한 것은?

> ㉠　윤리
>
> • 사익이 아닌 공익을 추구해야 하며 이를 실현해야 한다.
> • 국민으로부터 위임받은 권한을 남용하지 말아야 한다.
> • 자신의 이익을 부당하게 추구할 경우 국가와 국민 생활에 커다란 해악을 끼치게 된다.

① 기업가　　　　　② 공직자
③ 직업인　　　　　④ 전문직

22. (가)와 (나)에 들어갈 내용으로 적절한 것은?

주제 : 사형 제도를 찬성해야 하는가?	
찬성	(가)
반대	(나)

① (가) : 범죄자의 교화의 기회를 박탈한다.
② (가) : 범죄 예방 효과에 대한 확실한 증거가 없다.
③ (나) : 오판의 가능성이 있다.
④ (나) : 극형인 사형은 범죄 예방 효과가 크다.

23. ㉠에 들어갈 용어로 가장 적절한 것은?

> 롤스는 해외 원조의 윤리적 근거로써 (㉠)의 관점을 제시하였다. 그러나 그는 고통 받는 사회의 불리한 여건을 개선해 준다는 것이 전 지구적 차원의 부의 재분배나 복지 향상을 의미하는 것은 아니라고 말했다.

① 의무　　　　　② 자선
③ 담론　　　　　④ 책임

24. 다음 빈칸에 들어갈 공통된 단어는 무엇인가?

> ( )(이)란 이방인이 낯선 땅에 도착했을 때 적으로 간주되지 않는 것을 말한다. 모든 사람은 이방인을 적대적으로 다루어서는 안 된다. ( )의 권리는 인류가 지구 땅덩어리를 공동으로 소유함에 따라 자연적으로 부여된 권리이다. 이를 통해 지구상의 각 지역이 서로 평화적으로 관계를 맺게 되고, 인류는 세계 시민적 체제에 점차 가까이 다가설 수 있게 된다.
>
> –칸트, 「영구 평화론」

① 평화　　　　　② 존중
③ 사랑　　　　　④ 환대

25. 윤리적 소비를 위한 실천 사례로 적절하지 <u>않은</u> 것끼리 짝지은 것은?

> ㄱ. 공정 무역 제품을 이용한다.
> ㄴ. 고효율 전자 제품을 이용한다.
> ㄷ. 과시적 소비에 동참한다.
> ㄹ. 자연 환경까지는 생각하지 않는다.

① ㄱ, ㄴ　　　　　② ㄴ, ㄷ
③ ㄷ, ㄹ　　　　　④ ㄴ, ㄷ, ㄹ

> ※ 확인사항
> 답을 OMR 카드의 해당란에 정확히 표기하였는가?

Try not to become a man of success
but rather try to become a man of value.
성공한 사람이 아니라 가치 있는 사람이 되려고 힘써라.

— 앨버트 아인슈타인(Albert Einstein)

좋은 결과 있길 SISCOM이 응원합니다.

고등학교 졸업학력

검정고시 모의고사

제3회

성명   수험번호

- 답안지의 해당란에 성명과 과목명, 수험번호를 정확히 기재하세요.

- 이 시험지는 1교시 국어, 2교시 수학, 3교시 영어, 4교시 사회, 5교시 과학, 6교시 한국사,

  7교시 도덕(선택Ⅰ)으로 구성되어 있습니다.

구분	과목	시험시간
1교시	국어	09:00～09:40(40분)
2교시	수학	10:00～10:40(40분)
3교시	영어	11:00～11:40(40분)
4교시	사회	12:00～12:30(30분)
중식(12:30～13:30)		
5교시	과학	13:40～14:10(30분)
6교시	한국사	14:30～15:00(30분)
7교시	도덕(선택Ⅰ)	15:20～15:50(30분)

※ 이 시험지는 고등학교 졸업학력 검정고시를 대비하기 위한 실전용 모의고사입니다. 실제 시험 방식과는 다소
차이가 있을 수 있습니다.

고졸

제 ① 교시 국 어

수험번호 (   )   성 명 (   )

※ 다음 물음에 대한 가장 옳은 답을 하나만 골라, OMR 답안 지에 정확히 표기하시오.

01. 다음 '수영'의 말하기에 대한 설명으로 적절한 것은?

> 엄마 : 수영아, 네가 오늘 해준 반찬 정말 맛있더라.
> 수영 : 감사합니다. 엄마가 다 도와주신 덕분이에요.

① 필요 이상의 정보를 제공하고 있다.
② 자신의 잘못을 포장하고 있다.
③ 자신을 낮추어 겸손하게 말하고 있다.
④ 엄마의 기분을 고려하여 칭찬하고 있다.

02. 다음 대화에서 동생의 말하기의 문제점으로 적절한 것은?

> 형 : 너 오늘 무슨 일 있는 거 아니야? 왜 이렇게 기 분이 안 좋아 보여?
> 동생 : 내 일에 관심 좀 끊을래? 무슨 상관이야?

① 진정성 없는 사과를 했다.
② 과도한 비속어를 사용했다.
③ 문제를 자신의 탓으로 돌렸다.
④ 자신의 감정을 우선했다.

03. 다음에서 설명하는 한글 맞춤법 규정에 해당하는 예 가 <u>아닌</u> 것은?

> 한글 맞춤법
> 제28항 끝소리가 'ㄹ'인 말과 딴 말이 어울릴 적에 'ㄹ' 소리가 나지 아니하는 것은 아니 나는 대 로 적는다.

① 다달이
② 여닫이
③ 마소
④ 깔쭉이

04. ㉠~㉣에 대한 분석으로 올바르지 <u>않은</u> 것은?

> ㉠ 그녀가 나를 불렀다.
> ㉡ 엄마는 새 옷을 좋아한다.
> ㉢ 영희는 고등학생이다.
> ㉣ 물이 얼음이 되었다.

① ㉠의 모든 문장 성분은 필수 성분이다.
② ㉡의 필수 성분은 모두 두 개이다.
③ ㉢의 모든 문장 성분은 필수 성분이다.
④ ㉣의 '얼음이'는 필수 성분이다.

05. ㉠에 해당하는 문장은?

> 한국어 동작상 중 진행상은 어떤 사건이 계속 이 어지고 있음을 나타내며, 완료상은 어떤 사건이 끝 났거나 끝난 후의 결과 상태가 지속되고 있음을 나 타낸다. 그런데 ㉠어떤 문장은 진행상으로 해석할 수도 있고 완료상으로 해석할 수도 있다.

① 개가 낮잠을 자고 있다.
② 엄마가 밥을 먹고 있다.
③ 형이 소리를 지르고 있다.
④ 동생이 신발을 신고 있다.

06. 〈보기〉는 파생어에 대한 설명이다. 밑줄 친 ㉠의 예들 중 의미가 <u>다른</u> 하나는?

〈보기〉

　복합어는 파생어와 합성어로 나뉜다. 그 중에서도 파생어는 실질 형태소(어근)에 형식 형태소(접사)가 붙어 이루어진 말로 접사가 어근의 뒤에 붙는 것을 ㉠접미사라고 한다. 예를 들어 말발은 말과 기세, 힘, 효과를 의미하는 – 발이 합쳐진 단어이다.

① 패거리　　　　② 볼때기
③ 칼잡이　　　　④ 코빼기

07. 다음 개요의 ㉠에 들어갈 내용으로 가장 적절하지 <u>않</u>은 것은?

주제 : 고운 말 쓰는 언어문화의 확산
1. 서론 : 인터넷 은어, 줄임말, 욕 등으로 오염된 청소년 언어문화
2. 본론
　① 청소년 언어문화가 오염된 이유
　　• 은어 사용의 부작용에 대한 인식 부족
　　• 또래 집단에서의 적응을 위해 은어 사용을 선호하는 분위기
　　• 쉽고 자극적인 인터넷 컨텐츠의 영향력
　② 청소년 언어문화의 개선을 위한 해결방안
　　•　　　㉠
3. 결론 : 고운 말을 써 청소년 언어문화를 지켜내자.

① 은어 사용 습관의 개선을 위한 교내 프로그램 실시
② 고운 말 사용 경험 사례의 공유
③ 청소년의 올바른 기부의 중요성 홍보
④ 고운 말을 사용하자는 홍보 포스터 부착

08. 다음 글에서 ㉠~㉣을 고쳐 쓰기 위한 방안으로 적절한 것은?

　민담은 등장인물의 성격 발전에 대해서는 거의 중점을 두지 않는다. 민담에서 과거 사건에 대한 정보는 대화나 추리를 통해 ㉠드러난다. 동물이든 인간이든 ㉡대체로 그들의 외적 행위를 통해 그 성격이 뚜렷하게 드러난다. 민담에서는 등장인물의 내적인 동기에 대해서 전혀 관심을 ㉢기울이지 않는다. ㉣늑대는 크고 게걸스럽고 교활한 반면에 아기 염소들은 작고 순진하며 잘 속는다. 말하자면 이들의 속성은 이미 정해져서 민담의 등장인물은 현명함과 어리석음, 강함과 약함, 부와 가난 등 극단적으로 대조적인 양상을 보여준다.

① ㉠은 문장 성분의 호응 관계를 고려해서 '드러났다'로 고쳐야 한다.
② ㉡에는 필요한 문장 성분이 빠졌으므로 맨 처음에 '등장인물은'을 넣어야 한다.
③ ㉢은 맞춤법에 어긋나므로 '기울지'로 고쳐야 한다.
④ ㉣은 글의 흐름상 자연스럽지 않으므로 삭제해야 한다.

[09~11] 다음 글을 읽고 물음에 답하시오.

삶은 계란의 껍질이
벗겨지듯
ⓐ묵은 사랑이
벗겨질 때

ⓑ붉은 파밭의 푸른 새싹을 보아라.
㉠<u>얻는다는 것은 곧 잃는 것이다.</u>

ⓒ먼지 앉은 석경(石鏡) 너머로
너의 그림자가
움직이듯
묵은 사랑이
움직일 때

고등학교 졸업학력 검정고시 모의고사

붉은 파밭의 푸른 새싹을 보아라.
얻는다는 것은 곧 잃는 것이다.

ⓓ새벽에 준 조로의 물이
대낮이 지나도록 마르지 않고
젖어 있듯이
묵은 사랑이
뉘우치는 마음의 한복판에
젖어 있을 때
붉은 파밭의 푸른 새싹을 보아라.
얻는다는 것은 곧 잃는 것이다.

– 김수영, 「파밭 가에서」

09. 윗글에 대한 설명으로 적절하지 <u>않은</u> 것은?

① 통사구조의 반복을 통해 의미를 강조하고 있다.
② 비유적 표현과 역설적 표현을 사용하고 있다.
③ 자연물을 통해 인생의 의미를 깨우치고 있다.
④ 음성 상징어를 반복하여 운율을 형성하고 있다.

10. ⓐ~ⓓ에 대한 감상 중, 적절하지 <u>않은</u> 것은?

① ⓐ : 다음 행의 '벗겨지듯'으로 보아 '삶은 계란'과 유사한 의미로 쓰이고 있군.
② ⓑ : '붉은'과 '푸른'의 색채 대비를 통해 묵은 것과 새로운 것의 대조적 이미지를 효과적으로 드러내고 있어.
③ ⓒ : 수식어가 '먼지 앉은'인 것으로 보아 '석경(石鏡)'은 낡은 전통을 의미하는 부정적 시어로 해석하는 것이 좋겠군.
④ ⓓ : 다음 행의 '마르지 않고'로 보아 영원한 생명력을 부여하는 소재로 파악할 수 있어.

11. ㉠과 유사한 표현 및 발상이 나타나지 <u>않은</u> 것은?

① 어제 우리가 함께 사랑하던 자리에 / 오늘 가을비가 내립니다.

– 도종환, 「가을비」

② 우리들의 사랑을 위하여서는 / 이별이, 이별이 있어야 하네. // 높았다, 낮았다, 출렁이는 물살과 / 물살 몰아갔다 오는 바람만이 있어야 하네.

– 서정주, 「견우의 노래」

③ 한 줄의 시는 커녕 / 단 한 권의 소설도 읽은 바 없이 / 그는 한평생을 행복하게 살며 / 많은 돈을 벌었고 / 높은 자리에 올라 / 이처럼 훌륭한 비석을 남겼다.

– 김광규, 「묘비명」

④ 행복한 예수 그리스도에게 / 처럼 /십자가가 허락된다면 // 모가지를 드리우고 / 꽃처럼 피어나는 피를 / 어두워 가는 하늘 밑에 / 조용히 흘리겠습니다.

– 윤동주, 「십자가(十字架)」

[12~14] 다음 글을 읽고 물음에 답하시오.

어머니는 조각마루 끝에 앉아 말이 없었다. 벽돌 공장의 높은 굴뚝 그림자가 시멘트 담에서 꺾어지며 좁은 마당을 덮었다. 동네 사람들이 골목으로 나와 뭐라고 소리치고 있었다. 통장은 그들 사이를 비집고 나와 방죽 쪽으로 걸음을 옮겼다. 어머니는 식사를 끝내지 않은 밥상을 들고 부엌으로 들어갔다. 어머니는 두 무릎을 곧추세우고 앉았다. 그리고 손을 들어 ㉠부엌 바닥을 한 번 치고 가슴을 한 번 쳤다. 나는 동사무소로 갔다. ㉡행복동 주민들이 잔뜩 몰려들어 자기의 의견들을 큰 소리로 말하고 있었다. 들을 사람은 두셋밖에 안 되는데 수십 명이 거의 동시에 떠들어대고 있었다. 쓸데없는 짓이었다. 떠든다고 해결될 문제는 아니었다.

나는 바깥 게시판에 적혀 있는 공고문을 읽었다. 거기에는 아파트 입주 절차와 아파트 입주를 포기할 경우 탈수 있는 이주 보조금 액수 등이 적혀 있었다. 동사무소 주위는 시장바닥과 같았다. 주민들과 아파트 거간꾼들이 한데 뒤엉켜 이리 몰리고 저리 몰리고 했다. 나는 거기서 아버지와 두 동생을 만났다. 아버지는 도장포 앞에 앉아 있었다. 영호는 내가 방금 물러선 게시판 앞으로 갔다. 영희는 골목 입구에 세워 놓은 검정색 승용차 옆에 서 있었다. 아침 일찍 일들을 찾아 나갔다가 ㉢철거 계고장이

나왔다는 소리를 듣고 돌아온 것이었다. 누군들 이런 날 일을 할 수 있을까. 나는 아버지 옆으로 가 아버지의 공구들이 들어 있는 부대를 둘러메었다. 영호가 다가오더니 나의 어깨에서 그 부대를 내려 옮겨 메었다. 나는 아주 자연스럽게 그것을 넘겨주면서 이쪽으로 걸어오는 영희를 보았다. 표지를 쌌기 때문에 무슨 책을 읽는지도 알 수 없었다. 영희가 허리를 굽혀 아버지의 손을 잡아끌었다. 아버지는 우리들의 얼굴을 물끄러미 쳐다보더니 자리를 털고 일어났다. "난장이가 간다"고 처음 보는 사람들이 말했다.

어머니는 대문 기둥에 붙어 있는 ㉣알루미늄 표찰을 떼기 위해 식칼로 못을 뽑고 있었다. 내가 식칼을 받아 반대쪽 못을 뽑았다. 영호는 어머니와 내가 하는 일이 못마땅한 모양이었다. 그러나 마음에 드는 일이 우리에게 일어나 주기를 바랄 수는 없는 일이었다. 어머니는 무허가 건물 번호가 새겨진 알루미늄 표찰을 빨리 떼어 간직하지 않으면 나중에 괴로운 일이 생길 것이라는 것을 알고 있었다.

어머니는 손바닥에 놓인 표찰을 말없이 들여다보았다. 영희가 이번에는 어머니의 손을 잡아끌었다.

– 조세희, 「난쟁이가 쏘아올린 작은 공」

12. 윗글에 대한 설명으로 가장 적절한 것은?

① 인물의 과장된 행동을 통해 비극적 분위기에 반전을 꾀하고 있다.
② 서술자의 시각을 통해 상황에 대한 비관적 인식이 드러나고 있다.
③ 현학적인 표현을 사용하여 사건을 보는 다양한 관점을 제시하고 있다.
④ 액자 구조를 통해 상이한 이야기가 갖는 유사한 의미를 강조하고 있다.

13. 윗글에 나타난 갈등 양상으로 적절한 것은?

① 개인과 개인의 갈등 　② 사회와 개인의 갈등
③ 개인의 심리적 갈등 　④ 집단과 집단의 갈등

14. '어머니'와 관련하여 ㉠~㉣을 이해한 내용으로 적절하지 않은 것은?

① ㉠ : 사건에 대한 '어머니'의 심리적 반응을 행동으로 구체화 하고 있다.
② ㉡ : '어머니'가 처한 현실과 상반된 지명이 현실의 모순을 부각하고 있다.
③ ㉢ : '어머니'에게 닥친 문제가 구체적으로 무엇인지 드러내고 있다.
④ ㉣ : 생활의 의지마저 포기한 '어머니'의 절망적인 모습을 보여주고 있다.

[15~16] 다음 글을 읽고 물음에 답하시오.

딩하 돌하 당금(當今)에 계샹이다.
딩하 돌하 당금(當今)에 계샹이다.
션왕셩디(先王聖代)예 노니ᅌᆞ와지이다.
삭삭기 셰몰애 별헤 나는
삭삭기 셰몰애 별헤 나는
구은 밤 닷 되를 심고이다.
㉠그 바미 우미 도다 삭나거시아
그 바미 우미 도다 삭나거시아
유덕(有德)ᄒᆞ신 님믈 여히ᅌᆞ와지이다.
옥(玉)으로 련(蓮)ㅅ고즐 사교이다.
옥(玉)으로 련(蓮)ㅅ고즐 사교이다.
바회 우희 졉듀(接主)ᄒᆞ요이다.
㉡그 고지 삼동(三同)이 퓌거시아
그 고지 삼동(三同)이 퓌거시아
유덕(有德)ᄒᆞ신 님 여히ᅌᆞ와지이다.
므쇠로 텰릭을 몰아 나는
므쇠로 텰릭을 몰아 나는
텰스(鐵絲)로 주롬 바고이다.
㉢그 오시 다 헐어시아
그 오시 다 헐어시아
유덕(有德)ᄒᆞ신 님 여히ᅌᆞ와지이다.
므쇠로 한쇼를 디여다가
므쇠로 한쇼를 디여다가

5

고등학교 졸업학력 검정고시 모의고사

털슈산(鐵樹山)에 노호이다.
그 쇠 텰초(鐵草)를 머거아
그 쇠 텰초(鐵草)를 머거아
유덕(有德)ᄒ신 님 여히ᄋ와지이다.
구스리 바회예 디신ᄃᆞᆯ
구스리 바회예 디신ᄃᆞᆯ
긴힛ᄃᆞᆫ 그츠리잇가.
즈믄 ᄒᆡ를 외오곰 녀신ᄃᆞᆯ
즈믄 ᄒᆡ를 외오곰 녀신ᄃᆞᆯ
ⓔ신(信)잇ᄃᆞᆫ 그츠리잇가.

—작자미상, 「정석가」

15. 이 작품의 표현상 특징으로 적절한 것은?

① 동일한 시구를 반복하여 운율을 형성하고 있다.
② 진솔하고 소박한 표현을 통해 주제를 드러내고 있다.
③ 의성어를 사용하여 현재 상황의 모습을 형상화하고 있다.
④ 감탄형 어미를 사용하여 시적 화자의 감정을 극대화하고 있다.

16. 밑줄 친 ㉠~㉣ 중 〈보기〉에 설명된 표현 요소가 사용된 것으로 적절하지 <u>않은</u> 것은?

〈 보기 〉

겉으로 보면 명백히 모순된 문장이지만 표현 속에서 나름의 진실을 담고 있는 표현 방법을 역설법이라고 한다.

① ㉠
② ㉡
③ ㉢
④ ㉣

[17~19] 다음 글을 읽고 물음에 답하시오.

이때 돈놀이꾼이 많았는데 그들은 수식품(首飾品)이나 구슬, 비취 또는 의건(衣件), 기물(器物)과 궁실(宮室)의 땅과 노비문서 등의 밑천을 계산해서 저당을 잡히는 것이 보통이었다. 광문은 누가 보증인이 되어 달라고 하면 저당물을 보지도 않고 천 냥이라도 보증을 서 주었다.

광문의 인물을 보면 생김새가 매우 추하고 그 말투는 사람을 감동시키지 못하며, 그 입은 특히 넓어서 두 주먹이 들어갈 정도였다. 그는 또 만석(曼碩) 놀이를 좋아하고 철괴(鐵拐) 춤을 잘 추었다. 당시 나라 안의 아이들이 서로 욕할 때 '네 형은 달문(達文)이다'라고 했는데 달문은 광문의 다른 이름이었다.

㉠광문은 다니다가 다투는 사람을 만나면 자기도 옷을 벗고 싸움에 가담해서 무어라 중얼거리며 땅에 줄을 그으면서 옳고 그름을 따지는 척했다. 그러면 주위의 사람들은 모두 웃어 버리니, 싸우던 사람들도 웃고는 화해하고가 버렸다.

광문은 나이가 사십이 넘도록 머리를 땋고 다녔는데 사람들이 부인을 얻으라고 권하면 사양하며 말하기를,

"무릇 아름다운 여인이란 모든 남자들이 좋아하는 것입니다. 그런데 이것은 남자뿐 아니라 여자도 마찬가지일 테니, 나같이 누추한 사람은 스스로도 용납할 수 없는데 어떻게 결혼을 하겠습니까?"

라고 했다. 또 집을 마련하라고 하면 사양하며,

"나는 부모형제나 처자식도 없는데 무엇 때문에 집을 마련한단 말입니까? 또한 나는 아침에 노래를 부르며 시장에 들어갔다가 저녁이 되면 어느 부귀한 집의 처마 밑에서 자니, 한양성에는 팔만 호(戸)가 있어 내가 매일 거처를 바꾼다 해도 수명이 끝날 때가지 다 돌아다니지 못할 것입니다."

라고 말했다.

한양의 이름 있는 기생들은 모두 얌전하며 아름다웠으나, 그들은 광문이 소리를 함께 맞춰주지 않으면 한푼어치의 가치도 없는 것과 마찬가지였다. 일전에 우림아(羽林兒)와 각 전(殿)의 별감들과 부마위위 등이 시종을 거느리고 소매를 나란히 하여 이름난 기녀인 운심이를 찾았다. 마루 위에 술을 차리고 북과 거문고를 연주하며 운심이의 춤을 감상하려고 했다. 하지만 운심은 짐짓 시간을 끌며 춤을 추려 하지 않았다.

　　광문이 밤에 이곳에 와서 마루 아래를 배회하다가 대뜸 들어와서 상석(上席)에 털썩 앉았다. 광문은 비록 해어진 옷에 그 행동이 창피하긴 하나 그의 뜻은 몹시 자유로웠다. 그 모습은 매우 해괴하여 눈꼬리가 짓물러 눈곱이 끼여 있고 취한 척 트림을 해대며 양의 털 같은 머리에다 뒤통수에 상투를 틀고 있었다. 자리에 있던 사람들은 깜짝 놀라 서로 눈짓을 하며 광문을 쫓아내려고 했으나, 광문은 한층 앞으로 나서며 무릎을 어루만지며 가락을 뽑아 콧노래로 장단을 맞췄다.

　　그러자 운심이가 즉시 일어나 옷을 갈아입고 광문을 위하여 칼춤을 추니, 사람들은 크게 즐거워했다. 그들은 다시 광문과 벗이 되기를 청하고는 떠나갔다.

– 박지원, 「광문자전」

17. 이 글에 대한 설명으로 적절하지 <u>않은</u> 것은?

① 남녀 평등 의식을 바탕으로 하고 있다.

② 사건의 공간적 배경이 제시되어 있다.

③ 사회에서 천대받는 인물을 통해 새로운 인간형을 제시하고 있다.

④ 주인공이 시련을 거쳐 높은 지위에 오른다는 점에서 영웅 소설의 전통을 잇고 있다

18. 이 글을 읽고 난 후의 반응으로 적절하지 <u>않은</u> 것은?

① 조선 후기 타락한 양반들의 실상을 생생하게 고발하고 있군.

② 오히려 사회에서 소외되기 쉬운 인물 유형을 설정하고 있군.

③ 계층이 다른 두 인물 간의 갈등을 중심으로 사건이 전개되고 있군.

④ 사람의 신분이나 혈통보다는 인격을 중시하자는 사상이 담겨 있군.

19. 밑줄 친 ㉠에 대한 설명으로 적절한 것은?

① 인물의 진솔한 인간성을 부각하여 해학적 태도로 서술하고 있다.

② 인물을 희화화(戱畵化)하여 조롱하고 있다.

③ 행동 묘사를 통해 교양 없는 인물의 태도를 비판하고 있다.

④ 주위 사람들의 반응을 소개하여 인물에 대해 부정적인 평가를 내리고 있다.

[20~22] 다음 글을 읽고 물음에 답하시오.

　　감성공학은 개인의 생활을 편리하고 안전하며 쾌적하게 그리고 풍요롭게 하기 위해 개인과 사회가 이용하고 있는 제반 대상(기계 건축 환경 등)을 인간 중심으로 설계 제작 운용하는데 필요한 학문이다. 감성공학은 인간의 개인 특성(신체적, 생리적, 심리행동 등)을 종합적으로 고려해 인간—기계—환경시스템을 사용자가 실제적으로 사용하는데 불만이 없을 정도로 설계하는 전체 과정이라 할 수 있다.

　　1986년 일본 마쓰다 자동차회사의 이마모토 회장은 자동차의 본고장이라 할 미국 디트로이트에서 새로운 스포츠카의 개발 과정을 설명하며 '감성공학'(kansei engineering)이란 단어를 처음 소개했다. "감성 공학적으로 개발됐다."는 이 스포츠카는 미국시장에서 선풍적인 인기를 끌어 구매자들이 실물도 보기 전에 선금 계약과 웃돈 거래를 할 정도로 ㉠크게 히트했다. 이와 함께 감성공학이라는 단어도 국제적으로 널리 알려지게 됐다.

　　이후 일본 히로시마 대학의 나가마치 교수는 그 동안 자신이 '이미지 테크놀로지'(image technology)라 명명했던 제품 디자인 기법을 감성 공학이라고 고쳐 부르고 국제 학회 등에서 연구 결과를 소개했다.

　　감성이란 누구나 그 의미를 알고 있으나 ㉡구체적으로 명확하게 설명하기 어려운 단어다. 철학에서 사용되는 용어를 빌리면, 인간의 감성은 '감각이나 지각에 의해 불러 일으켜져 그것에 의해 지배되는 심적 체험의 전체, 혹은 이미지를 받아들이는 힘'이라고 설명된다. 다시 말해 '인

7

체의 감각기관에 의해 감지된 사물이나 환경에 대해 인간이 느끼는 복합감정'을 감성이라 부를 수 있는 것이다.

20. 이 글로 미루어 '감성공학'의 특징으로 적절하지 <u>않은</u> 것은?

① 인간의 편의를 도모한다.

② 사용자의 실용성을 중시한다.

③ 제품의 디자인에 의해 결정된다.

④ 개인의 삶의 질 향상을 목적으로 한다.

21. ㉠의 문맥적 의미로 알맞은 것은?

① 많이 팔렸다.

② 귀감이 되었다.

③ 널리 알려졌다.

④ 새로운 표준이 되었다.

22. ㉡의 이유로 적합하지 <u>않은</u> 것은?

① 개인에 따라 설명이 다르다.

② 주변 환경에 영향을 받는다.

③ 객관적, 정량적으로 표현하기 어렵다.

④ 사람마다 공통적으로 느끼는 바가 있다.

[23~25] 다음 글을 읽고 물음에 답하시오.

별이 수명이 다해 폭발하는 순간, 너무 멀리 있어서 보이지 않았던 별이 갑자기 밝아짐으로써 마치 새로운 큰 별이 나타난 것처럼 보이게 된다. 이러한 까닭에 과학자들은 이런 별을 초신성(超新星)이라고 부르는데, 우리 선조들은 객성(客星), 즉 손님별이라 불렀다. 아마 불쑥 찾아온 손님을 연상했던 모양이다.

실제로 〈증보문헌비고〉를 보면 객성을 발견한 당시의 생생한 기록이 있다. 여기에서 특이한 것은 북극성처럼 맨눈으로 볼 수 있는 별 가운데 행성, 위성, 혜성 따위를 제외한 별 모두를 지칭하는 항성(恒星) 중 하나인 노인성(老人星)을 객성에 포함시켰다는 점이다.

일찍이 고려 시대에는 ㉠노인성을 수성(壽星)으로 보았으며, 따라서 이 별이 나타나면 장수한다는 믿음이 널리 퍼져 있었다. 〈고려사〉에 의하면 의종 24년(1170년) 2월에 낭성(狼星)이 남극에 나타났는데, 이를 서해도 안찰사 박순가가 노인성으로 알고 역마를 달려 보고하게 했다. 의종은 이 노인성의 출현을 기뻐하여 잔치를 거듭하다가 그해 9월 정중부에 의해 왕위에서 쫓겨나고 말았다. 그 후 낭성을 노인성으로 잘못 보고한 박순가에게는 그 자손까지 금고에 처해지는 벌이 내려졌다.

이렇게 인간의 삶과 연관지어 파악되던 별들도 그 나름의 삶을 가지고 있다. 대부분의 별은 우주 공간에 퍼져 있는 수소가 중력에 의하여 뭉쳐지면서 탄생한다. 별의 중심부는 그 외부에서 가해지는 압력을 받아 수축하면서 내부 온도가 높아진다. 태양의 경우 중력에 의한 압력 때문에 중심부의 온도는 수천만 도가 되어 핵융합 반응이 일어나게 된다. 핵융합 반응은 핵들이 서로 합쳐지는 과정을 말한다. 이 과정에서 많은 에너지가 방출되며, 이 에너지는 태양이 붉게 타는 원천이 되고 있다. 그러나 별이나 태양의 중심부에 있는 핵연료는 언젠가는 소진될 것이다. 그렇게 되면 별은 짓누르는 중력의 압력을 감당하지 못하여 수축할 수밖에 없다. 수축이 한계에 다다르게 되면 별의 중심부는 마치 억눌린 거대한 용수철처럼 그 위에 떨어지는 물질들을 튕겨 내고, 그때 생기는 거대한 충격파가 별을 폭파시켜 최후를 맞이한다.

23. 윗글의 내용과 일치하지 <u>않은</u> 것은?

① 객성과 초신성은 같은 말이다.
② 별은 폭발하는 순간 갑자기 밝아진다.
③ 안찰사 박순가는 빠른 보고 덕에 큰 상을 받았다.
④ 예로부터 고려시대에는 노인성을 수성으로 보았다.

24. 윗글에서 '별이 탄생하는 과정'과 '객성이 되는 과정'을 설명한 내용 안에서 공통적인 것은?

① 블랙홀의 폭파
② 개기일식 · 월식
③ 핵연료의 소진
④ 중력에 의한 수축

25. 윗글로 미루어 ㉠과 관련된 진술로 바른 것은?

① 노인성은 태양과 같은 원리로 밝게 빛난다.
② 의종은 노인성의 출현 때문에 왕위에 올랐다.
③ 우리 선조들은 노인성을 상서롭지 못한 별로 생각했다.
④ 노인성의 탄생원인은 블랙홀이다.

※ 확인사항
답을 OMR 카드의 해당란에 정확히 표기하였는가?

고졸

제 ② 교시   수   학

수험번호 (   )   성 명 (   )

※ 다음 물음에 대한 가장 옳은 답을 하나만 골라, OMR 답안지에 정확히 표기하시오.

01. 두 다항식 $A = x^2 - x + 5$, $B = x^2 + x$에 대하여 $A - B$는?

① $-2x - 5$ ② $-2x + 5$

③ $2x - 5$ ④ $2x + 5$

02. 등식 $(x-2)^2 + a(x-2) + b = x^2 - x - 1$은 x에 대한 항등식이다. 두 상수 a, b에 대하여 $a + b$의 값은?

① -4 ② -1

③ 1 ④ 4

03. 다항식 $2x^3 + 2x^2 - x + 1$을 $x - 1$로 나누었을 때, 나머지는?

① 1 ② 2

③ 3 ④ 4

04. $(1+2i)(5-i) = a + 9i$일 때, 실수 a의 값은? (단, $i = \sqrt{-1}$)

① 1 ② 3

③ 5 ④ 7

05. 다항식 $(x+y+2)(x+y-2) - 5$를 인수분해한 식이 $(x+y+a)(x+y-a)$일 때, 상수 a의 값은?

① -1 ② 1

③ -3 ④ 3

06. 이차방정식 $x^2 - 7x - 1 = 0$의 두 근을 α, β라고 할 때, $(\alpha+1)(\beta+1)$의 값은?

① 5 ② 7

③ 9 ④ 11

07. $-1 \leq x \leq 2$인 범위에서 이차함수 $y = -x^2 + 2x + 2$의 최댓값과 최솟값의 차는?

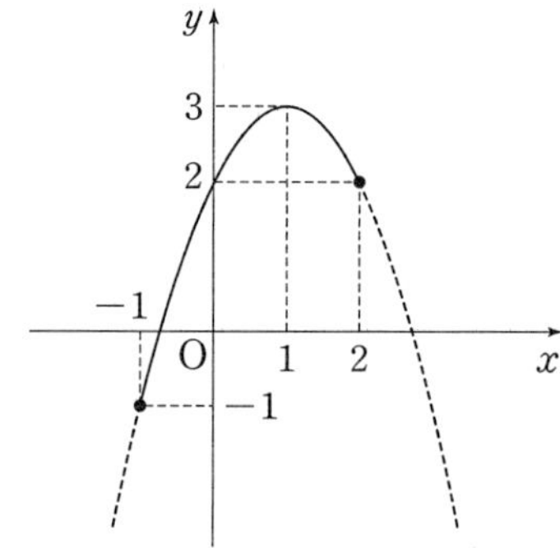

① -4 ② -2

③ 2 ④ 4

08. 연립방정식 $\begin{cases} x-y=1 \\ x^2-y^2=a \end{cases}$ 의 해가 $x=5$, $y=b$일 때, $a+b$의 값은?

① 11
② 13
③ 15
④ 17

09. 연립부등식 $\begin{cases} 3x+2\geq-1 \\ 2x-1<1 \end{cases}$ 의 해가 $a\leq x<b$일 때, $a-b$의 값은?

① -2
② 2
③ -3
④ 3

10. 부등식 $|2x-1|\geq5$의 해는?

① $x\geq3$
② $x\leq-2$ 또는 $x\geq2$
③ $x\leq-2$ 또는 $x\geq3$
④ $-2\leq x\leq3$

11. 좌표평면 위의 두 점 $A(3, 2)$, $B(0, -4)$를 지나는 직선의 방정식은?

① $y=2x-3$
② $y=2x-2$
③ $y=2x+3$
④ $y=2x-4$

12. 중심의 좌표가 $(2, -1)$이고 y축에 접하는 원의 방정식은?

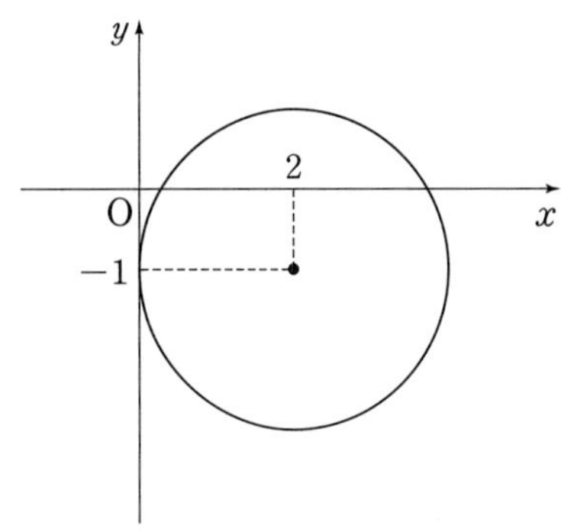

① $x^2+y^2+4x-2y-1=0$
② $x^2+y^2+4x+2y+1=0$
③ $x^2+y^2-4x-2y-1=0$
④ $x^2+y^2-4x+2y+1=0$

13. 좌표평면 위의 점 $(5, 4)$를 직선 $y=x$에 대하여 대칭이동한 점의 좌표는?

① $(-5, -4)$
② $(-5, 4)$
③ $(5, -4)$
④ $(4, 5)$

14. 두 집합 $A=\{1, 2, 3, 4, 6, 8, 12, 24\}$, $B=\{1, 2, 3, 6\}$에 대하여 $n(A\cap B)$의 값은?

① 3
② 4
③ 5
④ 6

15. x, y가 실수일 때, 명제 '$xy=0$이면 $x=0$또는 $y=0$이다.'의 대우는?

① $x=0$또는 $y=0$이면 $xy=0$이다.
② $x\neq0$이고 $y\neq0$이면 $xy\neq0$이다.
③ $x\neq0$이고 $y\neq0$이면 $xy=0$이다.
④ $xy\neq0$이면 $x\neq0$이고 $y\neq0$이다.

16. 두 함수 $f(x)=x^2-x$, $g(x)=x+3$에 대하여 $(f \circ g)(4)$의 값은?

① 36　　　　② 38
③ 40　　　　④ 42

17. 그림은 유리함수 $y=\dfrac{3}{x}$의 그래프를 x축의 방향으로 1만큼, y축의 방향으로 -3만큼 평행이동한 $y=\dfrac{3}{x+a}+b$의 그래프이다. 두 상수 a, b에 대하여 $a+b$의 값은?

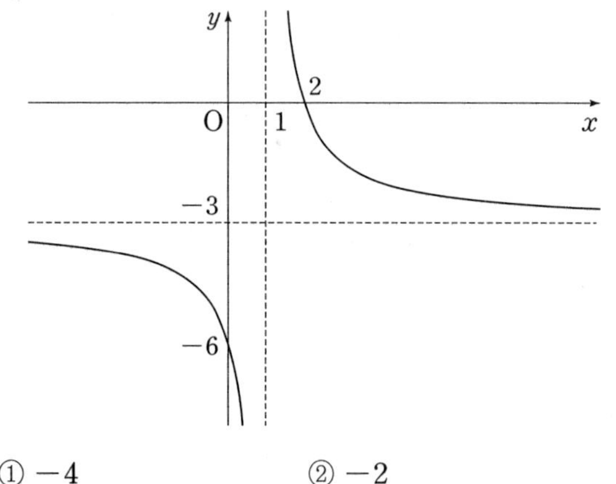

① -4　　　　② -2
③ 2　　　　④ 4

18. 주재료인 밥, 국수 중 하나와 부재료인 김치, 새우, 햄 중 하나를 넣어 볶음 음식을 만들려고 할 때, 볶음 음식을 만드는 모든 경우의 수는?

① 5　　　　② 6
③ 7　　　　④ 8

19. 서로 다른 옷 5벌을 옷걸이에 일렬로 거는 모든 방법의 수는?

① 30　　　　② 60
③ 120　　　　④ 240

20. 어느 아이스크림 가게의 아이스크림 종류와 선택할 수 있는 토핑의 종류는 다음 표와 같다. 토핑 중에서 서로 다른 3개의 토핑을 선택하는 경우의 수는?

아이스크림	토핑
바닐라맛 초코맛 딸기맛	아몬드 블루베리 마시멜로 인절미 후르츠링 팥 카라멜

① 21　　　　② 35
③ 70　　　　④ 210

※ 확인사항
답을 OMR 카드의 해당란에 정확히 표기하였는가?

제 ③ 교시 영 어

수험번호 (   )   성 명 (   )

※ 다음 물음에 대한 가장 옳은 답을 하나만 골라, OMR 답안지에 정확히 표기하시오.

[01~03] 다음 밑줄 친 부분의 뜻으로 가장 적절한 것을 고르시오.

01.

> The product has <u>diverse</u> feature.

① 공평한   ② 다양한
③ 완전한   ④ 지루한

02.

> I'<u>m</u> obviously <u>proud of</u> mother's achievement.

① 설득하다   ② 전시하다
③ 자랑스러워하다   ④ 변경하다

03.

> I <u>am good at</u> speaking Korean.

① 좋아하다   ② 용맹하다
③ 자부심 있다   ④ 능숙하다

04. 다음 중 두 단어의 관계가 나머지 셋과 <u>다른</u> 것은?

> When my mom asked me to choose my favorite <u>clothes</u>, I chose a <u>skirt</u>.

① stationery - pen
② emotion - happiness
③ food - pasta
④ reject - accept

05. 다음 전시 안내문에서 언급되지 <u>않은</u> 것은?

> Happy Evening Singer Contest
> When : November 10th
> Where : Green Stadium
> Tickets : all 15$

① 대회 이름   ② 대회 장소
③ 대회 날짜   ④ 대회 상금

[06~08] 다음 빈칸에 공통으로 들어갈 말로 가장 적절한 것을 고르시오.

06.

> • I'm not familiar ________ it.
> • The airlines have deals ________ many of the hotels.

① with   ② as
③ at   ④ of

07.

> • ________ surprised you and mom were when I was born.
> • ________ about taking fifth Avenue to rear of the courthouse?

① When　　　　② Which
③ How　　　　④ That

08.

> • He ________ telling me.
> • It ________ forced to back down because of public concerns

① are　　　　② was
③ be　　　　④ been

09. 다음 대화에서 밑줄 친 표현의 의미로 가장 적절한 것은?

> A : How's that genius daughter of yours doing?
> B : She is doing great. She just graduated from university last month.
> A : I always knew she'd be a success. You were always the smartest kid in class. <u>Like mother, like daughter.</u>
> B : Thanks. I'm very happy.

① 자비는 집에서 시작된다.
② 천재조차 실수한다.
③ 그 어머니에 그 딸이다.
④ 딸밖에 없다.

10. 대화에서 알 수 있는 B의 심정으로 가장 적절한 것은?

> A : That storm last night was unbelievable!
> B : I know! When the power went out, I hadn't saved my report on the computer, so I lost it all.
> A : That's too bad.
> B : And when I woke up this morning there was water all over the kitchen.

① 기대된다　　　　② 만족하다
③ 화나다　　　　④ 지루하다

11. 다음 중 대화가 이루어지는 장소로 가장 적절한 것은?

> A : What's the problem?
> B : I want to correct to my test scores.
> A : Ok, Let me check. but I can't give you an advantage over others.

① 학교　　　　② 마트
③ 식당　　　　④ 법원

12. 다음에서 it이 가리키는 것은?

> <u>It</u> is used in various dishes. About three percent of the weight of sea water is accounted for by <u>it</u>. It cannot leave the sea by evaporation because the water vapor leaves <u>it</u> behind. <u>It</u> keeps food for a long time.

① salt　　　　② sand
③ sun　　　　④ water

[13~14] 대화의 빈칸에 들어갈 말로 가장 적절한 것을 고르시오.

13.

> A : Hi. I came here yesterday.
> B : How can I help you?
> A : Well, my visa photos I got taken here yesterday are too small.
> B : ________________________.

① I can take wedding pictures.
② Oh, I will change the photo size.
③ That's what he said.
④ I think the embassy moved to a new place.

14.

> A : It's been six months since I rode bike last, so the tires have gone flat.
> B : If you haven't ridden your bike for six months, get the other parts checked.
> A : Which parts should I get checked?
> B : ________________________.

① I worked part-time at a bicycle shop.
② I didn't know that you also like riding bikes.
③ Check if the braked work well.
④ That's why you know how to maintain bikes well.

15. 다음 대화의 주제로 가장 적절한 것은?

> A : I checked out a book last week and the due date was yesterday, but I haven't found it yet.
> B : You mean you lost it?
> A : I'm afraid so. What should I do in this case?
> B : You have to buy the same book and return it.

① 도서관에서는 최대한 조용히 해야 한다.
② 새롭게 도서관에 들어온 책은 대출이 어렵다.
③ 퇴실할 때는 체크아웃을 해야만 한다.
④ 대출한 책을 분실 시에 같은 책을 사서 반납해야 한다.

16. 다음 글을 쓴 목적으로 가장 적절한 것은?

> I am amazed how well Super 100 works! I have spent less than an hour a day, and in just 2 months I have lost 10kg. So don't wait and buy this magical machine.

① 광고　　　　　② 초대
③ 감사　　　　　④ 사과

17. 다음 안내문의 내용과 일치하지 <u>않는</u> 것은?

> Luxury Restaurant
> High-quality Western style food
> • Open 365 days a year
> • 10 a.m. to 10 p.m.
> • 15% discount coupon event for child
> • No pets allowed

① 연중무휴이다.
② 오전 10시부터 오후 10시까지 영업한다.
③ 아이들을 위해 15% 할인 쿠폰을 지급하고 있다.
④ 애완동물 반입 가능하다.

18. 다음 글의 설명과 일치하지 <u>않는</u> 것은?

Television is a useful medium in human life. Television can be a good friend to modern people in need of conversations, and it can also be an entertainment tool that helps modern people who are tired of complex daily lives take a rest. Therefore, television is precious for us.

① 텔레비전은 인간 생활에 필요하다.
② 현대인은 일상 속에서 지쳐 있다.
③ 텔레비전은 오락 수단으로서 기능한다.
④ 텔레비전은 유해한 요소가 있다.

19. 다음 글의 주제로 가장 적절한 것은?

Today, conversations between parents and children are disappearing in many families. This is because parents are busy with work and children are busy studying, making it difficult to see each other. However, smooth conversations should take place at home. This is because families can comfort each other's tired hearts through dialogue. From now on, let's make time for family members to talk.

① 개인 여가시간의 확보 방안
② 가족 간 대화의 필요성
③ 가족 봉사활동의 의의
④ 이웃 간 의사소통의 중요성

[20~21] 다음 글의 빈칸에 들어갈 말로 가장 적절한 것을 고르시오.

20.

Articles explaining the structure of ships are easily understood by sailors, but will not be well understood by others. In addition, those who enjoy cooking may understand well about cooking, but those who are not interested in cooking may find it difficult to understand. All of these examples illustrate how important background __________ is to understand the text.

① heart　　　　　　② cooking
③ knowledge　　　④ play

21.

The title of the novel "Lucky Day" is an ironic expression of the most tragic day. The title of the novel is "Lucky Day," but the __________ of the novel is the most unlucky day. This dramatically presents the contradictory reality that a tragic ending is prepared after temporary luck.

① content　　　　　② people
③ writer　　　　　　④ trip

22. 글의 흐름으로 보아 다음 문장이 들어가기에 가장 적절한 곳은?

One of them is getting a stomachache.

I have a habit of eating spicy and salty food. This is a habit that I had since I was young.

(①) Eating spicy and salty food relieves stress. (②) However, there are also side effects because the only way to relieve stress is to eat food. (③) One day I had to go to the emergency room. (④) I still remember that terrible day vividly.

23. 다음 글의 바로 뒤에 이어질 내용으로 가장 적절한 것은?

> I visited my grandparents today. They grow rice and vegetables. After lunch, I worked in the field. It was hard work. I had a hard time sweating all over my body and being stabbed by a thorn. But I learned a lot about farming. Here are the knowledge I learned about farming.

① 농사꾼들의 일상 습관
② 농사를 짓는 방법
③ 밥을 익히는 법
④ 할머니의 안부

[24~25] 다음 글을 읽고 물음에 답하시오.

> Satirical* comics are similar in many ways to humorous comics. But, The difference lies in the conversations that the characters have. Humorous comics are just funny, whereas satirical comics try to make a serious point using humor and sarcasm*. Topics are different, too. __________, the audience of satirical comics will differ somewhat from that of humorous comics.
>
> *satirical 풍자적인
> *sarcasm 풍자, 빈정거림

24. 윗글의 빈칸에 들어갈 말로 가장 적절한 것은?

① Therefore
② Finally
③ However
④ For example

25. 윗글의 주제로 가장 적절한 것은?

① 만화 등장인물들의 대화는 개성이 강하다.
② 풍자만화는 유머만화에 비해 정치적이다.
③ 풍자만화와 유머만화는 비슷해 보이나 다르다.
④ 유머만화의 개성은 풍자만화를 능가한다.

> ※ 확인사항
> 답을 OMR 카드의 해당란에 정확히 표기하였는가?

제 ④ 교시　　사　　회

수험번호 (　　　　　　　　　)　　　성　명 (　　　　　　　　　)

※ 다음 물음에 대한 가장 옳은 답을 하나만 골라, OMR 답안지에 정확히 표기하시오.

01. 행복의 조건에 대한 내용으로 가장 적절하지 <u>않은</u> 것은?

① 자연 환경이 오염된 환경 속에서는 기본적인 생활이 어렵다.
② 국민이 정책 결정 과정에 자신의 의사를 적극적으로 반영할 수 있어야 한다.
③ 국가는 국가만을 위한 다양한 사회 복지 제도를 마련해야 한다.
④ 행복은 정신적 만족감이나 경제적 안정과 관련이 있다.

02. 다음에서 설명하는 비용은?

실제로 지불한 것은 아니지만 어떤 대안을 선택함에 따라 얻을 수 있었으나 포기한 경제적 이익을 말한다.

① 암묵적 비용　　　　② 명시적 비용
③ 기회 비용　　　　　④ 매몰 비용

03. 삶의 질을 높이는 정주 환경을 위한 노력으로 가장 적절하지 <u>않은</u> 것은?

① 주택과 도로의 건설, 노후화된 건물과 시설을 개선한다.
② 문화 · 예술 · 체육 · 복지 등을 위한 시설을 마련한다.
③ 인간과 자연이 조화와 공존을 누릴 수 있도록 도심 내 녹지를 조성한다.
④ 시민 참여가 활성화되는 민주주의를 실현한다.

04. 다음과 같은 생활양식을 볼 수 있는 지역의 기후는?

• 농업 : 밀농사, 목축업 등이 발달하였다.
• 전통 가옥 : 지붕이 평평하고 창문이 작으며, 흙벽 돌로 만든 벽이 두껍다.

① 열대 기후 지역　　　② 한대 기후 지역
③ 온대 기후 지역　　　④ 건조 기후 지역

05. 기후와 관련된 자연재해가 <u>아닌</u> 것은?

① 토네이도　　　　　② 폭설
③ 가뭄　　　　　　　④ 지진 해일

06. 열섬 현상에 대한 설명으로 옳지 <u>않은</u> 것은?

① 오염된 공기가 위로 상승하지 못하고 지상에 정체하게 된다.
② 도심의 하늘을 뜨거운 공기가 뚜껑처럼 덮게 된다.
③ 도시 중심부의 기온이 주변 지역보다 높은 현상이다.
④ 일교차가 큰 계절에 뚜렷하며 밤보다 낮에 심하게 나타난다.

07. ㉠에 들어갈 것으로 적절한 것은?

(　㉠　)의 특징으로는 과학 기술의 진보와 생산성 향상, 노동 윤리의 확립, 각 직업의 전문화, 계층 구조의 피라미드화, 농촌 인구의 빠른 도시 유입, 핵가족의 일반화, 소비 형태의 획일화와 소비 수준의 향상 등이 있다.

① 민주화　　　　　　② 산업화
③ 생태화　　　　　　④ 자유화

08. 다음에서 설명하는 것은?

> • 의미 : 주변 기물에 IP 주소를 부여하고 사람과 기물, 혹은 기물과 기물 간의 통신을 이끌어내는 기술을 일컫는다. 흔히들 원격에서 조작을 하는 기기를 생각하곤 하는데, 사실은 그 기기에 설정된 네트워크 시스템까지 포함한다.
> • 영향 : 다양한 네트워크 시스템을 통해 더욱 편리한 일상생활이 가능하다.

① 사물 인터넷　　　　② UCC
③ 전자 민주주의　　　④ 유비쿼터스

09. 밑줄 친 ㉠에 해당하지 않는 것은?

> 〈대한민국 헌법 제37조 2항〉
> …… ㉠필요한 경우에 한하여 법률로써 제한할 수 있으며, 제한하는 경우에도 자유와 권리의 본질적인 내용을 침해할 수 없다.

① 공공복리 실현　　　② 사회 질서 유지
③ 국가 안전 보장　　　④ 세계 인권 발전

10. 다음에서 설명하는 것은?

> 1838~1848년 사이에 노동자층을 중심으로 전개된 영국의 민중 운동이다. 산업 혁명의 결과로 부자는 많아졌지만 노동자들의 노동 환경은 더욱 열악해졌다. 이에 노동자들이 자신들의 대표를 의회로 보내 노동자의 권리를 보장받기 위한 선거권 확대 운동을 벌였다.

① 차티스트 운동　　　② 볼티모어 폭동
③ 브렉시트　　　　　④ 서프러제트 운동

11. 다음 글을 통해 알 수 있는 사법부 독립의 목적으로 가장 적절한 것은?

> 사법부의 독립은 사법권을 행사하는 법관이 재판을 하는데 있어 누구의 지시나 명령에도 구속되지 않는 것을 의미한다. 우리나라 헌법에서도 법관은 헌법과 법률에 의하여 그 양심에 따라 독립하여 심판한다고 규정하고 있다.

① 신속한 재판을 위해
② 공정한 재판을 위해
③ 효율적인 재판을 위해
④ 법관의 신분 향상을 위해

12. 사회적 약자에 대한 설명으로 옳지 않은 것은?

① 사회의 주류 집단 구성원에게 차별받는 사람들이다.
② 스스로도 차별받는 집단에 속해 있다는 의식을 가진 사람들이다.
③ 사회 집단의 적은 구성원 수를 말한다.
④ 한 사회 안에서 뚜렷이 구별될 수 있어야 한다.

13. 다음에서 설명하는 것은?

> • 자본주의가 점차 고도화되면서 소수의 거대한 독점 기업이 시장 내에서 지배적인 위치를 차지했다.
> • 유효 수요 부족 현상이 나타나게 되면서 대공황이 발생하였다.

① 신자유주의　　　　② 독점 자본주의
③ 자유 방임주의　　　④ 중상주의

고등학교 졸업학력 검정고시 모의고사

14. ㉠에 들어갈 말로 적절한 것은?

> (㉠)의 사례
> - A 회사는 낙후 지역에 대형 마트를 설치함으로써 시장 경제를 위협했지만 어떤 보상도 하지 않는다.
> - 스마트폰이 새로 출시되면서 새 스마트폰을 찾는 소비자들이 많아지자, 스마트폰 악세사리의 소비도 증가했지만 악세사리 회사에서 그 대가를 지급하지는 않는다.

① 공공재 부족의 문제　　② 독과점
③ 외부 효과　　　　　　④ 노동 침해

15. 국제 무역의 확대에 따른 영향으로 옳지 않은 것은?

① 경쟁력을 갖추지 못한 산업이나 기업은 위축되거나 쇠퇴할 수 있다.
② 국가 간 상호 의존도를 심화시킬 수 있다.
③ 국가 간 빈부 격차가 심화될 수 있다.
④ 국민 경제의 자율성을 독려할 수 있다.

16. ㉠에 들어갈 말로 적절한 것은?

> 위험을 관리할 수 있는 좋은 방법은 금융 상품마다 안전성, 수익성, 유동성이 제각각이므로 여러 상품에 (㉠)를 하는 것이다. 은행 예금은 안전성과 유동성이 우수하지만, 수익성이 낮다. 주식은 높은 수익률을 기대할 수 있고 유동성도 높은 편이지만, 원금 손실 가능성이 크다. 채권은 이 둘의 중간 정도 성격을 띄고 있다. 이런 특성들을 고려하여 여러 자산을 (㉠)하는 것이다.

① 예금　　　　　　　　② 분산 투자
③ 분산 대출　　　　　④ 투자 확대

17. 업적주의적 정의론에 대한 설명으로 옳지 않은 것은?

① 자신의 재능을 발휘하고 노력하도록 동기를 부여하게 된다.
② 받을 만한 자격이 있는 사람이 소득을 가지는 상태가 정의롭다.
③ 기여와 노력 없이도 얻는 소득이 클 수 있다.
④ 기여가 적은 사람보다 기여가 많은 사람이 더 많은 소득을 가져야 한다.

18. 불평등을 통해 벌어질 수 있는 현상으로 옳은 것은?

① 사회적 계층 이동성이 줄어든다.
② 개인적으로나 사회적으로 재능을 발휘할 수 있도록 독려된다.
③ 정치적 안정성이 높아진다.
④ 유리천장이 사라진다.

19. 홍수에 대한 설명으로 옳지 않은 것은?

① 짧은 시간에, 많은 강수로 발생한다.
② 물에 잠긴 농작물로 인해 생산량이 줄어든다.
③ 인위적인 산지 사면 절단으로 인해 발생한다.
④ 인간의 생명과 생활 터전에 피해를 가져온다.

20. 다음에서 설명하는 문화권은?

> - 역사 : 잦은 외부의 침입을 받음
> - 언어 및 종교 : 힌두교, 이슬람교, 불교
> - 민족 : 인도, 파키스탄, 방글라데시 등에 다양하게 분포되어 있음

① 유럽 문화권　　　　　② 동부아시아 문화권
③ 남부아시아 문화권　　④ 라틴 아메리카 문화권

21. 다음에서 설명하는 문화 변동의 양상은?

> • 의미 : 기존의 문화가 외부에서 들어온 문화에 의해 완전히 흡수되는 것
> • 사례 : 전쟁이나 자연재해 등으로 부족이 크게 줄거나, 오랜 기간 강대국에 의해 지배되어 원주민이 고유 언어를 사용하지 않으면 언어는 소멸한다.

① 문화 동화 ② 문화 병존
③ 문화 융합 ④ 발명

22. 다음에 해당하는 갈등 지역은?

> • 갈등 당사국 : 인도, 파키스탄
> • 내용 : 이슬람교와 힌두교 간의 종교 갈등

① 이슬라마바드 ② 서장자치구
③ 남중국해 ④ 카슈미르

23. 다음에 해당하는 문화 이해의 태도로 가장 알맞은 것은?

> 다른 나라의 문화를 비판 없이 높게 평가하고 숭상하여 자기문화를 과소평가하는 태도이다.

① 자문화 중심주의 ② 문화 상대주의
③ 문화 사대주의 ④ 극단적 문화 상대주의

24. ㉠에 들어갈 것으로 가장 적절한 것은?

> (㉠) 해결 방안
> • 관용의 자세
> • 문화 상대주의적 태도
> • 타 문화에 대한 이해

① 환경 오염 ② 고령화 사회
③ 자유 무역 ④ 다문화 갈등

25. 다음에서 설명하는 것은?

> • 전쟁·기아·질병·자연재해 등으로 고통 받는 세계 각 지역의 주민들을 구호하기 위해 설립한 국제 민간 의료 구호 단체이다.
> • 중립·공평·자원의 3대원칙을 갖고 '정치·종교·경제적 권력으로부터의 자유'라는 기치 아래 활동한다.

① 국제 사면 위원회 ② 유엔 아동 기금
③ 국경 없는 의사회 ④ 국제 형사 재판소

> ※ 확인사항
> 답을 OMR 카드의 해당란에 정확히 표기하였는가?

제 ⑤ 교시 과 학

수험번호 (   )   성   명 (   )

01. 표는 몇 가지 원소의 가장 바깥쪽 전자 껍질에 배치되어 있는 전자 수를 나타낸 것이다. 이 중 주기율표에서 같은 족에 속하는 원소를 고른 것은?

원소	가장 바깥쪽 전자 껍질의 전자 수
He	2개
F	7개
Na	1개
Cl	7개

① Na, Cl   ② F, Cl
③ F, Na   ④ He, Na

02. 다음 설명에 해당하는 것은?

- 주기율표의 17족에 해당하는 원소이다.
- 상온에서 두 원자가 결합한 상태로 존재하며 독특한 색을 갖는다.
- 나트륨과 잘 반응한다.

① 할로젠 원소   ② 알칼리 금속
③ 준금속   ④ 비금속

03. 다음 설명의 ㉠, ㉡에 해당하는 것은?

지각을 구성하는 광물은 대부분 ⑤㉠ 광물로, 규소와 ㉡ 로 이루어져 있다.

① ㉠ : 원소, ㉡ : 질소
② ㉠ : 규산염, ㉡ : 수소
③ ㉠ : 규산염, ㉡ : 산소
④ ㉠ : 원소, ㉡ : 수소

04. 단백질의 구조 중에서 아미노산과 아미노산 사이의 결합은?

① 수소 결합   ② 공유 결합
③ 이온 결합   ④ 펩타이드 결합

05. 그래핀에 대한 설명으로 옳은 것만을 〈보기〉에서 모두 고른 것은?

〈 보기 〉
ㄱ. 강철보다 단단하다.
ㄴ. 탄소로 구성되어 있다.
ㄷ. 늘어나거나 휘어지면 전기적 성질이 변한다.

① ㄱ   ② ㄱ, ㄴ
③ ㄴ, ㄷ   ④ ㄱ, ㄴ, ㄷ

06. 질량 3kg인 물체를 마찰이 없는 수평면 위에 놓고, 수평방향으로 일정한 힘을 작용하였다. 이 물체의 가속도가 $3m/s^2$일 때, 작용한 힘의 크기는?

① 6N   ② 7N
③ 8N   ④ 9N

07. 질량이 200g인 축구공이 15m/s의 속력으로 운동하고 있다. 이 축구공과 같은 운동량을 갖기 위해서 질량이 150g인 야구공이 운동해야 하는 속력은?

① 20m/s
② 25m/s
③ 30m/s
④ 35m/s

08. 식물이 호흡과 광합성을 하며 기체를 흡수하거나 방출할 때 상호 작용하는 지구 시스템의 권역은?

① 지권과 기권
② 기권과 생물권
③ 수권과 지권
④ 지권과 생물권

09. 지권의 탄소가 기권으로 이동하는 경우를 〈보기〉에서 모두 고른 것은?

〈보기〉
ㄱ. 토양 속의 유기물이 미생물에 의해 분해된다.
ㄴ. 동물에서 호흡 작용이 일어난다.
ㄷ. 인간이 화석 연료를 채굴하여 사용한다.

① ㄱ
② ㄱ, ㄴ
③ ㄴ, ㄷ
④ ㄱ, ㄷ

10. 인간이 화산 활동을 이용하여 얻을 수 있는 이득이 아닌 것은?

① 관광 산업을 개발할 수 있다.
② 지열을 발전에 이용할 수 있다.
③ 유용한 광물 자원을 얻을 수 있다.
④ 깨끗한 대기를 얻을 수 있다.

11. 다음 설명의 ㉠, ㉡에 해당하는 것은?

- ㉠ 은/는 생명 시스템을 구성하는 구조적·기능적 기본 단위이다.
- 모양과 기능이 비슷한 ㉠ 이/가 모여 ㉡ 이/가 되고, 여러 종류의 ㉡ 이/가 모여 기관이 된다.

① ㉠ : 조직, ㉡ : 개체
② ㉠ : 조직, ㉡ : 세포
③ ㉠ : 세포, ㉡ : 개체
④ ㉠ : 세포, ㉡ : 조직

12. 산화 반응에 대한 설명으로 옳은 것을 〈보기〉에서 모두 고른 것은?

〈보기〉
ㄱ. 물질이 전자를 얻는 반응이다.
ㄴ. 금속이 산소와 결합할 때 금속은 산화된다.
ㄷ. 산소가 수소와 반응하여 물이 생성될 때 수소는 산화된다.

① ㄱ
② ㄷ
③ ㄱ, ㄴ
④ ㄴ, ㄷ

13. 염기성에 대한 설명으로 옳은 것을 〈보기〉에서 모두 고른 것은?

〈보기〉
ㄱ. 염기는 단백질을 녹이는 성분이 있으므로 피부에 묻으면 미끈거린다.
ㄴ. 염기는 대부분의 금속과 반응한다.
ㄷ. 염기성은 수산화 이온(OH^-)때문에 나타난다.

① ㄱ
② ㄱ, ㄴ
③ ㄴ, ㄷ
④ ㄱ, ㄷ

고등학교 졸업학력 검정고시 모의고사

14. pH에 대한 설명으로 옳은 것을 〈보기〉에서 모두 고른 것은?

> ───〈보기〉───
> ㄱ. 수용액 속 H^+ 농도가 클수록 pH가 크다.
> ㄴ. pH가 7인 용액의 액성은 중성이다.
> ㄷ. 염기성 용액에 BTB 용액을 떨어뜨리면 파란색을 나타낸다.

① ㄱ
② ㄴ
③ ㄱ, ㄷ
④ ㄴ, ㄷ

15. 중화 반응에 대한 설명으로 옳은 것을 〈보기〉에서 모두 고른 것은?

> ───〈보기〉───
> ㄱ. 중화 반응에서는 물과 염이 생성된다.
> ㄴ. 중화 반응이 일어날 때 열이 발생한다.
> ㄷ. 중화 반응에서 생성되는 염은 산의 양이온과 염기의 음이온이 만나 생성되는 물질이다.

① ㄱ, ㄴ
② ㄴ, ㄷ
③ ㄱ, ㄷ
④ ㄱ, ㄴ, ㄷ

16. 지질 시대와 대표적인 표준화석을 옳게 짝 지은 것은?

① 신생대 – 매머드
② 중생대 – 삼엽충
③ 고생대 – 화폐석
④ 고생대 – 암모나이트

17. 같은 종의 개체 사이에서 나타나는 습성, 형태 등 형질의 차이를 일컫는 말로 가장 옳은 것은?

① 진화
② 경쟁
③ 변이
④ 유전

18. 생물 다양성에 대한 설명으로 옳은 것은?

① 변이가 다양한 종일수록 유전적 다양성이 낮다.
② 유전적 다양성이 높은 종은 환경 변화에 대한 적응력이 낮다.
③ 생물 다양성에는 각각의 생물종이 가지는 유전 정보는 포함되지 않는다.
④ 현재 상업적으로 대량 재배되는 단일 품종의 바나나가 특정 질병으로 멸종 위기에 처해 있는 것은 유전적 다양성의 중요성을 보여주는 사례이다.

19. 다음 설명과 관련된 환경요인은?

> • 북극여우는 사막여우보다 몸집에 비해 귀와 꼬리가 짧다.
> • 개구리는 추운 계절에는 물질대사가 어려워 겨울 잠을 잔다.

① 빛
② 온도
③ 물
④ 공기

20. 대기 중의 온실 기체의 증가로 온실 효과가 증대되어 지구의 평균 기온이 상승하는 현상은?

① 사막화
② 라니냐
③ 엘니뇨
④ 지구 온난화

21. 다음 설명의 ㉠, ㉡에 해당하는 것은?

> 휴대 전화를 오래 사용하면 따뜻해지는데, 이때 ㉠ 에너지가 ㉡ 에너지로 전환된다.

① ㉠ : 열, ㉡ : 전기　　② ㉠ : 전기, ㉡ : 열
③ ㉠ : 소리, ㉡ : 빛　　④ ㉠ : 빛, ㉡ : 열

22. 다음 설명에 해당하는 에너지 사용량 자체를 줄이기 위한 노력은?

> • 외부에서 에너지를 공급받지 않고 생활할 수 있는 에너지 자립 건물이다.
> • 패시브 기술과 액티브 기술을 적절히 활용하여 건설한다.

① 증기 터빈
② 탄소 포인트 제도
③ 에너지 제로 하우스
④ 친환경 자동차 구매 지원 제도

23. 다음 중 높은 곳에 있던 물이 낮은 곳으로 흐르면서 발전기를 돌려 전기 에너지를 얻는 발전 방식은?

① 핵 발전　　② 수력 발전
③ 화력 발전　　④ 태양광 발전

24. 코일 근처에서 자석을 움직일 때 코일에 흐르는 전류는?

① 유도 전압　　② 스페이서
③ 유도 전류　　④ 감지 전류

25. 수소와 산소의 화학 반응으로 발생하는 화학 에너지를 직접 전기 에너지로 변환하는 장치는?

① 태양 전지　　② 제어봉
③ 원자로　　④ 연료 전지

> ※ 확인사항
> 답을 OMR 카드의 해당란에 정확히 표기하였는가?

제 ⑥ 교시 한국사

수험번호 (   )   성 명 (   )

---

01. ㉠ 시기에 제작되었던 유물은?

구석기 시대	→	신석기 시대	→	㉠	→	철기 시대

① 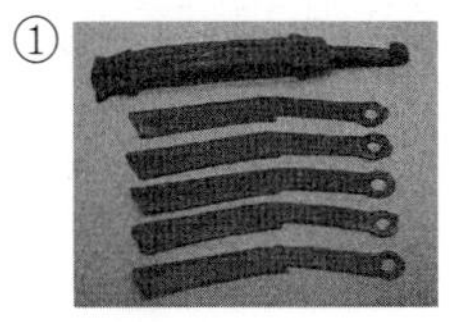
명도전

② 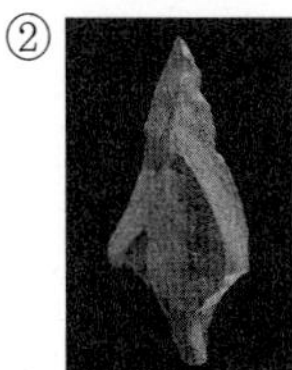
슴베찌르개

③ 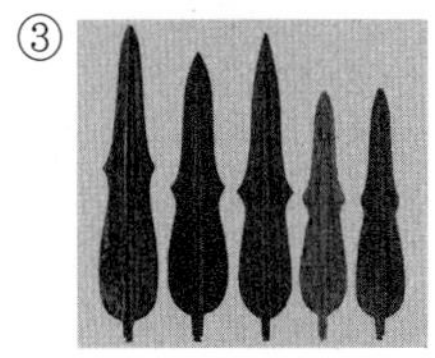
비파형 동검

④ 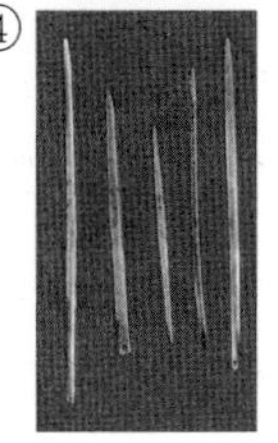
뼈바늘

02. 다음에 해당하는 국가는?

- 청동기 문화를 바탕으로 단군왕검이 건국함
- 8조법으로 사회 질서를 유지함

① 가야　　　　② 부여
③ 발해　　　　④ 고조선

03. 다음에서 ㉠에 들어갈 왕은?

<고구려 왕의 업적>
- 소수림왕 : 불교 수용, 태학 설립, 율령 반포
- 광개토 대왕 : 한강 이북까지 진출, 신라에 침입한 왜 격퇴
- ㉠ : 평양 천도, 한강 이남까지 진출

① 장수왕　　　　② 법흥왕
③ 의자왕　　　　④ 문무왕

04. 다음에서 설명하는 것은?

- 신라 말 도선 등의 선종 승려들에 의해 도입되어 크게 유행함
- 산세와 수세를 살펴 도읍·주택·묘지 등을 선정하는 인문지리적 학설로, 국토의 효율적인 이용과 관련됨

① 도교　　　　② 업설
③ 불립문자　　　　④ 풍수지리설

05. 다음에서 설명하는 신분 제도는?

- 신라의 지배층 내부의 신분 제도이다.
- 개인의 사회 활동과 정치 활동의 범위까지 엄격히 제한하였다.

① 음서제　　　　② 골품제
③ 균역법　　　　④ 진대법

06. ㉠과 ㉡에 들어갈 것으로 알맞게 짝지은 것은?

> 〈 ㉠ 의 ㉡ 〉
>
> 고려의 ㉠ 은 풍수지리설을 앞세워 서경으로 도읍을 옮길 것과 독자적인 연호를 쓰고 금을 정벌할 것을 주장하였다. 그러나 자신의 주장이 받아들여지지 않자 서경에서 반란을 일으켰다.

	㉠	㉡
①	묘청	서경 천도 운동
②	묘청	아관 파천
③	이자겸	서경 천도 운동
④	이자겸	아관 파천

07. 다음에서 설명하는 고려의 신분은?

> • 일반 주·부·군·현에 거주하며, 농업이나 상공업에 종사함
> • 대부분은 백정이라 불리는 농민이었음

① 귀족　　　　② 중류층
③ 양민　　　　④ 천민

08. 다음에서 설명하는 특징을 가진 제도는?

> • 관리의 직역에 대한 대가로 수조권이 지급됨
> • 전국을 대상으로 전지(곡물을 수취할 수 있는 농토)와 시지(땔감을 얻을 수 있는)를 지급함

① 과거제　　　　② 전시과
③ 독서삼품과　　　　④ 녹읍

09. 다음 중 ㉠에 들어갈 건축물은?

> ㉠ 은 1592년에 일어난 임진왜란 때 불에 타 없어졌는데, 고종 때인 1867년 흥선 대원군이 조선 왕실의 위엄을 높이고자 다시 지었다. 그 덕에 ㉠ 은 조선의 으뜸 궁궐의 면모를 되찾았다.

① 덕수궁　　　　② 경복궁
③ 수원 화성　　　　④ 행주산성

10. 다음에서 설명하는 교육기관은?

> • 조선시대 최고의 국립교육기관
> • 일반적으로 소과, 즉 생원·진사과에 합격해야만 입학할 수 있었음

① 성균관　　　　② 승정원
③ 춘추관　　　　④ 포도청

11. 다음에서 설명하는 것은?

> • 농부들에게 경험을 듣고 연구하여 만든 조선 전기의 대표적 농서
> • 세종 때 간행하였으며 우리의 실정에 맞는 독자적인 농법을 정리함

① 동몽수지　　　　② 의방유취
③ 농사직설　　　　④ 본조편년강목

12. 다음에서 ㉠에 들어갈 내용으로 옳은 것은?

> 발표 주제 : [㉠]
> • 대표적 인물 : 김종직, 조광조
> • 세력 기반 : 향약과 서원
> • 출신 배경 : 향촌의 중소 지주
> • 특징 : 주로 언론 기관에 진출

① 사림의 성장
② 호족의 등장
③ 권문세족의 형성
④ 신진 사대부의 진출

13. 다음을 통해 알 수 있는 전쟁의 영향으로 옳지 <u>않은</u> 것은?

> • 권율은 행주산성에서 적군을 물리쳤다.
> • 김시민은 진주성에서 의병과 합세하여 적군을 격퇴하였다.
> • 이순신은 한산도 부근에서 학익진 전법을 펼쳐 크게 승리하였다.

① 전국 곳곳에 척화비가 건립되었다.
② 일본에서는 도자기 문화가 발전하였다.
③ 경복궁, 불국사 등의 문화재가 소실되었다.
④ 명의 국력이 약해지고 여진족이 성장하였다.

14. 다음에서 설명하는 것은?

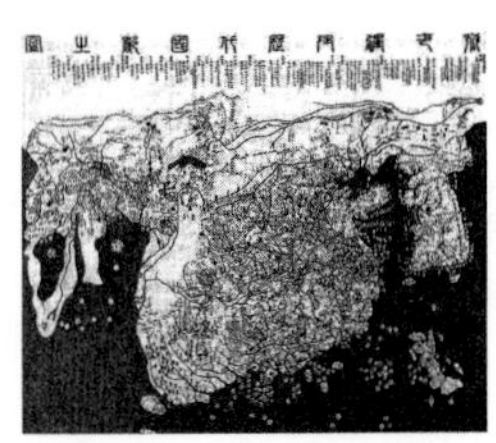

태종 때 제작된 세계 지도로, 현존하는 동양에서 가장 오래된 세계 지도

① 자격루
② 앙부일구
③ 동국여지승람
④ 혼일강리역대국도지도

15. 다음에서 나타난 사건은?

> 임술년(1862년) 2월 19일, 진주민 수만 명이 머리에 흰 수건을 두르고 손에는 몽둥이를 들고 무리를 지어 진주 읍내에 모여 서리들의 가옥 수십 호를 불사르고 부수어, 그 움직임이 결코 가볍지 않았다. 병사가 해산시키고자 장시에 나가니 흰 수건을 두른 백성들이 그를 빙 둘러싸고는 백성들의 재물을 횡령한 조목, 아전들이 세금을 포탈하고 강제로 징수한 일들을 면전에서 여러 번 문책하는데, 그 능멸하고 핍박함이 조금도 거리낌이 없었다.
>
> – 〈임술록〉 –

① 임술 농민 봉기
② 난징 조약 체결
③ 호포제 실시
④ 왕규의 난

16. 세종 때의 업적으로 옳은 것을 〈보기〉에서 고른 것은?

> ─〈보기〉─
> ㄱ. 훈요 10조를 남겼다.
> ㄴ. 황룡사를 창건하였다.
> ㄷ. 측우기가 발명되었다.

① ㄱ
② ㄴ
③ ㄷ
④ ㄱ, ㄷ

17. 〈보기〉에서 사건이 일어난 순서대로 옳게 배열한 것은?

〈 보기 〉
ㄱ. 갑오개혁
ㄴ. 임오군란
ㄷ. 갑신정변

① ㄱ → ㄴ → ㄷ
② ㄴ → ㄷ → ㄱ
③ ㄷ → ㄱ → ㄴ
④ ㄴ → ㄱ → ㄷ

18. 다음 중 독립운동가 김구에 대한 설명으로 옳지 <u>않은</u> 것은?

① 한인 애국단을 조직하였다.
② 홍범 14조를 반포하였다.
③ 김규식과 함께 남북 협상을 추진하였다.
④ 대한민국 임시정부의 주석을 역임하였다.

19. 다음에서 ㉠에 들어갈 인물은?

㉠ 은 1909년 만주 하얼빈에서 이토 히로부미를 처단하였다. 이듬해인 1910년 3월 26일 뤼순 감옥에서 순국하였다.

① 민종식　　　　　② 최익현
③ 신돌석　　　　　④ 안중근

20. 다음에서 설명하는 것은?

• 한국의 독립을 최초로 결의한 회담
• 미국, 영국, 중국의 대표가 참여함

① 얄타 회담　　　　② 카이로 회담
③ 6자 회담　　　　④ 판문점 회담

21. 다음 내용에 해당하는 사건은?

1929년 광주로 가는 통학 열차 안에서 일본 남학생이 한국 여학생을 희롱한 일을 계기로 한 · 일 학생들이 충돌하여 전국적인 만세 운동으로 확대되었다. 3 · 1 운동 이후 최대 규모의 항일 민족 운동으로 신간회 등 여러 사회단체의 지원으로 전국적인 항일 운동으로 발전하였다.

① 조선학 운동
② 신앙 결사 운동
③ 수선사 결사 운동
④ 광주 학생 항일 운동

22. 자료에 해당하는 인물은?

• 「독사신론」을 통해 민족주의 사학의 기반을 마련
• 『조선 상고사』에서 역사를 아(我)와 비아(非我)의 투쟁으로 정의

① 백남운　　　　　② 윤동주
③ 신채호　　　　　④ 이육사

23. 다음에서 ㉠에 들어갈 내용은?

> 〈 ㉠ 〉
>
> - 배경 : 당시 헌법에 따르면 이승만이 다음 대통령 선거에 출마 불가
> - 과정 : 개헌 통과 정족수에 1표가 부족하여 개헌안 부결 → 여당인 자유당이 사사오입의 논리를 내세워 개헌안을 통과시킴
> - 결과 : 개헌 당시 대통령에 한해 중임 제한 조항 미적용 → 이승만이 제3대 대통령에 당선

① 3선 개헌　　　　　② 진보당 사건
③ 5 · 16 군사 정변　　④ 사사오입 개헌

24. 다음에서 ㉠에 들어갈 것은?

> - 숙종 때 동래의 어민인 안용복은 울릉도에 출몰하는 일본 어민들을 쫓아내고, 일본에 2차례 건너가 울릉도와 　㉠　가 조선의 영토임을 확인받고 돌아왔다.
> - 대한 제국이 울릉도를 울도군으로 승격시키고 　㉠　가 우리 영토임을 선포하였다.

① 독도　　　　　② 간도
③ 강화도　　　　④ 거문도

25. 다음에서 ㉠에 들어갈 내용은?

> 〈노무현 정부〉
> - 권위주의 청산 노력
> - 저소득층을 위한 복지 정책을 강화
> - 　㉠

① 4 · 27 판문점 선언 발표
② 남북한 유엔 동시 가입
③ 제2차 남북 정상 회담 개최
④ 한 · 미 자유 무역 협정(FTA) 성사

> ※ 확인사항
> 　답을 OMR 카드의 해당란에 정확히 표기하였는가?

제 ⑦ 교시　　도　덕

수험번호 (　　　　　　　　)　　　성　명 (　　　　　　　　)

※ 다음 물음에 대한 가장 옳은 답을 하나만 골라, OMR 답안지에 정확히 표기하시오.

01. 다음에 제시된 내용을 다루는 윤리 분야로 적절한 것은?

> 독일의 철학자 하버마스는 공론장을 이성의 공적 사용을 전제로 모든 시민이 아무런 제한 없이 자유롭게 토론에 참여함으로써 공공의 이익과 관련된 문제들을 논의하고 여론을 형성하는 사회적 삶의 한 영역으로 규정하고 있다.

① 청렴 윤리　　　　② 환경 윤리
③ 생명 윤리　　　　④ 담론 윤리

02. 다음은 어떤 학생이 작성한 노트 필기 내용이다. ㉠ ~㉣ 중 옳지 <u>않은</u> 것은?

> 주제 : 대중문화에 대한 윤리적 규제를 해야 하는가?
>
> **찬성 입장**
> ㉠성의 잘못된 상품화를 예방할 수 있다.
> ㉡자유롭게 표현할 자유를 억압할 수 있다.
>
> **반대 입장**
> ㉢대중의 다양한 문화를 누릴 권리를 보장해야 한다.
> ㉣대중문화의 자율성을 존중해야 한다.

① ㉠　　　　　　　② ㉡
③ ㉢　　　　　　　④ ㉣

03. 다음을 주장한 사상가의 입장으로 옳지 <u>않은</u> 것은?

> 〈정의 원칙〉
> 1. 우리는 노동을 통해 어떤 것을 소유할 때, 타인의 처지를 악화시키지 않는 한 그 소유물을 취득할 응분의 권한을 가진다.(취득의 원칙)
> 2. 우리는 자신의 노동에 의한 결과뿐만 아니라 타인에 의해 자유로이 양도된 것에 대해서도 정당한 소유권을 가진다.(양도의 원칙)
> 3. 취득과 양도 시 과오나 그릇된 절차에 의한 소유가 발생했을 때에는 이를 바로잡아야 한다.(교정의 원칙)

① 해외 원조나 기부를 실천해야 할 윤리적 의무는 존재하지 않는다.
② 재화의 분배는 최대한 개인의 자유에 맡겨야 한다.
③ 국가가 강압, 절도, 사기, 강제 계약의 발생을 막는 일 이상의 역할을 해서는 안 된다.
④ 개인은 재화의 취득 과정의 정당성 유무와 상관없이 개인이 절대적 소유 권리를 가진다.

04. ㉠에 들어갈 말로 알맞은 것은?

> 공자를 계승한 맹자는 (㉠)이라는 선한 마음이 누구에게나 주어져 있다고 주장하였다.

① 사단(四端)　　　　② 수양(修養)
③ 독립(獨立)　　　　④ 융통(融通)

---

05. 사회 정의에 관한 롤스(Rawls, J.)의 입장으로 옳지 <u>않은</u> 것은?

① 평등한 자유의 원칙을 주장한다.
② 정의로운 사회에서도 불평등은 존재할 수 있다.
③ 절차가 공정하면 결과는 무조건 공정하다.
④ 자본주의를 비판하며 공산사회를 이상사회로 본다.

06. (가)에 들어갈 말로 알맞은 것은?

> 직업 생활에서 발생하는 부패를 막고 공정한 사회를 만들기 위해서는 개인의 청렴 의식도 중요하지만, (가) 차원의 노력도 중요하다. 예를 들어 부패 방지법 제정, 내부 공익 신고제도 운용, 시민 단체의 감시 활동 강화 등과 같이 윤리적 의식을 제도적으로 확립하려는 노력도 함께 이루어져야 한다.

① 과학 윤리적
② 사회 윤리적
③ 대가성 없는 개인의 희생
④ 정보화 제도

07. 성 윤리에서 중도주의의 입장으로 적절한 것을 〈보기〉에서 고른 것은?

> 〈보기〉
> ㄱ. 결혼과 출산 중심의 성 윤리를 제시한다.
> ㄴ. 성에 관한 개인의 자유로운 선택을 중시한다.
> ㄷ. 사랑 중심의 성 윤리를 제시한다.
> ㄹ. 사랑이 결부된 성적 관계는 육체적 · 정서적으로 교감할 수 있다.

① ㄱ, ㄴ　　　　　② ㄴ, ㄷ
③ ㄴ, ㄹ　　　　　④ ㄷ, ㄹ

08. 현대 생활에서 새롭게 나타난 윤리 문제의 특징으로 옳지 <u>않은</u> 것은?

① 파급 효과의 광범위성
② 전통적인 윤리 규범의 한계성
③ 책임 소재의 불분명성
④ 동물 중심주의 지향성

09. 다음의 주장을 펼친 사상가는 누구인가?

> 물질적 육체와 비물질적 영혼의 혼합체인 인간과 달리, 동물은 의식이 없는 기계일 뿐이다.

① 데카르트　　　　② 벤담
③ 싱어　　　　　　④ 레건

10. 다음 중 윤리적 탐구에서 고려해야 할 사항으로 옳지 <u>않은</u> 것은?

① 보편적 도덕 원리에 비추어 일관성 있게 도덕 판단을 해야 한다.
② 다양한 이론적 관점이 지닌 장단점을 숙지한다.
③ 한 가지 상황에서 해석하여 차선의 결론을 도출해야 한다.
④ 모든 생명에 대한 관심을 갖고 배려해야 한다.

11. 도가와 불가 사상의 입장에 대한 설명으로 가장 적절한 것은?

① 불가는 사후의 평온보다 현세에서 인(仁)의 실천이 중요하다고 본다.
② 도가는 불가와 달리 죽음을 삶의 모든 번뇌가 소멸한 상태라고 본다.
③ 불가는 도가와 달리 죽음을 기(氣)가 흩어지는 것으로 본다.

④ 도가와 불가는 생사를 차별해서는 안 되는 순환의 과정이라고 본다.

| • 과학 기술의 비인간적인 측면을 부각한다. | √ | | √ | √ |
| • 과학 기술의 여러 혜택과 성과를 부정한다. | √ | √ | | √ |

① A
② B
③ C
④ D

12. (가)에 들어갈 말로 알맞은 것은?

(가)
• 경제적 기반을 마련해준다.
• 사회적 역할을 분담하게 한다.
• 자아실현에 이바지한다.
• 사회와의 연결고리이다.

① 실험
② 명상
③ 직업
④ 고통

13. 다음에서 소개하는 윤리 사상가는?

• 고대 그리스의 철학자 • 성찰을 통해 무지를 자각하고 자신의 내면에 있는 참된 앎을 깨우치라고 말하였다. • 산파술을 제시했다.

① 소크라테스
② 증자
③ 아리스토텔레스
④ 플라톤

14. 다음에서 과학 기술 비관주의의 관점에만 '√' 표시를 한 학생은?

관점＼학생	A	B	C	D
• 과학 기술이 모든 문제를 해결할 수 있을 것이라 본다.	√	√	√	

15. 다음은 부유세와 같은 조세 정책과 관련된 윤리적 쟁점이다. ㉠에 들어갈 말로 적절한 것은?

부유세 찬성	• 보상의 논리
	• 재분배의 논리
	• 공리주의 논리
부유세 반대	• 또 다른 차별 초래
	• 잘못이 없는 현세대에 대한 보상 책임의 부당성
	• ㉠

① 불평등의 해소
② 빈부격차 완화
③ 약자 우대
④ 업적주의 위배

16. 종교 간 갈등의 원인으로 옳은 것을 〈보기〉에서 모두 고르면?

〈보기〉
ㄱ. 다른 종교에 대한 무지와 편견 ㄴ. 종교의 자유와 믿음을 인정하는 태도 ㄷ. 민족적·문화적·경제적 이해관계의 상충 ㄹ. 타 종교에 대한 이해를 높여 상호 협력하는 관계

① ㄱ, ㄴ
② ㄱ, ㄷ
③ ㄴ, ㄷ
④ ㄷ, ㄹ

고등학교 졸업학력 검정고시 모의고사

17. 다음 중 설명하는 것은?

> • 인간과 자연이 더불어 살아갈 수 있게 한다.
> • 성장과 보존의 조화와 양립 가능한 것으로 파악한다.
> • 이를 실현하기 위한 방법으로는 친환경적 소비의 생활화, 국가 간 협력 체제 마련 등이 있다.

① 생명 복제
② 환경 개발론
③ 의무론적 접근
④ 지속 가능한 발전

18. ㉠과 ㉡에 들어갈 말로 알맞은 것은?

(㉠) 상대주의	다른 나라의 문화를 상대의 관점에서 인정하고 존중할 것을 강조하는 입장
(㉡) 상대주의	행위의 도덕적 옳음과 그름은 사회마다 다양하기 때문에 보편적 도덕 기준은 존재하지 않는다는 입장

	㉠	㉡
①	문화	윤리
②	윤리	문화
③	소극적	적극적
④	적극적	소극적

19. 다음 제시된 문제점의 해결책으로 적절하지 <u>않은</u> 것은?

> 정보화 사회에서의 정보 사회적·경제적 계층에 따라서 정보에 접근할 수 있는 능력과 기회가 달라, 삶의 질에 차이가 발생한다.

① 저소득층에 인터넷 요금 지원
② 농어촌 지역에 정보 통신 시설 구축
③ 인터넷 실명제의 중요성에 관한 홍보 활동
④ 어르신을 위한 컴퓨터 교육 프로그램 개발

20. 세계화 시대에 통일 한국이 지향해야 할 민족주의의 모습으로 적절한 것은?

① 중화주의
② 열린 민족주의
③ 배타적 민족주의
④ 국수주의적 민족주의

21. 다음 중 아리스토텔레스의 윤리 사상으로 옳은 것은?

① 각각의 사물에는 그것들의 이데아가 있다.
② 세계는 개별적인 실체들로 이루어진 하나의 세계라고 주장한다.
③ 이성이 기개와 욕구를 잘 다스리는 정의로운 인간이 이상적이다.
④ 각 계층의 사람들이 다른 계층의 일에 간섭하지 않고 각자의 직분을 충실히 수행하여 전체적으로 조화를 이룬 국가가 이상적이다.

22. 다음에서 ㉠과 ㉡에 들어갈 사상가를 바르게 연결한 것은?

사상가	견해
㉠	죽음에 대한 자각을 통해 삶을 더욱 의미 있고 가치 있게 살 수 있다.
㉡	죽음보다 도덕적으로 실천하는 삶에 더 충실해야 한다.

	㉠	㉡
①	하이데거	에피쿠로스
②	공자	플라톤
③	하이데거	공자
④	공자	에피쿠로스

23. 환경 문제의 특징으로 옳지 <u>않은</u> 것은?

① 지구의 자정 능력을 초과하여 회복하는데 시간이 걸린다.

② 국경을 초월해 전 지구적으로 영향을 끼치고 있다.

③ 선진국은 개발도상국과 후진국의 환경 피해에 대해 보상을 하지 않아도 된다.

④ 자연환경은 공유물이기 때문에 문제가 발생하면 그 책임 소재가 불분명하다.

24. (가)에 대해 (나)의 관점에서 제기할 수 있는 비판으로 가장 적절한 것은?

(가)	걸왕(桀王)과 주왕(紂王)이 천하를 잃은 것은 그의 백성을 잃었기 때문이다. 천하를 얻는 도리가 있으니, 그 백성을 얻으면 곧 천하를 얻게 되는 것이다. 그 백성을 얻는 도리가 있으니, 그들의 마음을 얻으면 곧 백성을 얻게 되는 것이다.
(나)	민주주의에서 정치는 시민들에 의해 이루어지는 것이지, 시민들에게 이루어지는 것은 아니다. 민주적 시민은 단순한 정부 서비스의 소비자가 아니라, 집단이나 공동체의 적극적이고 책임감 넘치는 구성원이다.

① 국민을 위한 정치가 통치의 핵심임을 모르고 있다.

② 국가의 주권이 군주에게 있음을 간과하고 있다.

③ 통치자의 도덕성이 권력을 지탱함을 모르고 있다.

④ 국민이 정책 결정자로서 정치 참여의 권리를 지님을 모르고 있다.

25. 세계화에 대한 설명으로 옳지 <u>않은</u> 것은?

① 다양한 문화가 융합되면서 각 국가의 개성이 강해졌다.

② 국제적 상호 작용 및 의존성이 높아졌다.

③ 탈이념화로 인한 자본주의의 확산에 의해 세계화가 등장했다.

④ 국내 정치와 국제 정치의 구분이 무의미해졌다.

※ 확인사항
답을 OMR 카드의 해당란에 정확히 표기하였는가?

검정고시 모의고사

제1회

성명   수험번호

- 답안지의 해당란에 성명과 과목명, 수험번호를 정확히 기재하세요.

- 이 시험지는 1교시 국어, 2교시 수학, 3교시 영어, 4교시 사회, 5교시 과학, 6교시 한국사, 7교시 도덕(선택 I)으로 구성되어 있습니다.

구분	과목	시험시간
1교시	국어	09:00〜09:40(40분)
2교시	수학	10:00〜10:40(40분)
3교시	영어	11:00〜11:40(40분)
4교시	사회	12:00〜12:30(30분)
중식(12:30〜13:30)		
5교시	과학	13:40〜14:10(30분)
6교시	한국사	14:30〜15:00(30분)
7교시	도덕(선택 I)	15:20〜15:50(30분)

※ 이 시험지는 고등학교 졸업학력 검정고시를 대비하기 위한 실전용 모의고사입니다. 실제 시험 방식과는 다소 차이가 있을 수 있습니다.

고졸

제 ① 교시 　국　어

수험번호 (　　　　　　　　) 　성　명 (　　　　　　　　　　)

※ 다음 물음에 대한 가장 옳은 답을 하나만 골라, OMR 답안지에 정확히 표기하시오.

01. 다음 표현의 말하기에 대한 설명으로 적절한 것은?

> 학생들 : (식사를 빨리 다 마치고 시끄럽게 떠들고 있다.)
> 선생님 : 얘들아, 선생님도 밥 좀 먹자.

① 상대방의 처지를 이해하며 공감하고 있다.
② 듣는 이와 관계를 유지하는 친교적 말하기이다.
③ 듣는 이의 행동을 요구하는 간접적인 명령적 말하기이다.
④ 대상을 지시하거나 표시하는 지시적 말하기이다.

02. 다음 대화에서 오빠가 동생에 대해서 고려했어야 할 점으로 가장 적절한 것은?

> 동생 : 오빠, 에너지가 뭐야?
> 오빠 : 에너지는 물리학에서 일을 할 수 있는 능력인데, 일-에너지 등가 원리에 의해 1J은 1N의 힘으로 물체를 1m 움직이는 동안에 하는 일과 그 일로 환산할 수 있는 양에 해당해. 에너지 (E)는 힘을 물체를 움직인 거리에 대해 적분한 값과 같아.
> 동생 : 그게 무슨 말이야?

① 신체 나이　　　　② 성장 속도
③ 지식 수준　　　　④ 성격

03. 다음에서 설명하는 표준 발음법 규정에 해당하는 예가 아닌 것은?

> **표준 발음법**
> 제18항 받침 'ㄱ(ㄲ, ㅋ, ㄳ, ㄺ), ㄷ(ㅅ, ㅆ, ㅈ, ㅊ, ㅌ, ㅎ), ㅂ(ㅍ, ㄼ, ㄿ, ㅄ)'은 'ㄴ, ㅁ' 앞에서 [ㅇ, ㄴ, ㅁ]으로 발음한다.

① 섭리　　　　② 독립
③ 국물　　　　④ 맏이

04. 어법에 맞고 정확한 문장은?

① 아빠, 올해도 건강하세요.
② 저 공부방 문이 열려지지 않는다.
③ 진아야, 선생님이 빨리 오시래.
④ 수소와 산소는 서로 다른 거야.

05. 〈보기〉를 바탕으로 탐구한 내용으로 적절하지 않은 것은?

> ─────〈 보기 〉─────
> ㄱ. 낳-+-은 → 낳은[나은]
> ㄴ. 둥글-+-니 → 둥그니[둥그니]
> ㄷ. 여자(女子), 양심(良心), 낙원(樂園)
> ㄹ. 소녀(小女), 불량(不良), 오락(娛樂)
> ㅁ. 미닫-+-이 → 미닫이[미다지]
> ㅂ. 닫-+-히-+-다 → 닫히다[다치다]

① 어간과 어미가 결합할 때, ㄱ과 ㄴ에서 탈락된 음운이 각각 다르군.
② ㄴ과 같은 음운 규칙이 적용된 예로 '오-+-아서→와서'를 들 수 있겠군.

③ ㄷ과 ㄹ을 통해 같은 한자어일지라도 놓이는 위치에 따라 다르게 표기될 수 있음을 알 수 있군.
④ ㅁ과 ㅂ에는 같은 음운 규칙이 적용되었군.

06. 능동 표현의 예로 적절한 것은?

① 친구가 방학 소식을 전했다.
② 어릴 적 윤호는 교통사고를 당했다.
③ 오해가 수라에 의해 드디어 풀어졌다.
④ 미현은 지원에게 휴대폰을 빼앗겼다.

07. 다음 개요의 ㉠에 들어갈 내용으로 가장 적절하지 않은 것은?

주제 : 길거리에서의 간접흡연 피해를 줄이자.
1. 서론 : 길거리에서의 간접흡연 피해 실태
2. 본론
　① 길거리에서의 간접흡연 피해 원인
　　• 간접흡연 피해를 줄이기 위한 시민 의식 부족
　　• 흡연 가능 구역의 부족
　② 간접흡연 피해의 해결 방안
　　• 합법적 흡연 가능 구역에 대한 국가의 관리 강화
　　• ⃞⃞⃞㉠⃞⃞⃞
3. 결론 : _______________

① 간접흡연피해 실태에 대한 교육 확대
② 흡연 관련 공중도덕 준수를 위한 캠페인 실시
③ 합법적 흡연 부스 설치 확대
④ 미성년 흡연자의 담배 구입 단속 강화

08. 다음 글에서 ㉠~㉣을 고쳐 쓰기 위한 방안으로 적절하지 않은 것은?

중세부터 르네상스 시대에 이르기까지 생리학 분야의 절대적 권위는 2세기경 그리스 ㉠의학과 집대성한 갈레노스에게 있었다. ㉡현대 시대의 의학은 최고 단계에 놓여 있다. 갈레노스에 따르면, 정맥피는 간에서 생성되어 정맥을 ㉢타고 온몸으로 영양분을 전달하면서 소모된다. 정맥피 중 일부는 심실 벽인 격막의 구멍을 통과하여 우심실에서 좌심실로 ㉣이동한후, 거기에서 공기의 통로인 폐정맥을 통해 폐에서 유입된 공기와 만나 동맥피가 된다.

① ㉠ : 잘못된 조사 사용이므로 '의학을'로 바꾼다.
② ㉡ : 글의 흐름과 상관없는 내용이므로 삭제한다.
③ ㉢ : 적절한 단어 사용이 아니므로 '뿌리치고'로 수정한다.
④ ㉣ : 띄어쓰기가 잘못되어 있으므로 '이동한 후'로 고친다.

[09~11] 다음 글을 읽고 물음에 답하시오.

산산이 부서진 이름이여!
허공(虛空) 중에 헤어진 이름이여!
㉠불러도 주인 없는 이름이여!
부르다가 내가 죽을 이름이여!

심중(心中)에 남아 있는 말 한마디는 끝끝내 마저 하지 못하였구나.
사랑하던 그 사람이여!
사랑하던 그 사람이여!

붉은 해는 ㉡서산(西山) 마루에 걸리었다.
㉢사슴의 무리도 슬피 운다.
떨어져 나가 앉은 산 위에서
나는 그대의 이름을 부르노라.

고등학교 졸업학력 검정고시 모의고사

설움에 겹도록 부르노라.
설움에 겹도록 부르노라.
부르는 소리는 비껴가지만
하늘과 땅 사이가 너무 넓구나.

선 채로 이 자리에 ㉣돌이 되어도
부르다가 내가 죽을 이름이여!
사랑하던 그 사람이여!
사랑하던 그 사람이여!

　　　　　　　　　　－김소월, 「초혼」

09. 이 시에 대한 설명으로 적절한 것은?

① 대상을 증오하고 질타하고 있다.
② 사랑하는 사람이 곧 돌아온다는 약속을 믿고 기다리고 있다.
③ 죽은 임에 대한 그리움을 격정적으로 노래하고 있다.
④ 어쩔 수 없는 현실에 대해 체념하고 있다.

10. 이 시의 특징으로 적절하지 <u>않은</u> 것은?

① 상대방과 대화하는 형식으로 전개되고 있다.
② 반복적으로 자신의 감정을 표출하였다.
③ 3음보의 율격을 바탕으로 한다.
④ 시적 화자의 심정이 직설적으로 드러나 있다.

11. ㉠~㉣이 나타내는 바가 옳지 <u>않은</u> 것은?

① ㉠ : 임의 부재
② ㉡ : 임과 마지막으로 만난 장소
③ ㉢ : 임의 부재에 대한 슬픔을 공감해주는 역할
④ ㉣ : 임에 대한 그리움의 응결체

[12~14] 다음 글을 읽고 물음에 답하시오.

　그도 부리나케 볏단을 져 날랐다. 이 볏단의 대부분이 – 아니 어쩌면 거의 전부가 낡아빠진 맥고모자를 뒤꼭지에 붙인 되바라진 젊은 친구의 손으로 넘어가리라는 것을 잘 알면서도 수택은 그것을 억지로 생각지 않으려 했다.

　그의 아버지도 그 위인이 나와서 버티고 선후로는 분명히 얼굴에 검은빛을 띠었다. 자식에게 그런 눈치를 안 보이려고 비상한 노력을 하는 것이 그것이라고 엿보였다. 수택도 아버지의 이 노력에 협조를 했다.

　도합 스물두 마지기에서 사십 섬이 났다. 사십 섬서 스물닷 섬이 소작료로 제해졌다. 사십 섬에서 스물닷 섬…… 열닷 섬. 그의 지식은 처음 긴요하게 쓰여졌다.

　그러나 이 지식은 정확성을 갖지 못한 것이었다. 거기서 비료대로 한 섬 두 말이 제해졌고 아내와 계집아이들의 설사를 치료한 쌀값으로 장리변을 쳐서 열두 말이 떼였다. 징세도 작인과 지주가 반분해서 물기로 되어 있었다. 지세도 또 몇 말인지 떼였다. 그는 말질을 하는 말감고가 바로 지주나 되는 것처럼 그의 손목이 미웠다. 우르르 덤비어 말감고의 목덜미를 잡아낚고 볏 더미 속에다 처박고 싶은 충동을 이를 악물고 참는 것이었다. 수택은 아버지를 쳐다보았다. 그 옴팡하니 들어간 눈에서는 황혼을 뚫고 무시무시한 살기 띤 빛이 발하는 것이었다. 그는 방공 연습을 할 때의 그 휘황한 몇 줄의 탐조등 광선을 연상하였다.

　김 영감은 꼼짝도 않고 한 자리에 서 있었다. 볏더미를 보는가 하면 그렇지도 않았다. 사음을 노리는가 하면 그것도 아닌 것 같았다. 영감은 내년 이 때까지 살아갈 길을 궁리하는 것이었다.

　“다 짊어져라!”

　수택은 깜짝 놀랐다. 남은 벼 여남은 섬이 가마니에 채워졌다. 전혀 자신은 없었으나 벼 이백 근을 못 지겠노란 말도 하기 싫어서 지겟발을 디밀었다.

　“어어차.”

　옆에서는 벌써 지고 일어나서 성큼성큼 걸어간다. 그도 어차 소리를 쳤다. 땅뜀도 않는다.

　그는 있는 힘을 다해서 무릎을 세우려 했다. 그러나 오금은 뜨는 둥 마는 둥 하다가 그대로 폭 꺾인다. 안 되겠느니 다른 사람이 지라느니 이론이 분분하다. 그래도 그는 아버지의 명령이 떨어지기까지는 버티었다. 이를 북

북 갈며 기를 썼다. 힘을 북 주었다. 오금이 떨어졌다. 그러나 다리가 허청하며 모여 선 사람들의 '저것 저것' 소리를 귓결에 들으며 그대로 픽 한쪽으로 넘어가고 말았다. 넘어간 순간,

"에이끼, 천치 자식!"

하는 김영감의 소리와 함께 빗자루가 눈앞에 휙 한다. 머리에 동였던 수건이 벗겨졌다.

"나오게, 내 짐세. 나와."

하는 누군지의 말을 영감의 호통 같은 소리가 삼키었다.

"놔 두게! 놔 둬! 나이 사십이 된 자식이 벼 한섬 못 지겠는가. 져라 져, 어서 일어나!"

그는 이를 악물고 또 힘을 북 주었다. 오금이 번쩍 떴다. 뒤뚝뒤뚝 몇 걸음 옮겨 놓는데 눈과 콧속이 화끈하며 무엇인지가 흘렀다. 그러나 그는 그것이 무엇인지 몰랐다.

"저 피! 코필 쏟는군. 내려놓게!"

하는 동리 사람들 소리 끝에.

"놔들 두게! ㉠남이 피땀을 흘리구 지어논 농살 죄다 먹는 세상에 제 손으로 진 제 곡식을 못 져다 먹는 놈이 있단 말인가! 놔들 두게."

수택은 ㉡눈물과 코피를 좌좌 쏟아 가면서도 그래도 자꾸 걸었다.

−이무영, 「제1과 제1장」

12. 윗글을 통해 알 수 있는 김 영감의 삶에 대한 태도로 적절한 것은?

① 현실의 부조리에 고통을 느끼면서도 이를 참으면서 산다.

② 현실의 부조리에 저항하고 산다.

③ 현실 상황을 적극적으로 이용하며 산다.

④ 현실의 괴로움을 잊고 나름대로 만족하며 산다.

13. ㉠에 나타나는 김 영감의 의도를 바르게 지적한 것은?

① 농촌 생활에 적응하지 못하는 자식의 무능함을 꾸짖고자 한다.

② 주변 사람들의 도움에 대한 불쾌감을 우회적으로 나타내고자 한다.

③ 벼 한 섬도 지지 못하는 자식의 무력함에 안쓰러움을 나타내고 있다.

④ 자신의 농사를 빼앗기고도 어쩌지 못하는 자신을 간접적으로 질책하고자 한다.

14. ㉡이 상징하는 것과 가장 가까운 것은?

① 수택의 허약함

② 현대인의 건강 적신호

③ 농사 짓기의 어려움

④ 피땀 어린 곡식의 수탈

[15~16] 다음 글을 읽고 물음에 답하시오.

> (가)
> 비 갠 긴 둑엔 풀빛이 짙은데
> 그대 보내는 남포엔 슬픈 노래 울리네
> ㉢대동강 물이야 어느 때 마를 건가
> 해마다 ㉣이별 눈물 푸른 강물에 더하는 것을
>
> −정지상, 「송인(送人)」
>
> (나)
> ㉤꿈에 왓던 님이 꾀여 보니 간 듸 업ᄂ
> 탐탐(眈眈)이 괴던 ᄉ랑 날ᄇ리고 어듸 간고
> 꿈속이 ㉥허사(虛事) ㅣ 라 만졍 쟈로 뵈게 ᄒ여라
>
> −박효관, 「꿈에 왔던 님이」

15. (가)와 (나)에 대한 설명으로 적절하지 않은 것은?

① (가)는 도치를 활용하여 시적 의미를 강조하고 있다.

② (가)는 감각적 이미지를 활용하여 시적 정서를 부각하고 있다.

5

고등학교 졸업학력 검정고시 모의고사

③ (나)는 대조적 상황을 제시하여 시상을 전개하고 있다.

④ (나)는 설의적 표현을 활용하여 화자의 정서를 드러내고 있다.

16. ㉠~㉣에 대한 설명으로 적절하지 <u>않은</u> 것은?

① ㉠에 화자의 슬픔을 비유하여 과장하고 있다.

② ㉡을 통해 화자의 정서를 직접적으로 표출하고 있다.

③ ㉢은 임을 만날 수 있는 공간이다.

④ ㉣을 통해 임에 대한 마음을 단념한 화자의 모습이 드러난다.

[17~19] 다음 글을 읽고 물음에 답하시오.

[앞부분의 줄거리] 엄동설한에 장끼가 아내 까투리와 함께 자식들을 거느리고 먹을 것을 찾아 들판을 헤매다가 콩 한 알을 발견한다. 까투리의 만류에도 불구하고 굶주린 장끼는 고집을 부려 먹으려고 한다.

　장끼란 놈 하난 말이,

　"콩 먹고 다 죽을가, 고서를 볼작시면 콩 태(太)자 든이마다 오래 살고 귀히 되나니라. 태고(太古)적 천황씨(天皇氏)는 일만 팔천 세를 살아 있고, 태호 복희씨(太昊伏羲氏)는 풍성이 상승(相承)하야 십오 대를 전해 있고, 한 태조(漢太祖) 당 태종(唐太宗)은 풍진 세계(風塵世界) 창업 지주(創業之主) 되였으니 오곡 백곡(五穀百穀) 잡곡(雜穀) 중에 콩 태자가 제일이라. 궁팔십(窮八十) 강태공(姜太公)은 달팔십(達八十) 살아 있고, 시중천자(詩中天子) 이태백(李太白)은 기경 상천(騎鯨上天)하야 있고, 북방(北方)의 태을성(太乙星)은 별 중에 으뜸이라. 나도 이 콩 달게 먹고 태공같이 오래 살고, 태백같이 상천(上天)하야 태을 선관(太乙仙官) 되오리라."

　까토리 홀로 경황(驚惶) 없이 물러서니, 장끼란 놈 거동보소, 콩 먹으러 들어갈 제 열두 장목 펼쳐 들고 구벅구벅 고개 조아 조츰조츰 들어가서 반달 같은 혀뿌리로

드립더 꽉 찍으니 두 고패 둥글어지며 머리 우에 치난 소래 박랑사중(博浪沙中)에 저격 시황(狙擊始皇)하다가 버금 수레마치난 듯 와지끈 뚝딱 푸드득 변통 없이 치였구나.

　까토리 하난 말이,

　㉠"저런 광경 당할 줄 몰랐던가, 남자라고 여자의 말을 잘 들어도 패가(敗家)하고, 기집의 말 안 들어도 망신(亡身)하네."

　까토리 거동 볼작시면, 상하 평전 자갈 밭에 자락 머리 풀어 놓고 당글당글 궁글면서 가슴 치고 일어 앉어 잔디 풀을 쥐어 뜯어 애통하며, 두 발로 땅땅 굴으면서 붕성지통(崩城之痛) 극진(極盡)하니, 아홉 아달 열두 딸과 친구 벗님네도 불상타 의논하며 조문(弔問) 애곡(哀哭)하니 가련 공산 낙목천(落木天)에 우름 소래 뿐이로다.

　까토리 슬픈 중에 하난 말이,

　"공산 야월(空山夜月) 두견성(杜鵑聲)은 슬픈 회포(懷抱) 더욱 설다. 통감(通鑑)에 이르기를, 독약(毒藥)이 고구(苦口)나 이어병(利於病)이요, 충언(忠言)이 역이(逆耳)나 이어행(利於行)이라, 하였으니 자네도 내 말 들었시면 저런 변 당할손가, 답답하고 불상하다. 우리 양주 좋은 금실(琴瑟) 눌더러 말할소냐, 슬피 서서 통곡(痛哭)하니 눈물은 못[沼]이 되고, 한심은 풍우(風雨)된다. 가삼에 불이 붙네, 이내 평생 어이 할고."

　장끼 거동 볼작시면 차위 밋테 업대어서,

　"예라 잇년 요란하다. 후환(後患)을 미리 알면 산에 갈 이 뉘 있시리, 선(先) 미련 후 실기(後失期)라. 죽는 놈이 탈 없이 죽으랴, 사람도 죽기를 맥(脈)으로 안다 하니 나도 죽지 않겠나 맥이나 짚어 보소."

　까토리 대답하고 이른 말이,

　"비위맥(脾胃脈)은 끊어지고, 간맥(肝脈)은 서늘하고, 태충맥(太沖脈)은 걷어가고, 명맥(命脈)은 끊겨가네. 애고 이게 웬일이오, 원수로다. 원수로다. 고집불통 원수로다."

- 작자 미상, 「장끼전」

17. 위 작품에 대한 설명으로 적절하지 <u>않은</u> 것은?

① 등장인물들이 중국의 고사를 인용하여 대화한다.

② 장끼가 죽어가는 비극적 장면이 해학적으로 묘사된다.

③ 동물을 인격화하여 인간의 삶을 우화적으로 드러내고 있다.

④ 짧은 문장들을 연속적으로 사용하여 긴장감을 유발
하고 있다.

18. 위 작품이 궁극적으로 말하고자 하는 바로 가장 적절
한 것은?

① 부조리한 정치 현실 풍자
② 강자가 권위로 약자를 억압하는 사회 비판
③ 현실에 안주하는 피지배층의 무능함
④ 남녀의 이루어질 수 없는 사랑

19. ㉠에서 까투리가 사용할 수 있는 한자성어는?

① 마이동풍(馬耳東風)
② 장구지계(長久之計)
③ 부화뇌동(附和雷同)
④ 근묵자흑(近墨者黑)

[20~22] 다음 글을 읽고 물음에 답하시오.

나는 ㉠마고자를 입을 때마다 한국 여성의 바느질 솜
씨를 칭찬한다. 남자의 의복에서 가장 사치스러운 호사
(豪奢)가 마고자다. 바지, 저고리, 두루마기 같은 다른 옷
보다 더 값진 천을 사용한다. 또 남자 옷에 패물(佩物)이
라면 마고자의 단추다.

마고자는 섶이 알맞게 여며져야 하고, 섶귀가 날렵하
고, 예뻐야 한다. 섶이 조금만 벌어지거나 조금만 더 여
며져도 표가 나고, 섶귀가 조금만 무디어도 청초한 맛이
사라진다. 깃은 직선에 가까워도 안 되고, 너무 둥글어도
안 되며, 조금 더 파도 못쓰고, 조금 덜 파도 못쓴다. 안
이 속으로 짝 붙으며 앞뒤가 상그럽게 돌아가야 하니, 깃
하나만 보아도 마고자는 바느질 솜씨를 몹시 타는 까다로
운 옷이다.

마고자는 원래 중국의 마괘자에서 왔다 한다. 그러나
마고자는 마괘자와 비슷도 아니 한 딴 물건이다. 한복(韓
服)에는 안성맞춤으로 어울리는 옷이지만 중국 옷에는
입을 수 없는, 우리의 독특한 옷이다. 그리고 그 마름새
나 모양새가 한국 여인의 독특한 안목(眼目)과 솜씨를 잘
나타내는 옷이다. 그 모양새는 단아(端雅)하고 아취(雅
趣)가 있으며, 그 솜씨는 섬세(纖細)하고 교묘(巧妙)하다.
우리 여성들은 실로 오랜 세월을 두고 이어받아 온 안목
과 솜씨로 제게 맞는 제 옷을 지어 냈던 것이다. 만일, 우
리 여인들에게 이런 전통이 없었던들, 나는 오늘 이 좋은
마고자를 입지 못할 것이다.

문화의 모든 면이 다 이렇다. 전통적(傳統的)인 안목과
전통적인 솜씨가 있으면 남의 문화가 아무리 거세게 밀려
든다 할지라도 이를 고쳐서 새로운 제 문화를 이룩하는
것이다. 송자(宋磁)에서 고려의 ㉡비취색(翡翠色)이 나오
고, 고전(古篆) 금석문(金石文)에서 ㉢추사체(秋史體)가
탄생한 것이 우연이 아니다.

㉣귤(橘)이 회수(淮水)를 건너면 탱자가 된다는 말이
있다. 예전엔 남의 문물이 해동(海東)에 들어오면 해동
문물(海桐文物)로 변했다. 그러나 그것은 탱자가 아니라
진주(眞珠)였다. 그런데 근래(近來)에는 반드시 그렇지만
은 않은 것 같다. 남의 것이 들어오면 탱자가 될 뿐 아니
라, 내 귤(橘)까지 탱자가 되고 마는 것 같아 안타까울 때
가 있다.

20. 윗글을 통해서 알 수 <u>없는</u> 것은?

① 마고자는 사치스러운 호사인 남자의 의복이다.
② 마고자는 신분이 높은 사람이나 입을 수 있는 귀한
옷이다.
③ 마고자는 우리 의복 문화의 한 부분으로 동화되었다.
④ 마고자는 쉽게 만들 수 있는 의복이 아니다.

21. 윗글의 내용에 비추어 볼 때, 밑줄 친 ㉠~㉣ 중에서
이질적인 것은?

① ㉠   ② ㉡
③ ㉢   ④ ㉣

22. 윗글의 내용을 참고하여 〈보기〉와 같은 학생의 질문에 답하려고 한다. 답변 내용으로 적절한 것은?

〈보기〉

학생 : 저 선생님, 석가모니는 분명히 인도 사람인데 왜 석굴암의 석불인 석가상은 우리나라 사람의 얼굴 모습을 하고 있나요?

① 그건 귤이 회수를 건너면 탱자가 되는 것과 같은 이치야.
② 우리의 안목과 솜씨로 중국의 마괘자를 우리나라의 마고자로 만든 이치와 같지.
③ 실용적 가치보다는 예술적인 아름다움을 추구했기 때문이야.
④ 당시 신라인들의 뛰어난 석공예 기술의 결정(結晶)이라고 할 수 있지.

[23~25] 다음 글을 읽고 물음에 답하시오.

생물학자인 윌슨은 21세기 과학 기술의 시대에 인류가 당면한 여러 문제들은 복합적인 성격을 띠고 있어서 어느 한 가지 학문만으로는 그것을 해결할 수 없다고 보았다. 이에 그는 다양한 학문 간 '통섭(統攝)'을 대안으로 제시하였다. 그가 말한 통섭이란 물리학, 화학, 생물학 등 자연과학과 철학, 심리학 등 인간을 연구 대상으로 삼는 인문학을 통합하여 하나의 지식 체계를 형성하는 것을 의미한다.

인문학과 자연과학이 어떻게 만날 수 있을까? 윌슨의 통섭을 지탱해 주는 것은 바로 ㉮환원주의이다. 이는 복잡한 대상을 구성하는 근본적 요소를 밝히려는 노력으로, 윌슨은 모든 존재의 근본적 요소는 관찰과 실험을 통한 자연과학적 법칙으로 설명이 가능하다고 주장한다. 그에 의하면 인간 역시 자연과학으로 환원이 가능하기 때문에 인문학은 자연과학으로 완벽히 포섭될 수 있다. 예를 들어 물체의 운동을 물체와 땅 사이의 마찰력으로 설명하는 것과 같이 인간의 고유한 특성인 사랑이나 사회조직의 작동을 호르몬이나 유전자와 같은 자연과학적 법칙에 의한 결과로 설명할 수 있다는 것이다.

이러한 윌슨의 주장은 많은 학자들의 관심을 끌었지만 동시에 인문학자들로부터 비판을 받기도 하였다. 인문학자들은 인문학의 대상과 자연과학의 대상은 동일하게 취급할 수 없음을 지적하며 통섭이 불가능함을 설명한다. 인간은 자연물과 달리 자연과학적 법칙의 지배를 받기만 하는 존재가 아니라 동시에 어떤 의도와 목적을 가지고 선택하며 살아가는 존재이기 때문이다. 예를 들어 물체의 낙하는 중력이라는 자연과학적 법칙으로 충분한 설명이 가능하지만, 번지 점프와 같은 인간의 낙하는 중력보다는 신체 단련이나 즐거움 등 개인의 특별한 목적이 더 중요한 원인으로 작용한다는 것이다.

다음으로 인문학자들은 인문학이 탐구하는 대상의 본질은 관찰과 실험을 통해 파악되는 객관적 실체가 아님을 지적한다. 인간의 마음이나 정신은 물리적 현상처럼 객관적으로 관찰하기가 어렵고, 사람마다 다 다르기 때문이다. 따라서 자연과학의 대상 인식 방법인 관찰과 실험은 인문학에서는 대상의 본질을 연구하는 충분한 방법이 되지 못한다. 인문학자들은 관찰 주체가 지닌 관점에 따라 대상은 다르게 인식될 수 있으며, 관찰자의 관점이 배제된 객관적 대상이란 존재하지 않는다고 본다.

이처럼 자연과학과 명백한 경계선을 갖는 인문학적 관점이 윌슨의 생각처럼 자연과학으로 완전히 포섭되기란 어렵다는 것이 인문학자들의 주장이다. 현실의 문제 해결을 위해 인문학적 지식과 자연과학적 지식이 소통하여야 한다는 윌슨의 지적에는 동의하지만 그 소통의 방법이 통일된 지식 체계를 세우는 것이라면 이는 불가능한 꿈에 지나지 않는다는 것이다. 이들은 학문 간의 균형 잡힌 시각이 필요함을 강조하면서 인문학의 고유한 정체성은 더욱 중시되어야 한다고 주장한다.

23. 윗글을 이해한 내용으로 적절하지 <u>않은</u> 것은?

① 윌슨은 현상의 원인을 일관된 관점으로 설명하고자 하였다.
② 윌슨은 학문 간 통섭을 통해 현실의 문제를 해결하고자 하였다.
③ 인문학자들은 인문학의 정체성이 더욱 중시되어야 한다고 주장한다.

④ 인문학자들은 물체의 낙하와 인간의 낙하를 동일하
　게 설명하고자 한다.

24. ㉮에 대한 설명으로 적절한 것은?

① 모든 대상을 자연과학의 입장에서 이해하려는 태도
　이다.
② 존재하는 모든 것의 본질은 알 수 없다는 인식이다.
③ 대상을 객관적 실체로 파악하고 본질을 버리는 것
　이다.
④ 인문학과 자연과학의 공통점을 밝혀내려는 이론
　이다.

25. 윌슨의 주장을 뒷받침하는 사례로 적절한 것은?

① 인간의 정서적 작용은 뇌의 화학적 작용의 결과임
　이 밝혀지고 있다.
② IT 기술의 발달로 컴퓨터 속 가상공간과 현실 세계
　의 경계선이 무너지고 있다.
③ 동물이 개체 번식에 유리한 행동을 하도록 만드는
　유전자가 존재함이 밝혀지고 있다.
④ 자동 번역 시스템이 고안되어 서로 다른 언어의 자
　동 번역이 가능해지고 있다.

> ※ 확인사항
> 　답을 OMR 카드의 해당란에 정확히 표기하였는가?

제 ② 교시   수   학

수험번호 (   )   성   명 (   )

※ 다음 물음에 대한 가장 옳은 답을 하나만 골라, OMR 답안지에 정확히 표기하시오.

01. 두 다항식 $A=2x^2+1$, $B=x+5$에 대하여 $A+B$는?

① $2x^2+3$ ② $2x^2+x$

③ $2x^2-x-1$ ④ $2x^2+x+6$

02. 등식 $x^2+ax+4=x^2+8x+b$가 x에 대한 항등식일 때, 두 상수 a, b에 대하여 $a+b$의 값은?

① 10   ② 12

③ 14   ④ 16

03. 다항식 $3x^2+6x-3$을 $x-1$로 나누었을 때, 나머지는?

① 2   ② 4

③ 6   ④ 8

04. 다항식 x^3-7^3을 인수분해한 식이 $(x-a)(x^2+7x+49)$일 때, 상수 a의 값은?

① 1   ② 3

③ 5   ④ 7

05. 다음 등식을 만족시키는 실수 x, y의 값은? (단, $i=\sqrt{-1}$)

$$x+(y-2)i=1+3i$$

① $x=1, y=1$ ② $x=1, y=2$

③ $x=1, y=3$ ④ $x=1, y=5$

06. 이차방정식 $x^2+8x+12=0$의 두 근을 α, β라고 할 때, $\alpha+\beta$의 값은?

① -8 ② 8

③ -12 ④ 12

07. $-2\le x\le 1$일 때, 이차함수 $y=-x^2+8$의 최댓값은?

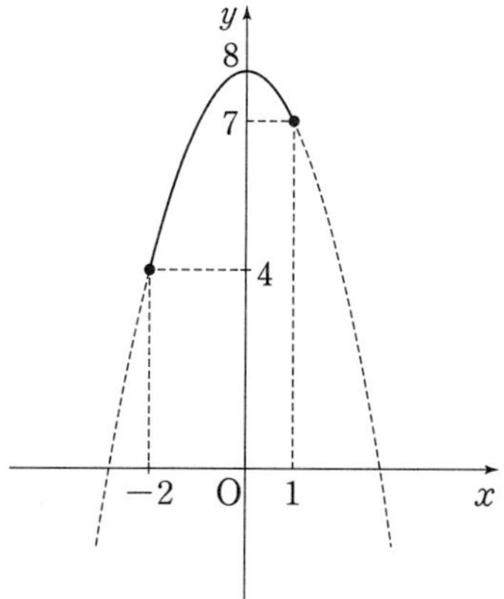

① 4   ② 6

③ 8   ④ 10

08. 삼차방정식 $x^3-3x^2+ax+6=0$의 한 근이 3일 때, 상수 a의 값은?

① -2 ② 0
③ 2 ④ 4

09. 연립부등식 $\begin{cases} 5x>10 \\ x<14-x \end{cases}$ 의 해가 $2<x<a$일 때, 상수 a의 값은?

① 7 ② 8
③ 9 ④ 10

10. 부등식 $|x+9|\leq15$의 해를 수직선 위에 나타낸 것이 그림과 같을 때, 상수 a의 값은?

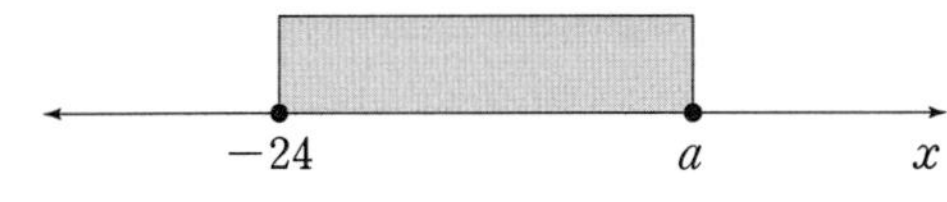

① 6 ② 8
③ 10 ④ 12

11. 좌표평면 위의 두 점 $A(-1, 3)$, $B(2, 7)$ 사이의 거리는?

① 2 ② 3
③ 4 ④ 5

12. 직선 $y=\dfrac{1}{2}x+3$에 수직이고, 점 $(0, 1)$을 지나는 직선의 방정식은?

① $y=-2x+\dfrac{1}{2}$ ② $y=-2x+1$

③ $y=\dfrac{1}{2}x+1$ ④ $y=\dfrac{1}{2}x+2$

13. 중심이 $(2, -5)$이고 원점을 지나는 원의 방정식은?

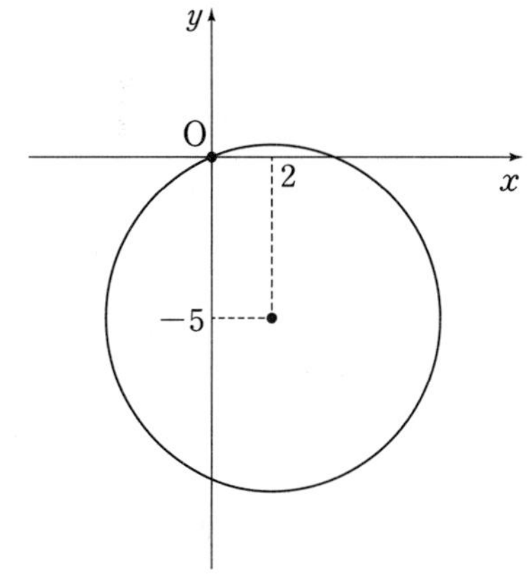

① $(x+1)^2+(y+5)^2=29$
② $(x+1)^2+(y-5)^2=29$
③ $(x-2)^2+(y+5)^2=29$
④ $(x-2)^2+(y-5)^2=29$

14. 좌표평면 위의 점 $(3, 2)$를 x축의 방향으로 -3만큼, y축의 방향으로 4만큼 평행이동한 점의 좌표는?

① $(0, 2)$ ② $(0, 6)$
③ $(3, 2)$ ④ $(3, 6)$

고등학교 졸업학력 검정고시 모의고사

15. 두 집합 $A=\{1,\ 5,\ 7,\ 8\}$, $B=\{2,\ 5\}$에 대하여 $n(A\cup B)$의 값은?

① 3 　　　　② 4
③ 5 　　　　④ 6

16. 명제 '$x=14$이면 $x^2=196$이다.'의 대우는?

① $x=14$이면 $x^2\neq196$이다.
② $x\neq14$이면 $x^2=196$이다.
③ $x^2\neq196$이면 $x=14$이다.
④ $x^2\neq196$이면 $x\neq14$이다.

17. 두 함수 $f(x)=x-3$, $g(x)=3x^2-8$에 대하여 $(g\circ f)(2)$의 값은?

① -5 　　　　② -4
③ -3 　　　　④ -2

18. 무리함수 $y=\sqrt{x-2}+a$의 그래프가 그림과 같을 때, 상수 a의 값은?

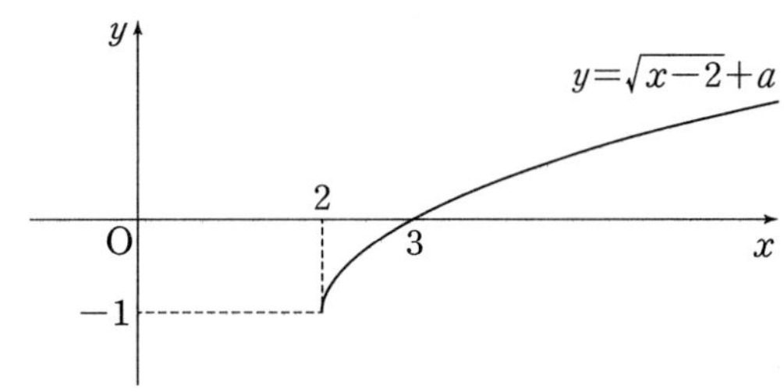

① -1 　　　　② 0
③ 1 　　　　④ 2

19. 어느 분식점에서는 다음 표와 같이 김밥 3종류, 라면 2종류, 튀김 3종류를 판매하고 있다. 이 중에서 주문할 음식 한 가지를 택하는 경우의 수는?

김밥	라면	튀김
야채김밥 참치김밥 치즈김밥	떡라면 만두라면	깻잎튀김 새우튀김 오징어튀김

① 7 　　　　② 8
③ 9 　　　　④ 10

20. 학생 10명 중에서 4명을 뽑는 경우의 수는?

① 190 　　　　② 200
③ 210 　　　　④ 220

제 ③ 교시   영 어

수험번호 (   )   성   명 (   )

※ 다음 물음에 대한 가장 옳은 답을 하나만 골라, OMR 답안지에 정확히 표기하시오.

[01~03] 다음 밑줄 친 부분의 뜻으로 가장 적절한 것을 고르시오.

01.

> Do you know a <u>proverb</u>, "There's no smoke without fire."?

① 문장　　　　　② 숙어
③ 속담　　　　　④ 이야기

02.

> His ball hit her, but such was not his <u>intention</u>.

① 역경　　　　　② 의도
③ 생각　　　　　④ 보람

03.

> Explain the reason for which the stars cannot be seen in the <u>daytime</u>.

① 밤　　　　　② 하루
③ 자정　　　　　④ 낮

04. 다음 중 두 단어의 관계가 나머지 셋과 <u>다른</u> 것은?

① right - correct　　　② cause - reason
③ accept - reject　　　④ feature - characteristic

05. 다음 메모를 읽고 알 수 <u>없는</u> 것은?

> Telephone Message
> •For : Min-Su
> •From : Tom
> •Date : June 20, 2017
> •Time : 12:30 p.m.
> •About : English homework
> •Message : Please call back 6 p.m.
> •Phone : 555-1234

① 전화를 한 사람　　　② 전화를 받은 사람
③ 전화를 받은 시간　　　④ 전화를 한 이유

[06~08] 다음 빈칸에 공통으로 들어갈 말로 가장 적절한 것을 고르시오.

06.

> •I go to academy ______ school.
> •She needs someone to look ______ her baby.

① on　　　　　② after
③ over　　　　　④ up

07.

> •He decided to concentrate his ______ study.
> •Put it down ______ the desk.

① on　　　　　② by
③ at　　　　　④ in

08.

> • ______ were you during your working hours?
> • ______ is the nearest park around here?

① Who
② Why
③ Where
④ There

09. 다음 대화에서 밑줄 친 표현의 의미로 가장 적절한 것은?

> A : I'm trying to get a license this time, but I haven't started. I think it's too late.
> B : Why do you think so?
> A : All the people have prepared it for a long time.
> B : No. There's a saying that 'Well begun is half done'.

① 정직이 최선의 방책이다.
② 일단 시작하면 반 이상 한 것이다.
③ 쇠뿔도 단김에 빼라.
④ 어려울 때의 친구가 진정한 친구다.

10. 대화에서 알 수 있는 B의 심정으로 가장 적절한 것은?

> A : How was the new restaurant?
> B : The service was slow, the soup was cold, and even the waiter was bad.
> A : Oh, I will not go there.
> B : That would be better.

① 불안하다
② 만족하다
③ 지루하다
④ 실망하다

11. 다음 중 대화가 이루어지는 장소로 가장 적절한 것은?

> A : Excuse me. I'd like to buy a book for my sister.
> B : What kind of books does she like?
> A : She enjoys all kinds of books.
> B : How about this? It's about the life of Steve Jobs.

① 서점
② 은행
③ 잡화점
④ 도서관

12. 다음에서 it이 가리키는 것은?

> It is used to see things far away. It is necessary for people with poor eyesight. It enlarges things to see big. Usually, rather than wearing it on the face, a handle is attached to a palm-sized lens.

① 거울
② 안경
③ 시력 렌즈
④ 돋보기

[13~14] 대화의 빈칸에 들어갈 말로 가장 적절한 것은?

13.

> A : What time will the bus arrive?
> B : ______________________

① No thank you.
② For three days.
③ By bus.
④ At two o'clock.

14.

> A : Who's the man in the picture?
> B : He is my English teacher.
> A : What's he like?
> B : He is very kind. _______________

① He always helps us.

② He is good at playing soccer.

③ He likes a polite student.

④ He gives us a lot of homework.

15. 다음 대화의 주제로 가장 적절한 것은?

> A : What do you do for your health?
> B : I do nothing.
> A : You should eat breakfast and exercise regularly.
> B : I see. But It's difficult to me.
> A : And you should get enough sleep every night.

① 효율적인 공부 방법

② 바람직한 여가 활동

③ 이상적인 친구 관계

④ 건강을 위한 생활 습관

16. 다음 글을 쓴 목적으로 가장 적절한 것은?

> I received your proposal and have looked closely over the past two weeks. Unfortunately, however, this project will be difficult to implement. This is because the market outlook is not good. The market is more to blame than your idea is bad. So don't be too disappointed.

① 거절하려고

② 위로하려고

③ 소개하려고

④ 사과하려고

17. 다음 안내문의 내용과 일치하지 <u>않는</u> 것은?

> **History Museum**
> Opening Hours : 9a.m to 5p.m
> Closed on Monday
> Tickets : Adults $10, Students $5
> You must reserve a day ago
> Food is not allowed in the Museum

① 월요일에 문을 닫는다.

② 어른은 10$의 티켓 값을 지불해야 한다.

③ 음식물은 반입할 수 없다.

④ 오후 9시부터 오전 5시까지 연다.

18. 다음 글의 설명과 일치하지 <u>않는</u> 것은?

> Good morning. It has been so warm. However, there will be some changes in weather today. Seoul is still going to be sunny and warm. Incheon will be the same. But in Busan and Gyeongju, it will be very cloudy. If you are in Daegu, you should have an umbrella.

① 대구는 비가 올 것이다.

② 인천은 내일부터 맑을 예정이다.

③ 부산은 구름이 낀 흐린 날씨다.

④ 서울은 여전히 맑다.

19. 다음 글의 주제로 가장 적절한 것은?

> You may think that gold is just for rings and necklaces, but it is used for many other things. It is used in TV sets and computers. It is used in many machines in the hospital. It is in your cell phone, too.

① 금의 기원
② 금의 유용함
③ 금의 위험성
④ 금의 제조법

[20~21] 다음 글의 빈칸에 들어갈 말로 가장 적절한 것을 고르시오.

20.

> Some of the greatest success stories of history have followed a word of encouragement by a loved one. Had it not been for a faithful wife, Sophia, we might not have listed among the great names of literature the _______________ of Nathaniel Hawthorne.

① name
② telephone
③ food
④ culture

21.

> A way to get things done more efficiently and get better __________ is to do the right thing at the right time of day. Know your own body rhythm, respect your internal clock, and, if possible, pay attention to how your energy level ebbs and flows during the day.

① principles
② fruits
③ results
④ feature

22. 글의 흐름으로 보아 다음 문장이 들어가기에 가장 적절한 곳은?

> In fact, there is absolutely nothing wrong with any kind of feeling.

(①) We push down our feelings because most of us have been brought up to believe that there are feelings which are unacceptable. (②) Some of us learned that all emotions are unacceptable, (③) while others learned that specific emotions such as anger or crying are unacceptable. (④) When someone tells you not to feel sad or angry, he or she is asking the impossible.

23. 다음 글의 바로 뒤에 이어질 내용으로 가장 적절한 것은?

> College life is busy. There are too many demands on your schedule. Activities, friends, and pastimes may cause some difficulties in your performing the real job at hand. When you are feeling overwhelmed by tests, you will probably spend all your time studying to deal with these pressures. So, What should you do then?

① 친구와 잘 지내는 방법
② 음식을 맛있게 먹는 방법
③ 일을 잘 구하는 방법
④ 대학 생활을 이겨내는 방법

[24~25] 다음 글을 읽고 물음에 답하시오.

> Sweeping statements have been made about the effect of clothing on the behavior of a child. It has been said that a child who is better dressed is better behaved, and that a child who is dressed like a cowboy is louder than he is when dressed in ordinary clothes. Clothing, _______________, might have a temporary effect on the behavior of the child, but not a lasting effect.

24. 윗글의 빈칸에 들어갈 말로 가장 적절한 것은?

① For example   ② however

③ Therefore   ④ Finally

25. 윗글의 주제로 가장 적절한 것은?

① 아이들은 활동하기에 적합한 옷을 선호한다.

② 어려서부터 단정한 복장을 습관화해야 한다.

③ 엄마의 취향이 자녀들의 옷 선택에 영향을 준다.

④ 옷이 아이들의 행동에 미치는 영향은 일시적이다.

※ 확인사항
답을 OMR 카드의 해당란에 정확히 표기하였는가?

제 ④ 교시　　사　　회

수험번호 (　　　　　　　　　)　　　　성　명 (　　　　　　　　　)

※ 다음 물음에 대한 가장 옳은 답을 하나만 골라, OMR 답안지에 정확히 표기하시오.

01. 시민단체의 역할에 해당하지 <u>않는</u> 것은?

① 국가 권력 감시
② 정권 획득 추구
③ 사회 쟁점 비판
④ 시민의 요구 결집

02. 다음과 같은 특징을 가진 문화 변동의 양상은?

- 장기간에 걸친 완만한 문화 변동이다.
- 인류 문화가 원시 상태에서 현대 문명 단계에 도달하는데 오랜 시간이 걸렸다.

① 내재 변동
② 문화 접변
③ 진화
④ 개혁

03. 다음과 관련이 가장 깊은 민주 선거의 원칙은?

- 차티스트 운동
- 여성 참정권 운동

① 보통 선거
② 자유 선거
③ 직접 선거
④ 비밀 선거

04. 다음 중 미래 사회의 변화 양상으로 옳지 <u>않은</u> 것은?

① 국가 간 상호 의존성이 증대하면서 국경의 의미가 약화되는 경향이 있다.
② 세계화와 더불어 경제 영역을 중심으로 다양한 지역주의화가 확대되는 추세이다.
③ 전 지구 차원의 협력을 위해 다양한 국제 환경 협약에 적극 참여하는 것이 필요하다.
④ 점차 출산을 꺼리는 추세가 약화될 것이다.

05. 다음과 관련된 문화의 개념은?

　　미국에서는 아프리카 음악과 유럽 음악의 요소가 결합하여 재즈가 등장했다.

① 문화 지체
② 문화 융합
③ 문화 동화
④ 문화 병존

06. 물가 변동의 원인으로 옳은 것은?

① 수요와 공급의 고른 균형
② 통화량의 변화
③ 생산비의 일정함
④ 물가 안정 심리

07. 인플레이션 발생 시 유리한 사람을 다음에서 모두 고른 것은?

> ㄱ. 채권자
> ㄴ. 채무자
> ㄷ. 부동산 소유자
> ㄹ. 은행예금 소유자

① ㄱ, ㄴ
② ㄱ, ㄷ
③ ㄴ, ㄷ
④ ㄴ, ㄹ

08. (가)에 들어갈 내용으로 옳은 것은?

> 우리나라는 입법부, 행정부, 사법부가 권력 분립을 통한 견제와 균형을 이루고 있다. 입법부는 행정부에 대해 국정 감사권, 탄핵 소추권으로 견제하고, 사법부에 대해 (가) 으로 견제를 한다.

① 국정 감사권
② 대법원장 임명 동의권
③ 위헌 법률 심사 제청권
④ 명령 · 규칙 · 처분 심사권

09. 서비스업의 입지의 특징에 대한 설명으로 옳지 <u>않은</u> 것은?

① 이동거리와 비용을 최소화하기 위해 소비자와 멀리 입지한다.
② 전문성을 필요로 하는 고급 서비스의 경우 한곳에 집중하여 입지한다.
③ 인구가 많고 소득이 높은 지역에 더 많은 서비스업이 입지한다.
④ 소비자 서비스업은 주거 기능이 발달한 도시 외곽 지역에 주로 입지한다.

10. 다음에서 설명하는 것으로 가장 적절한 것은?

> • 국민의 기본권 침해 문제를 다룬다.
> • 언론 및 출판, 신체, 사생활 보호, 사상 및 양심, 집회 및 결사 등에 대한 자유의 항목으로 산출한다.

① 부패 지수
② 세계 기아 지수
③ 세계 성 격차 지수
④ 세계 자유 지수

11. 다음에서 설명하는 것은?

> • 한 나라가 다른 나라에 비해 낮은 기회비용으로 재화와 용역을 생산할 수 있는 능력이다.
> • 생산 요소의 부존량, 기술 수준, 자연 자원, 기후 등 다양한 원인에 의해 결정된다.

① 비교 우위
② 가치 판단
③ 생애 주기
④ 매몰 비용

12. 행복한 삶을 위한 조건으로 적절한 것은?

① 바람직한 삶을 향한 성찰과 수행
② 질 낮은 정주 환경
③ 삶의 질을 하락시키는 경제적 입지
④ 시민의 참여를 억압하는 사회

고등학교 졸업학력 검정고시 모의고사

13. ㉠에 들어갈 것으로 가장 적절한 것은?

> ㉠은 삶의 편리함을 위해 만들어 낸 돈이나 도구, 제도 등에 의해 역으로 사람이 지배받는 현상이다. 이는 산업 사회가 가져다주는 물질적 풍요가 인간의 비판적 이성을 마비시키기 때문이다.

① 과잉 농경화
② 실업
③ 인간 소외
④ 소유론

14. 정보화에 따른 생활의 변화로 옳지 <u>않은</u> 것은?

① 인터넷이나 모바일 기기를 활용한 쇼핑
② 전자 문서 처리, 화상 회의, 원격 근무의 활성화
③ 인터넷을 통한 여론 수렴, 홍보 활동, 서명 운동
④ 대면 공간을 이용한 다양한 인간관계의 형성

15. 다음 글에서 비판하고 있는 사상은?

> 인간이 이성과 자유 의지를 지니고 있다면 많은 비인간적 종들은 인간이 소유하지 않은 다른 능력을 지니고 있다. 그들의 능력들이 우리 인간보다 뛰어난 우월성의 상징으로 간주되어야 함에도, 인간은 자신의 관점에만 사로잡힘으로써 자신의 우월성을 고집한다.

① 인간 중심주의
② 생태 중심주의
③ 수정 자본주의
④ 대지 윤리

16. 자유 무역을 강화해야 하는 이유로 옳지 <u>않은</u> 것은?

① 세계 경제 전체의 생산량을 극대화할 수 있다.
② 생산 유발 효과를 일으킬 수 있다.
③ 국내 부족 원자재 확보가 가능하다.
④ 타국 상품과의 경쟁을 막을 수 있다.

17. 다음에서 설명하는 국제 사회의 행위 주체는?

> 각국의 정부를 회원으로 하는 국제 사회의 행위 주체

① 정부 간 국제 기구
② 국제 비정부 기구
③ 국제 개인 기구
④ 다국적 기업 연합

18. 다음 중 환경 보전을 위한 노력으로 옳지 <u>않은</u> 것은?

① 기술 개발로 자원 소비량과 산업 폐기물량을 감소시켜야 한다.
② 국가 간 폐기물의 이동을 자유롭게 해 환경적으로 건전한 관리를 한다.
③ 지구 온난화 방지를 위해 이산화탄소 등의 온실가스배출을 줄여야 한다.
④ 오존층 파괴 물질인 프레온 가스를 규제한다.

19. 다음 글에서 설명하는 것은?

> 사회 구성원 간 불평등이 심화 되어 중간 계층의 비중이 줄어들고 상층과 하층의 비중이 늘어나는 현상

① 공간 불평등
② 사회 계층의 양극화
③ 사회적 약자 차별
④ 공공 부조

20. 다음에서 설명하는 자원은?

> • 산업 혁명 이후 증기 기관 연료와 제철 공업 원료로 이용했다.
> • 산지에서 소비하는 경우가 많아 국제적 이동이 적다.

① 수력
② 석유
③ 풍력
④ 석탄

21. 다음과 같은 전통적 생활양식을 볼 수 있는 지역의 기후는?

> • 전통적으로 유목 생활과 오아시스 농업이 발달하였다.
> • 강수량이 적어 흙을 이용한 가옥을 주로 짓는다.

① 열대 기후
② 한대 기후
③ 건조 기후
④ 온대 기후

22. 자문화 중심주의로 인한 문제점으로 적절하지 <u>않은</u> 것은?

① 집단 내 일체감 강화
② 국제적 고립 초래
③ 타문화 수용이 느림
④ 자기 문화 발전의 지체

23. 인권에 대한 설명으로 적절한 것은?

① 사람이라고 해도 누구나 누릴 수는 없는 권리이다.
② 국가나 다른 사람이 함부로 침해할 수 있다.
③ 현대 사회에서는 인권의 영역이 연대권에 한정된다.
④ 인권 보장을 위하여 권력 분립 제도 등의 제도적 장치가 있다.

24. ㉠에 들어갈 말로 적절한 것은?

> (㉠) 문제 해결 정책
> • 오염 기준에 대한 법률적 · 제도적 정비
> • 오염 물질 배출량의 기준을 지킴
> • 쓰레기 종량제 실시

① 고령화
② 성차별
③ 다문화
④ 환경

25. 미래의 행복한 삶을 위해 요구되는 자질로 적절하지 <u>않은</u> 것은?

① 공동체의 구성원으로서 소통과 화합을 이룬다.
② 올바른 인성과 가치관을 키우기 위해 노력한다.
③ 환경 문제보다는 인권 문제에 집중하여 인간 중심으로 생각한다.
④ 민주 시민 의식과 도덕성, 폭넓은 시야와 포용력을 갖춘 시민이 되도록 노력한다.

> ※ 확인사항
> 답을 OMR 카드의 해당란에 정확히 표기하였는가?

제 ⑤ 교시　　과　　　학

수험번호 (　　　　　　　　)　　　성　명 (　　　　　　　　　)

※ 다음 물음에 대한 가장 옳은 답을 하나만 골라, OMR 답안지에 정확히 표기하시오.

01. 다음 설명에 해당하는 신소재는?

> • 초전도 현상을 나타내는 물질이다.
> • 전류가 흘러도 열이 발생하지 않으므로 전력손실이 없는 초전도 케이블을 만들 수 있다.
> • 공명 영상 장치(MRI), 핵융합 장치, 입자 가속기, 초전도 컴퓨터에 이용한다.

① 초전도체　　　　　　② 광섬유
③ 네오디뮴 자석　　　　④ 형상 기억 합금

02. 밀물과 썰물 때 해수면의 높이차가 생기는 것을 이용하여 전기 에너지를 생산하는 발전 방식은?

① 조력 발전　　　　　　② 화력 발전
③ 풍력 발전　　　　　　④ 태양광 발전

03. 표는 같은 직선상에서 운동하는 물체 A~C의 처음과 나중 운동량을 나타낸 것이다. 물체 A~C가 모두 같은 크기의 충격량을 받아 운동량이 증가하였을 때 ㉠의 값은?

운동량 (kg · m/s) 물체	처음 운동량	나중 운동량
A	4	7
B	5	8
C	㉠	9

① 6　　　　　　② 7
③ 8　　　　　　④ 9

04. 다음 그림은 전자기 유도에 대해 알아보기 위한 실험 장치이다. 코일에 전류가 흐르는 경우만을 〈보기〉에서 모두 고른 것은?

> 〈보기〉
> ㄱ. 자석을 코일에서 멀리 할 때
> ㄴ. 자석을 코일에 가까이 할 때
> ㄷ. 자석을 코일 안에 정지시켜 놓을 때

① ㄱ　　　　　　② ㄴ
③ ㄱ, ㄴ　　　　④ ㄱ, ㄴ, ㄷ

05. 다음은 주기율표의 일부를 나타낸 것이다. 임의의 원소 A~D 중 2주기 17족 원소는?

주기 \ 족	1	2	15	16	17	18
2		A			B	
3			C		D	

① A　　　　　　② B
③ C　　　　　　④ D

06. 다음 화학 반응식에서 산소를 잃고 환원되는 물질은?

$$SnO + C \rightarrow Sn + CO$$

① SnO　　　　　② Sn
③ C　　　　　　④ CO

---

07. 상온에서 대부분 기체 또는 고체 상태로 존재하는 비금속 원소는?

① 탄소　　　　　② 구리
③ 납　　　　　　④ 나트륨

---

08. 그림은 이산화 탄소(CO_2)의 전자 배치를 나타낸 것이다. 이에 대한 설명으로 옳은 것만을 〈보기〉에서 모두 고른 것은?

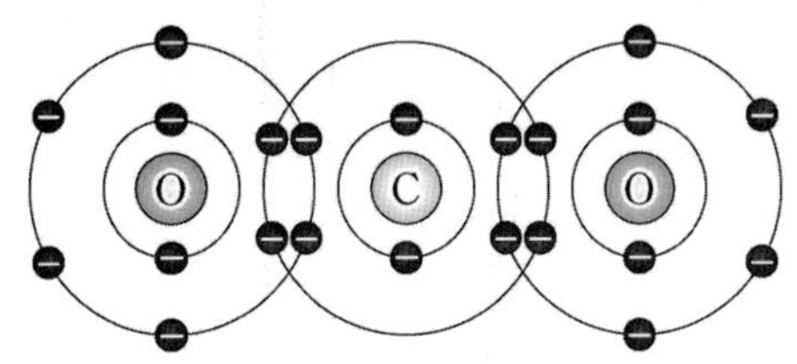

〈 보기 〉

ㄱ. 공유 결합 물질이다.
ㄴ. 이온 결합 물질이다.
ㄷ. 4쌍의 전자쌍을 공유한다.

① ㄱ　　　　　　② ㄴ
③ ㄴ, ㄷ　　　　④ ㄱ, ㄷ

---

09. 중화 반응과 관련 있는 것만을 〈보기〉에서 있는 대로 고른 것은?

〈 보기 〉

ㄱ. 벌에 쏘였을 때 암모니아수를 바른다.
ㄴ. 생선의 비린내를 제거하기 위해 레몬즙을 뿌린다.
ㄷ. 위산이 과다하게 분비되어 속이 쓰릴 때 제산제를 먹는다.

---

① ㄱ　　　　　　② ㄱ, ㄴ
③ ㄴ, ㄷ　　　　④ ㄱ, ㄴ, ㄷ

---

10. 다음 설명에 해당하는 물질은?

- 이온 결합 물질이다.
- 먹는 소금의 가장 중요한 구성 성분이다.

① 염화 나트륨($NaCl$)　　② 암모니아(NH_3)
③ 염화 칼슘($CaCl_2$)　　④ 질산 칼륨(KNO_3)

---

11. 다음 중 유전적 다양성의 예로 가장 옳은 것은?

① 우리나라에는 산, 강, 초원 등이 존재한다.
② 숲에는 고슴도치, 개구리 등 다양한 종이 살고 있다.
③ 아마존 열대 우림에서 441종의 새로운 생물이 발견되었다.
④ 같은 종의 무당벌레라도 반점무늬가 다양하다.

---

12. 그림은 식물세포의 구조를 나타낸 것이다. A~D 중 세포 호흡을 하여 생명 활동에 필요한 에너지를 공급하는 세포 소기관은?

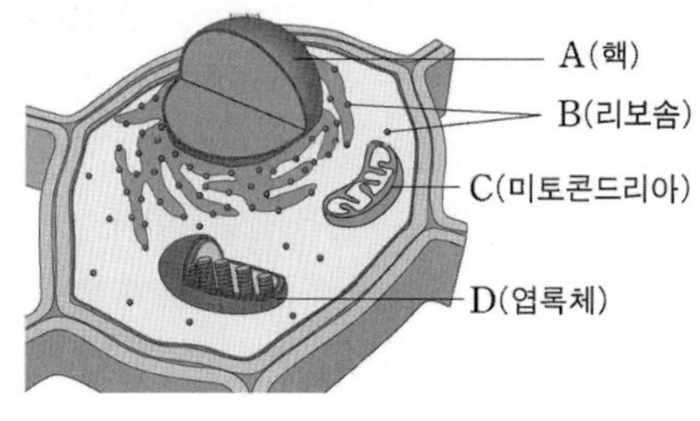

① A　　　　　　② B
③ C　　　　　　④ D

고등학교 졸업학력 검정고시 모의고사

13. 다음은 생태계 평형에 영향을 미치는 환경 변화 요인들을 나열한 것이다.

> • 기후 변화
> • 무분별한 개발과 환경 오염
> • 남획과 불법 포획
> • 천적이 없는 외래 생물 도입

이 요인들의 공통점으로 옳은 것만을 〈보기〉에서 있는 대로 고른 것은?

> ─〈보기〉─
> ㄱ. 생물 다양성을 감소시킨다.
> ㄴ. 생태계의 평형 유지 능력을 높인다.
> ㄷ. 생태계의 먹이 관계에 영향을 미치지 않는다.

① ㄱ
② ㄴ
③ ㄴ, ㄷ
④ ㄱ, ㄴ, ㄷ

14. 그림은 세포막 구조를 나타낸 것이다. 이에 대한 설명으로 옳은 것만을 〈보기〉에서 모두 고른 것은?

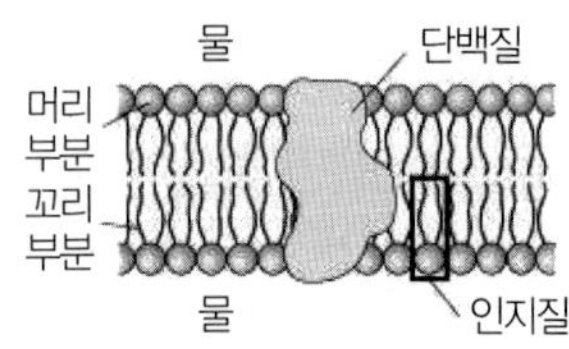

> ─〈보기〉─
> ㄱ. 세포막은 유동성이 있다.
> ㄴ. 인지질의 꼬리 부분은 친수성이다.
> ㄷ. 인지질 2중층에 단백질이 파묻혀 있거나 관통하고 있는 구조이다.

① ㄱ
② ㄴ
③ ㄴ, ㄷ
④ ㄱ, ㄷ

15. 다음에서 설명하는 것은?

> • 큰 분자 물질을 작은 분자 물질로 분해
> • 에너지가 방출되는 발열 반응

① 효소
② 물질대사
③ 동화 작용
④ 이화 작용

16. 다음 설명의 ㉠에 해당하는 것은?

> DNA 속 유전자로부터 단백질이 만들어지는 방법, 즉 유전자로부터 단백질로의 정보의 흐름을 ㉠ (이)라고 한다.

① 전사
② 염색체
③ 코돈
④ 생명 중심 원리

17. 파충류가 번성했던 지질 시대는?

① 선캄브리아 시대
② 고생대
③ 중생대
④ 신생대

18. 다음 중 태풍이 발생할 때 상호 작용하는 지구 시스템의 권역은?

① 기권과 수권
② 지권과 기권
③ 수권과 생물권
④ 지권과 생물권

19. 지구의 형성 과정을 순서대로 나열한 것은?

① 마그마 바다 → 미행성 충돌 → 원시 지각과 바다의 형성 → 맨틀과 핵의 분리

② 미행성 충돌 → 마그마 바다 → 원시 지각과 바다의 형성 → 맨틀과 핵의 분리

③ 미행성 충돌 → 마그마 바다 → 맨틀과 핵의 분리 → 원시 지각과 바다의 형성

④ 마그마 바다 → 원시 지각과 바다의 형성 → 미행성 충돌 → 맨틀과 핵의 분리

20. 판의 경계 중 해령과 해령 사이에 분포하며 양쪽에 있는 두 판이 서로 반대 방향으로 스쳐 지나가는 곳은?

① 발산형 경계　　　　② 보존형 경계
③ 수렴형 경계　　　　④ 섭입

21. 다음 설명의 ㉠에 해당하는 지구 시스템의 에너지원은?

> • ⟨ ㉠ ⟩는 지구 시스템의 에너지원 중 가장 많은 양을 차지한다.
> • 지표면에 도달하는 ⟨ ㉠ ⟩의 양은 위도에 따라 다르다.

① 조력 에너지　　　　② 풍력 에너지
③ 바이오 에너지　　　④ 태양 복사 에너지

22. 다음 설명에 해당하는 현상은?

> 스페인어로 '여자 아이'를 뜻하며, 무역풍이 평년보다 강해지면서 적도 부근 동태평양의 해수면 온도가 낮아지는 현상을 이르는 말이다.

① 장마　　　　　　　② 라니냐
③ 사막화　　　　　　④ 엘니뇨

23. 탄소, 산소, 수소, 질소 등이 공유 결합하여 만들어진 화합물은?

① 핵산　　　　　　　② 포도당
③ 아미노산　　　　　④ 탄소 화합물

24. 그림은 열기관의 1회 순환 과정을 나타낸 것이다. 이에 대한 설명으로 옳은 것은? (단, 열기관이 흡수한 열은 Q_1, 방출한 열은 Q_2, 한 일은 W이다.)

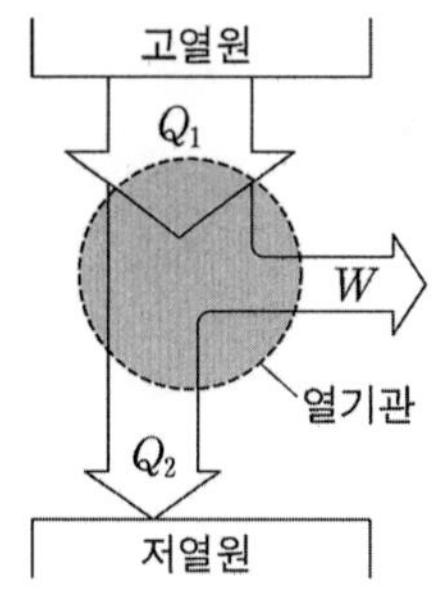

① 열기관은 일을 열에너지로 전환하는 장치이다.
② $Q_1 < Q_2$
③ $W = Q_1 - Q_2$
④ W가 작을수록 열효율이 높다.

25. 질량 2kg인 물체가 10m/s로 운동할 때 물체의 운동량의 크기는?

① $12\text{kg} \cdot \text{m/s}$　　② $20\text{kg} \cdot \text{m/s}$
③ $30\text{kg} \cdot \text{m/s}$　　④ $40\text{kg} \cdot \text{m/s}$

> ※ 확인사항
> 답을 OMR 카드의 해당란에 정확히 표기하였는가?

고졸

제 ⑥ 교시 한국사

수험번호 (   )   성 명 (   )

---

01. 다음 유물이 처음으로 제작된 시대의 생활 모습으로 옳은 것은?

〈주먹도끼〉

① 채집과 사냥으로 생활하였다.
② 농경과 목축을 시작하였다.
③ 빈부의 차가 생기고 계급이 분화되었다.
④ 주로 강가나 바닷가의 움집에 거주하였다.

02. 삼한의 사회 모습으로 옳은 것을 〈보기〉에서 모두 고른 것은?

〈보기〉
ㄱ. 천군이 소도에서 종교 의례를 주관한다.
ㄴ. 서옥제라는 혼인 풍습이 있었다.
ㄷ. 다른 부족의 영역을 침범했을 때 노비, 소, 말 등으로 배상하는 책화라는 풍습이 있었다.

① ㄱ
② ㄴ
③ ㄷ
④ ㄱ, ㄴ

03. 다음에서 설명하는 왕은?

• 사비(부여)로 도읍을 옮기고 국호를 남부여로 고침
• 신라의 배신으로 한강 하류 지역을 다시 상실한 후 신라를 공격하다가 관산성에서 전사하였음

① 문주왕
② 근초고왕
③ 무령왕
④ 성왕

04. 조선 성종의 정책으로 옳은 것을 〈보기〉에서 고른 것은?

〈보기〉
ㄱ. 홍문관을 설치하였다.
ㄴ. 『경국대전』을 완성하고 반포하였다.
ㄷ. 의정부 서사제를 실시하였다.

① ㄱ, ㄴ
② ㄴ, ㄷ
③ ㄱ, ㄷ
④ ㄱ, ㄴ, ㄷ

05. 다음에서 설명하는 세력의 이름은?

• 신라 말 고려 초의 사회변동을 주도적으로 이끈 지방세력에 대한 칭호
• 대토지를 소유하고 개인 사병을 보유
• 반신라 세력으로 고려 성립에 영향을 미쳤으며 이후 고려의 관료로 진출

① 노비
② 화랑도
③ 별무반
④ 호족

06. 다음에서 ㉠에 들어갈 인물은?

학생 : ㉠ 에 대해 알려주세요.
교사 : 6두품 출신으로, 당에서 빈공과에 합격하고 명성을 떨쳤습니다. 신라로 돌아와 진성 여왕에게 시무책 10여 조의 개혁안을 올렸습니다.

① 최치원
② 김대문
③ 설총
④ 강수

07. 다음에서 ㉠에 들어갈 광종의 개혁 정치는?

> 〈광종의 개혁 정치〉
> - [㉠] 실시 : 양인이었다가 불법으로 노비가 된 자를 조사하여 해방시켜 줌으로써, 호족 · 공신 세력을 약화시키고 국가 재정 수입기반을 확대
> - 과거 제도의 실시 : 후주 사람 쌍기의 건의로 실시, 유학을 익힌 신진 인사를 등용해 호족 세력을 누르고 신구 세력의 교체를 도모
> - 백관의 공복 제정 등

① 사심관 제도
② 노비 안검법
③ 기인 제도
④ 빈민 구제

08. 다음에서 설명하는 역사서는?

> - 시기 : 인종 때 김부식 등이 왕명을 받아 편찬
> - 의의 : 현존하는 우리나라 최고의 역사서
> - 사관 : 유교적 합리주의 사관에 기초하여 신라를 중심으로 서술

① 동의보감
② 삼국유사
③ 삼국사기
④ 향약집성방

09. 다음에서 설명하는 책은?

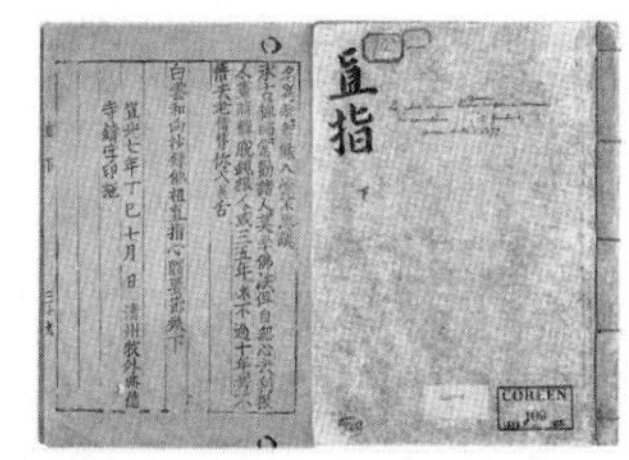

> 현존하는 세계 최고(最古)의 금속 활자본(세계 기록 유산)으로 청주 흥덕사에서 인쇄됨

① 직지심체요절
② 상정고금예문
③ 초조대장경
④ 팔만대장경

10. 다음에서 설명하는 수취 제도는?

> - 현물 대신 토지 1결당 쌀 12두 또는 삼베, 무명, 동전 등으로 거두었다.
> - 광해군 때 경기도에서 처음 시작되어 숙종 때 전국적으로 시행되었다.

① 전세
② 대동법
③ 공납
④ 역

11. 다음에서 설명하는 회의 기구는?

> 본래 왜구와 여진족에 대비해 군사 문제를 담당하던 임시 기구였으나 임진왜란 이후 국정 전반을 담당하는 회의 기구가 되었다.

① 통신사
② 연행사
③ 비변사
④ 보빙사

12. 다음에서 ㉠에 들어갈 인물은?

> [㉠] 은/는 일종의 공동 농장 제도인 여전론을 제시하여 공동 소유, 공동 경작을 주장하였다. 또 『목민심서』와 『경세유표』에서 통치자는 백성을 위해 존재해야 하며, 권력은 본래 백성으로부터 나온 것이라고 주장하였다.

① 만적
② 정약용
③ 홍경래
④ 이익

13. 다음에서 설명하는 윤리서는?

> 모범적인 충신 · 효자 · 열녀 등의 행적을 그림으로 그리고 설명한 윤리서

고등학교 졸업학력 검정고시 모의고사

① 국조오례의　　② 앙부일구
③ 삼강행실도　　④ 혼천의

14. 흥선 대원군의 정책으로 옳은 것을 〈보기〉에서 고른 것은?

〈보기〉

ㄱ. 『북학의』를 저술하였다.
ㄴ. 의정부와 삼군부의 기능을 회복시켰다.
ㄷ. 『대전회통』, 『육전조례』 등의 법전을 편찬하였다.

① ㄱ, ㄴ　　② ㄴ, ㄷ
③ ㄱ, ㄷ　　④ ㄱ, ㄴ, ㄷ

15. 다음에서 ㉠에 들어갈 사건은?

〈　㉠　의 전개 과정〉

　제너럴셔먼호 사건을 구실로 미국이 강화도를 침공 → 광성보 등지에서 격전이 벌어졌고 어재연 장군이 활약하였으나 전사 → 흥선대원군이 척화비를 세움

① 병자호란　　② 이자겸의 난
③ 봉오동 전투　　④ 신미양요

16. 다음에서 설명하는 것은?

• 배경 : 조선이 일본과 조약을 맺자 미국은 일본에 알선을 요청, 러시아 남하에 대응해 미국과 연합해야 한다는 『조선책략』이 지식층에 유포
• 내용 : 거중조정(상호 안전 보장), 치외법권, 최혜국 대우(최초) 등
• 의의 : 서양과 맺은 최초의 조약으로 처음으로 최혜국 대우를 규정, 불평등 조약

① 을미사변　　② 갑오개혁
③ 갑신정변　　④ 조·미 수호 통상 조약

17. 다음에서 ㉠에 들어갈 단체는?

철수 : 영희야, 　㉠　의 활동에 대해 궁금해. 가르쳐 줄 수 있니?
영희 : 　㉠　는 '대조선 독립 협회 회보'를 간행하고 토론회를 열었어. 또한 '만민 공동회'를 열어 자주 국권 운동을 전개했지. 그리고 '관민 공동회'를 개최하여 '헌의 6조'를 건의하였어.

① 근우회　　② 황국 협회
③ 독립 협회　　④ 조선 형평사

18. 다음에서 설명하는 단체는?

• 국권 회복과 공화정체의 근대 국민 국가 건설을 목표로 함
• 안창호, 양기탁 등이 중심이 되어 실력 양성 운동을 전개함
• 대성 학교와 오산 학교 등을 세워 민족주의 교육을 실시함

① 신민회　　② 한국 광복군
③ 의정부　　④ 조선어 학회

19. 다음이 설명하는 일제의 식민지 지배 정책은?

• 목적 : 전국 토지의 소유권을 조사하여 식민 통치에 필요한 재정(지세)을 확보하고, 아울러 방대한 토지를 점탈하려는 것
• 내용 : 기한부 신고제와 증거주의에 입각한 복잡한 신고 절차로 인해 대규모의 미신고 토지가 발생함

① 회사령 실시　　② 중추원 설치
③ 산미 증식 계획 시행　　④ 토지 조사 사업 실시

20. 다음에서 설명하는 단체는?

> • 결성 : 국민 대표 회의 이후 침체된 대한민국 임시 정부의 상황을 타개하기 위하여 김구가 조직
> • 목표 : 일제 요인 암살과 파괴 공작을 통해 일제 타도를 추구

① 독립군 　　　　② 의열단
③ 승정원 　　　　④ 한인 애국단

21. 다음에서 설명하는 학생 운동은?

> • 순종의 인산일을 계기로 격문을 살포하고 시위 운동 전개
> • 민족 유일당을 결성할 수 있는 공감대를 형성함

① 6 · 10 만세 운동 　　　② 광주 학생 항일 운동
③ 민립 대학 설립 운동 　　④ 물산 장려 운동

22. 다음에서 설명하는 것은?

> • 배경 : 3 · 15 부정 선거
> • 과정 : 학생, 시민 들의 주도로 시위가 전국적으로 확대
> • 결과 : 이승만 대통령 하야

① 브나로드 운동 　　　② 진보당 사건
③ 4 · 19 혁명 　　　　④ 농촌 진흥 운동

23. 다음과 관련된 사건은?

> • 인천 상륙 작전
> • 유엔군의 참전, 중공군의 개입

① 농지 개혁 　　　　② 병인양요
③ 6 · 25 전쟁 　　　④ 대한민국 정부 수립

24. 김영삼 정부 시기에 있었던 일로 옳은 것은?

① 10 · 4 남북 공동 선언 　② 서울 올림픽 개최
③ 햇볕 정책 추진 　　　　④ 금융 실명제 실시

25. 다음에서 ㉠에 들어갈 것은?

> 제분, 제당, 면방직 공업의 원료인 밀가루, 설탕, 면화 등이 모두 흰색이어서 이 세 가지 산업을 　㉠　 이라고 불렀다.

① 정경 유착 　　　　② 기간산업
③ 경공업 　　　　　④ 삼백 산업

> ※ 확인사항
> 답을 OMR 카드의 해당란에 정확히 표기하였는가?

제 ⑦ 교시　　도　덕

수험번호 (　　　　　　　　　)　　　성　명 (　　　　　　　　　)

※ 다음 물음에 대한 가장 옳은 답을 하나만 골라, OMR 답안지에 정확히 표기하시오.

01. 다음 쟁점들을 다루는 윤리 분야로 가장 적절한 것은?

> • 인간이 존재하는 한 기후 변화 문제는 해결 가능한가?
> • 미래 세대에 대한 생태계 책임을 어떻게 질 것인가?

① 생명 윤리　　　　② 환경 윤리
③ 사회 윤리　　　　④ 평화 윤리

02. 다음의 주장을 펼친 사상가는?

> • 쾌락의 양만이 아니라 그 질적인 차이도 고려해야 한다.
> • 정상적인 인간이라면 누구나 질적으로 높고 고상한 쾌락을 추구할 것이라고 보았다.

① 벤담　　　　② 칸트
③ 밀　　　　④ 니부어

03. ㉠에 들어갈 내용으로 옳지 <u>않은</u> 것은?

> A : 동양 사상에서 죽음에 대한 견해는 무엇일까?
> B : (　　　　㉠　　　　)

① 삶과 죽음은 차별이 없으니 죽음에 초연해야 해.
② 죽음은 기가 흩어지는 것이야.
③ 죽음은 현실의 세계로부터 벗어나 또 다른 세계로 윤회하게 됨을 의미해.
④ 영혼은 죽음을 통해 이데아의 세계로 들어가.

04. 다음 중 도덕적 탐구의 중요성에 대해 옳은 것을 〈보기〉에서 고른 것은?

> 〈보기〉
> ㄱ. 다양한 윤리 문제를 해결할 수 있다.
> ㄴ. 역지사지의 마음을 비워갈 수 있다.
> ㄷ. 도덕적으로 살아가는 데 필요한 윤리적 가치관을 세울 수 있다.
> ㄹ. 생활 속에서 자신의 가치관을 무시할 수 있다.

① ㄱ, ㄴ　　　　② ㄱ, ㄷ
③ ㄴ, ㄷ　　　　④ ㄷ, ㄹ

05. (가), (나)에 들어갈 내용으로 적절하지 <u>않은</u> 것은?

> 주제 : 인공 임신 중절을 허용해야 하는가?
> 찬성 논거 : (가)
> 반대 논거 : (나)

① (가) : 태아는 인간이 아니다.
② (가) : 여성은 자기 몸에 대한 소유권을 지닌다.
③ (나) : 여성은 자기 방어와 정당방위의 권리를 지닌다.
④ (나) : 태아 역시 생명으로써 존엄성을 가지므로 보호해야 한다.

06. 다음에서 설명하는 사상은 무엇인가?

> 생명 개체에만 초점을 맞추는 개체 중심적인 환경 윤리를 비판한다.

① 생태 중심주의　　　　② 동물 중심주의
③ 사회 중심주의　　　　④ 인간 중심주의

07. 다음에서 강조하는 윤리적 접근은?

> • 정의 윤리와 상호 보완적인 관계를 맺는 윤리로 배려, 공감, 유대감, 책임감을 강조
> • 정의 중심의 추상적 도덕 원리로 해결할 수 없는 윤리 문제를 해결하는데 도움을 줌

① 배려 윤리적 접근   ② 덕 윤리적 접근
③ 의무론적 접근   ④ 공리주의적 접근

08. 다음을 주장한 사상가의 관점으로 옳지 <u>않은</u> 것은?

> 개인은 이성을 통해 자신의 이기적 충동을 충분히 억제할 수 있다. 그러나 집단의 이기적 충동은 아무리 강한 내면적 억제를 통해서도 완전히 제어할 수 없다. 따라서 집단의 이기성을 효과적으로 견제하기 위해서는 도덕적 · 합리적 설득에 강제적 수단이 추가되어야 한다. 다만 강제적 수단은 도덕성을 바탕으로 해야 한다.

① 개인의 이기심은 집단 속에서 더 악화된 형태로 나타나게 되어 있다.
② 개인의 양심 회복이 사회 문제 해결의 유일한 방법이다.
③ 사회의 구조가 잘못되어 있는데 개인에게만 올바르게 살아가라고 요구하기 어렵다.
④ 정의 실현을 위할 지라도 도덕적 통제를 받는 정치적 강제력은 사용해서는 안 된다.

09. 유교윤리의 특징으로 옳지 <u>않은</u> 것을 〈보기〉에서 고른 것은?

> 〈 보기 〉
> ㄱ. 번뇌의 유지를 통한 도덕적 인격 완성과 도덕적 이상 사회의 실현을 추구한다.
> ㄴ. 인(仁)은 타고난 내면적 도덕성이다.
> ㄷ. 삼단(三端)이라는 선한 마음이 누구에게나 주어져 있다.
> ㄹ. 지속적으로 수양하면 누구나 도덕적으로 완성된 인간이 될 수 있다고 본다.
> ㅁ. 친구 사이에는 믿음이 있어야 한다.

① ㄱ, ㄴ   ② ㄱ, ㄷ
③ ㄴ, ㄷ, ㄹ   ④ ㄴ, ㄹ, ㅁ

10. 다음 중 시민 불복종의 정당화 조건으로 가장 옳은 것은?

① 최선의 수단이어야 한다.
② 최대한 처벌을 피해야 한다.
③ 때에 따라서는 폭력적 방법도 가능하다.
④ 행위 목적의 정당성이 충족되어야 한다.

11. 다음 중 불교 윤리의 입장이 <u>아닌</u> 것은?

① 모든 존재와 현상에는 일정한 원인[因]과 조건[緣]이 있다는 것을 강조한다.
② 영원한 진리를 깨달아 모든 번뇌의 속박과 고통에서 벗어난 평온한 상태를 추구한다.
③ 보살만이 진리에 대한 깨달음을 얻을 수 있다.
④ 생명 경시 풍조나 생태계 문제 해결에 기여할 수 있다.

12. 다음에서 소개하는 윤리 사상가는?

> • 이분법적 세계관에 입각하였다.
> • 인간과 자연의 관계를 인식 주체와 인식 대상으로 설정하였다.
> • 자연을 단순한 물질 또는 기계로 파악함으로써 도덕적 고려의 대상에서 제외했다.

① 칸트   ② 데카르트
③ 베이컨   ④ 밀

고등학교 졸업학력 검정고시 모의고사

13. 다음에서 설명하고 있는 사상은?

> • 올바른 품성
> • 윤리적 가치 중시
> • 참여 예술론
> • 예술의 사회성 강조

① 예술도덕주의   ② 예술지상주의
③ 참선   ④ 예술의 상업화

14. 다음 설명에 해당하는 정보 사회의 윤리적 문제점은?

> 사이버 공간에서 상대방이 원하지 않는 언어, 이미지 등을 이용하여 정신적·심리적 피해를 주는 행위

① 사이버 폭력   ② 사생활 침해
③ 보이스 피싱   ④ 정보 격차

15. 다음에서 동물 중심주의 윤리의 관점에만 '√'를 표시한 학생은?

관점＼학생	A	B	C	D
• 동물 복지와 권리의 향상을 강조한다.	√	√		√
• 도덕적 고려의 기준을 쾌고 감수 능력으로 본다.		√	√	√
• 내재적 가치를 갖는 대상은 수단이 아닌 목적으로 대우해야 한다.	√	√	√	

① A   ② B
③ C   ④ D

16. 다음은 한 학생의 서술형 평가 답안이다. 밑줄 친 ㉠ ~㉢ 중 옳지 <u>않은</u> 것은?

> 문제 : 과학 기술의 혜택과 문제점에 대해 서술하시오.
>
> 〈학생 답안〉
> 과학기술은 인류가 ㉠시공간적 제약에서 벗어날 수 있게 해 주었다. 한편 ㉡인간의 주체성을 약화시키고 비인간화 현상을 초래하고, 기술의 발달에 따른 ㉢과도한 생산과 소비로 쓰레기가 대량으로 발생한다. 그러나 ㉣과학 기술은 윤리적 평가의 대상이 되기는 어렵다.

① ㉠   ② ㉡
③ ㉢   ④ ㉣

17. 합리적 소비의 설명으로 옳은 것은?

① 자신의 경제력 밖에서 가장 큰 만족을 추구하는 소비
② 개인의 경제적 이익이나 만족감을 중시하는 소비
③ 저임금으로 인한 노동자 인권 향상에 도움이 되는 소비
④ 윤리적 가치 판단에 따른 소비

18. 성의 자기 결정권을 남용했을 때 생기는 윤리적 문제를 〈보기〉에서 고른 것은?

> 〈보기〉
> ㄱ. 서로의 인격과 자기 결정권을 존중한다.
> ㄴ. 타인이 갖는 성의 자기 결정권을 침해할 수 있다.
> ㄷ. 원치 않는 임신으로 사회 문제를 발생시킬 수 있다.
> ㄹ. 타인의 강요로써 자신의 성적 행동을 결정하지 않는다.

① ㄱ, ㄴ   ② ㄴ, ㄷ
③ ㄴ, ㄹ   ④ ㄷ, ㄹ

19. ㉠, ㉡에 들어갈 말이 옳게 짝지어진 것은?

㉠	형제자매가 서로 우애 있게 지내는 방법

ⓛ	자애와 효도의 덕목

	㉠	㉡
①	혼전신성	부자유친
②	입신양명	불감훼상
③	형우제공	부자자효
④	입신양명	형우제공

20. 다음 주장을 한 윤리 사상가는?

> 군주는 백성의 생업을 마련해 주고 이 때 반드시 위로는 부모를 섬기기에 충분하게 하고 아래로는 식구를 먹여 살릴 만하게 하여, 풍년에는 언제나 배부르고 흉년에는 죽음을 면하게 해야 한다. 그 후에 백성을 선한 길로 유도해야 백성이 따르기 쉽다.

① 맹자 ② 장자
③ 공자 ④ 노자

21. 국가의 공적 활동에 대하여 시민 참여가 필요한 이유에 대해서 적절하지 <u>않은</u> 것은?

① 민주주의 사회에서는 시민이 주인이기 때문이다.
② 참여는 시민의 의사를 실질적으로 반영할 수 있는 기회를 제공한다.
③ 국가 권력의 집행을 무조건 견제할 수 있다.
④ 공동체의 문제를 협력적으로 해결하여 발전할 수 있다.

22. 직업인과 직업인이 지녀야 할 바람직한 자세가 적절하지 <u>않은</u> 것은?

① 기업가 : 법적 테두리 내에서 건전한 이윤을 추구해야 한다.
② 기업가 : 공익을 추구하는 등 사회적 책임을 다해야 한다.
③ 근로자 : 근로 계약에 따라 자신의 업무를 성실하게 수행해야 한다.
④ 전문직 : 자신의 직업에 필요한 전문 지식과 기술만 축적하면 된다.

23. 사회 통합의 실현 방안으로 적절한 것을 〈보기〉에서 고른 것은?

> ───〈보기〉───
> ㄱ. 상호 존중과 신뢰에 바탕을 둔 소통
> ㄴ. 개인의 이익이 공동선과 조화
> ㄷ. 공청회, 설명회 등을 법제화

① ㄱ, ㄴ ② ㄴ, ㄷ
③ ㄱ, ㄷ ④ ㄱ, ㄴ, ㄷ

24. ㉠에 들어갈 용어로 가장 적절한 것은?

> 노직은 해외 원조에 대하여 (㉠)의 관점을 제시하였다. 그에 따르면 개인은 자신의 부를 어떻게 이용할 것인지는 전적으로 개인의 자유이기 때문에 해외 원조나 기부를 실천해야 할 윤리적 의무는 존재하지 않는다고 주장하였다.

① 의무 ② 자선
③ 도덕 ④ 양심

25. 내부적인 통일 기반 조성을 위한 것으로 옳지 <u>않은</u> 것은?

① 안보 기반의 구축과 신뢰 형성을 위한 노력을 병행한다.
② 국민적 이해와 합의를 도출하여 평화적 통일을 위한 체계적인 준비를 한다.
③ 국제적 통일 기반 구축을 위해 이해관계 아래 놓인 국제 사회와 협력한다.
④ 북한 주민의 인권을 강화하기 위해 군사 경계 인식을 강화한다.

> ※ 확인사항
> 답을 OMR 카드의 해당란에 정확히 표기하였는가?

Challenges are what make life interesting;
overcoming them is what makes life meaningful.
도전은 인생을 흥미롭게 만들며,
도전의 극복이 인생을 의미있게 한다.

– 조슈아 J. 마린(Joshua J. Marine)

좋은 결과 있길 SISCOM이 응원합니다.

OMR 카드

고등학교 졸업학력 검정고시 모의고사 답안지

성명(한글):　　　　　제 (　　　) 교시　　　　과목명:

감독관 작성란

감독관 확인
서 명
결시자 표기
O
(※ 결시자일 경우만 감독관이 표기)

※ **결시자의** 답안지는 감독관이 직접 성명, 교시, 수험번호, (1), (2)와 교시 표기란 및 결시자 표기란에 반드시 컴퓨터용 싸인펜으로 표기하시기 바랍니다.

수험번호 / 과목코드

(1)						
(2) 수험번호 (1) 과일치되도록표기하시오	⓪	⓪	⓪	⓪	⓪	⓪
	①	①	①	①	①	①
	②	②	②	②	②	②
	③	③	③	③	③	③
	④	④	④	④	④	④
	⑤	⑤	⑤	⑤	⑤	⑤
	⑥	⑥	⑥	⑥	⑥	⑥
	⑦	⑦	⑦	⑦	⑦	⑦
	⑧	⑧	⑧	⑧	⑧	⑧
	⑨	⑨	⑨	⑨	⑨	⑨

교시 표기란

① ② ③ ④ ⑤ ⑥ ⑦

답란

문항	답란				문항	답란			
1	①	②	③	④	11	①	②	③	④
2	①	②	③	④	12	①	②	③	④
3	①	②	③	④	13	①	②	③	④
4	①	②	③	④	14	①	②	③	④
5	①	②	③	④	15	①	②	③	④
6	①	②	③	④	16	①	②	③	④
7	①	②	③	④	17	①	②	③	④
8	①	②	③	④	18	①	②	③	④
9	①	②	③	④	19	①	②	③	④
10	①	②	③	④	20	①	②	③	④
					21	①	②	③	④
					22	①	②	③	④
					23	①	②	③	④
					24	①	②	③	④
					25	①	②	③	④

〈답안지 작성요령〉

1. 성명과 과목명은 응시원서에 기재된 내용과 동일하게 기재하세요.
2. 교시 표기란에는 해당교시의 번호에 ●표 하세요.
3. 수험번호 (1)란에는 아라비아 숫자를 기입하고 (2)란에는 해당번호에 ●표 하세요.
4. 반드시 컴퓨터용 흑색 수성 싸인펜을 사용하여 문항별로 정답 하나만을 해당번호에 아래 보기 ㉠과 같이 명확하게 표기해야 하며, 보기 ㉡과 같이 잘못 표기하거나 다음의 경우는 무효처리될 수 있습니다.
   - 동일문항에 컴퓨터용 흑색 수성 싸인펜 표기(아래 보기 ㉠) 외에 기타의 기구(컴퓨터용 수성 싸인펜 포함)로 아래 보기 ㉡과 같이 이중 표기한 경우
   - 이미 표기한 것을 수정 또는 칼로 긁는 등 답안지를 훼손시킨 경우

※ 보기 : ㉠ 정상답안 표기 : ① ② ● ④　　㉡ 무효처리 답안 표기 : ⊘ ⊘ ⊘ ⊗ ⊘

[주의] 본 답안지는 실전 연습용이므로 실제와는 다소 차이가 있을 수 있습니다.

OMR 카드

고등학교 졸업학력 검정고시 모의고사 답안지

성명(한글):　　　　　제 (　　　) 교시　　　　　과목명:

감독관 작성란

감독관 확인
서 명
결시자 표기
0
(※ 결시자일 경우만 감독관이 표기)

※ **결시자의** 답안지는 감독관이 직접 성명, 교시, 수험번호, (1), (2) 와 교시 표기란 및 결시자 표기란에 반드시 컴퓨터용 싸인펜으로 표기하시기 바랍니다.

수험번호 / 과목코드

(1)

(2) 수험번호 (1) 과 일치되도록 표기하시오

0	0	0	0	0	0
1	1	1	1	1	1
2	2	2	2	2	2
3	3	3	3	3	3
4	4	4	4	4	4
5	5	5	5	5	5
6	6	6	6	6	6
7	7	7	7	7	7
8	8	8	8	8	8
9	9	9	9	9	9

교시 표기란

① ② ③ ④ ⑤ ⑥ ⑦

문항	답란
1	① ② ③ ④
2	① ② ③ ④
3	① ② ③ ④
4	① ② ③ ④
5	① ② ③ ④
6	① ② ③ ④
7	① ② ③ ④
8	① ② ③ ④
9	① ② ③ ④
10	① ② ③ ④

문항	답란
11	① ② ③ ④
12	① ② ③ ④
13	① ② ③ ④
14	① ② ③ ④
15	① ② ③ ④
16	① ② ③ ④
17	① ② ③ ④
18	① ② ③ ④
19	① ② ③ ④
20	① ② ③ ④
21	① ② ③ ④
22	① ② ③ ④
23	① ② ③ ④
24	① ② ③ ④
25	① ② ③ ④

〈답안지 작성요령〉

1. 성명과 과목명은 응시원서에 기재된 내용과 동일하게 기재하세요.
2. 교시 표기란에는 해당교시의 번호에 ●표 하세요.
3. 수험번호 (1)란에는 아라비아 숫자를 기입하고 (2)란에는 해당번호에 ●표 하세요.
4. 반드시 컴퓨터용 흑색 수성 싸인펜을 사용하여 문항별로 정답 하나만을 해당번호에 아래 보기 ㉠과 같이 명확하게 표기해야 하며, 보기 ㉡과 같이 잘못 표기하거나 다음의 경우는 무효처리될 수 있습니다.
   - 동일문항에 컴퓨터용 흑색 수성 싸인펜 표기(아래 보기 ㉠) 외에 기타의 기구(컴퓨터용 수성 싸인펜 포함)로 아래 보기 ㉡과 같이 이중 표기한 경우
   - 이미 표기한 것을 수정 또는 칼로 긁는 등 답안지를 훼손시킨 경우

※ 보기 : ㉠ 정상답안 표기 : ① ② ● ④　　㉡ 무효처리 답안 표기 : ⊘ ◐ ① ⊗ ⊖

[주의] 본 답안지는 실전 연습용이므로 실제와는 다소 차이가 있을 수 있습니다.

시스컴 SISCOM

OMR 카드

고등학교 졸업학력 검정고시 모의고사 답안지

성명(한글):　　　　　제 (　　　) 교시　　　　　과목명:

감독관 작성란
감독관 확인
서 명
결시자 표기
O
(※ 결시자일 경우만 감독관이 표기)

※ **결시자**의 답안지는 감독관이 직접 성명, 교시, 수험번호, (1), (2)와 교시 표기란 및 결시자 표기란에 반드시 컴퓨터용 싸인펜으로 표기하시기 바랍니다.

수험번호 / 과목코드

(1)							
(2) 수험번호 (1) 과 일치되도록 표기하시오	⓪	⓪	⓪	⓪	⓪	⓪
	①	①	①	①	①	①
	②	②	②	②	②	②
	③	③	③	③	③	③
	④	④	④	④	④	④
	⑤	⑤	⑤	⑤	⑤	⑤
	⑥	⑥	⑥	⑥	⑥	⑥
	⑦	⑦	⑦	⑦	⑦	⑦
	⑧	⑧	⑧	⑧	⑧	⑧
	⑨	⑨	⑨	⑨	⑨	⑨

교시 표기란

① ② ③ ④ ⑤ ⑥ ⑦

답란

문항	답란				문항	답란			
1	①	②	③	④	11	①	②	③	④
2	①	②	③	④	12	①	②	③	④
3	①	②	③	④	13	①	②	③	④
4	①	②	③	④	14	①	②	③	④
5	①	②	③	④	15	①	②	③	④
6	①	②	③	④	16	①	②	③	④
7	①	②	③	④	17	①	②	③	④
8	①	②	③	④	18	①	②	③	④
9	①	②	③	④	19	①	②	③	④
10	①	②	③	④	20	①	②	③	④
					21	①	②	③	④
					22	①	②	③	④
					23	①	②	③	④
					24	①	②	③	④
					25	①	②	③	④

〈답안지 작성요령〉

1. 성명과 과목명은 응시원서에 기재된 내용과 동일하게 기재하세요.
2. 교시 표기란에는 해당교시의 번호에 ●표 하세요.
3. 수험번호 ⑴란에는 아라비아 숫자를 기입하고 ⑵란에는 해당번호에 ●표 하세요.
4. 반드시 컴퓨터용 흑색 수성 싸인펜을 사용하여 문항별로 정답 하나만을 해당번호에 아래 보기 ㉠과 같이 명확하게 표기해야 하며, 보기 ㉡과 같이 잘못 표기하거나 다음의 경우는 무효처리될 수 있습니다.
   - 동일문항에 컴퓨터용 흑색 수성 싸인펜 표기(아래 보기 ㉠) 외에 기타의 기구(컴퓨터용 수성 싸인펜 포함)로 아래 보기 ㉡과 같이 이중 표기한 경우
   - 이미 표기한 것을 수정 또는 칼로 긁는 등 답안지를 훼손시킨 경우

※ 보기 : ㉠ 정상답안 표기 : ① ② ● ④　　㉡ 무효처리 답안 표기 : ⦸ ⦶ ⦷ ⊗ ⦹

[주의] 본 답안지는 실전 연습용이므로 실제와는 다소 차이가 있을 수 있습니다.

OMR 카드

고등학교 졸업학력 검정고시 모의고사 답안지

성명(한글):　　　　제 (　　　) 교시　　　과목명:

감독관 작성란

감독관 확인
서 명
결시자 표기 0 (※ 결시자일 경우만 감독관이 표기)

※ **결시자**의 답안지는 감독관이 직접 성명, 교시, 수험번호, (1), (2)와 교시 표기란 및 결시자 표기란에 반드시 컴퓨터용 싸인펜으로 표기하시기 바랍니다.

수험번호 / 과목코드

(1)

(2) 수험번호 (1) 과 일치되도록 표기하시오

0	0	0	0	0	0
1	1	1	1	1	1
2	2	2	2	2	2
3	3	3	3	3	3
4	4	4	4	4	4
5	5	5	5	5	5
6	6	6	6	6	6
7	7	7	7	7	7
8	8	8	8	8	8
9	9	9	9	9	9

교시 표기란

① ② ③ ④ ⑤ ⑥ ⑦

문항	답 란	문항	답 란
1	① ② ③ ④	11	① ② ③ ④
2	① ② ③ ④	12	① ② ③ ④
3	① ② ③ ④	13	① ② ③ ④
4	① ② ③ ④	14	① ② ③ ④
5	① ② ③ ④	15	① ② ③ ④
6	① ② ③ ④	16	① ② ③ ④
7	① ② ③ ④	17	① ② ③ ④
8	① ② ③ ④	18	① ② ③ ④
9	① ② ③ ④	19	① ② ③ ④
10	① ② ③ ④	20	① ② ③ ④
		21	① ② ③ ④
		22	① ② ③ ④
		23	① ② ③ ④
		24	① ② ③ ④
		25	① ② ③ ④

〈답안지 작성요령〉

1. 성명과 과목명은 응시원서에 기재된 내용과 동일하게 기재하세요.
2. 교시 표기란에는 해당교시의 번호에 ●표 하세요.
3. 수험번호 (1)란에는 아라비아 숫자를 기입하고 (2)란에는 해당번호에 ●표 하세요.
4. 반드시 컴퓨터용 흑색 수성 싸인펜을 사용하여 문항별로 정답 하나만을 해당번호에 아래 보기 ㉠과 같이 명확하게 표기해야 하며, 보기 ㉡과 같이 잘못 표기하거나 다음의 경우는 무효처리될 수 있습니다.
   - 동일문항에 컴퓨터용 흑색 수성 싸인펜 표기(아래 보기 ㉠) 외에 기타의 기구(컴퓨터용 수성 싸인펜 포함)로 아래 보기 ㉡과 같이 이중 표기한 경우
   - 이미 표기한 것을 수정 또는 칼로 긁는 등 답안지를 훼손시킨 경우

※ 보기 : ㉠ 정상답안 표기 : ① ② ● ④　　㉡ 무효처리 답안 표기 : ⊘ ◍ ◑ ⊗ ☑

[주의] 본 답안지는 실전 연습용이므로 실제와는 다소 차이가 있을 수 있습니다.

OMR 카드

고등학교 졸업학력 검정고시 모의고사 답안지

성명(한글):　　　　　제 (　　　) 교시　　　　　과목명:

감독관 작성란

감독관 확인
서 명
결시자 표기
O
(※ 결시자일 경우만 감독관이 표기)

※ **결시자의** 답안지는 감독관이 직접 성명, 교시, 수험번호, (1), (2)와 교시 표기란 및 결시자 표기란에 반드시 컴퓨터용 싸인펜으로 표기하시기 바랍니다.

수험번호 / 과목코드

(1)						
(2) 수험번호 (1) 과 일 치 되 도 록 표 기 하 시 오	0	0	0	0	0	0
	1	1	1	1	1	1
	2	2	2	2	2	2
	3	3	3	3	3	3
	4	4	4	4	4	4
	5	5	5	5	5	5
	6	6	6	6	6	6
	7	7	7	7	7	7
	8	8	8	8	8	8
	9	9	9	9	9	9

교시 표기란

① ② ③ ④ ⑤ ⑥ ⑦

답란

문항	답 란				문항	답 란			
1	①	②	③	④	11	①	②	③	④
2	①	②	③	④	12	①	②	③	④
3	①	②	③	④	13	①	②	③	④
4	①	②	③	④	14	①	②	③	④
5	①	②	③	④	15	①	②	③	④
6	①	②	③	④	16	①	②	③	④
7	①	②	③	④	17	①	②	③	④
8	①	②	③	④	18	①	②	③	④
9	①	②	③	④	19	①	②	③	④
10	①	②	③	④	20	①	②	③	④
					21	①	②	③	④
					22	①	②	③	④
					23	①	②	③	④
					24	①	②	③	④
					25	①	②	③	④

〈답안지 작성요령〉

1. 성명과 과목명은 응시원서에 기재된 내용과 동일하게 기재하세요.
2. 교시 표기란에는 해당교시의 번호에 ●표 하세요.
3. 수험번호 (1)란에는 아라비아 숫자를 기입하고 (2)란에는 해당번호에 ●표 하세요.
4. 반드시 컴퓨터용 흑색 수성 싸인펜을 사용하여 문항별로 정답 하나만을 해당번호에 아래 보기 ㉠과 같이 명확하게 표기해야 하며, 보기 ㉡과 같이 잘못 표기하거나 다음의 경우는 무효처리될 수 있습니다.
   – 동일문항에 컴퓨터용 흑색 수성 싸인펜 표기(아래 보기 ㉠) 외에 기타의 기구(컴퓨터용 수성 싸인펜 포함)로 아래 보기 ㉡과 같이 이중 표기한 경우
   – 이미 표기한 것을 수정 또는 칼로 긁는 등 답안지를 훼손시킨 경우

※ 보기 : ㉠ 정상답안 표기 : ① ② ● ④　　㉡ 무효처리 답안 표기 : ⊖ ⊘ ∅ ⊗ ⊖

[주의] 본 답안지는 실전 연습용이므로 실제와는 다소 차이가 있을 수 있습니다.

SISCOM

OMR 카드

고등학교 졸업학력 검정고시 모의고사 답안지

성명(한글):　　　　제 (　　　) 교시　　　　과목명:

감독관 작성란

감독관 확인
서 명
결시자 표기
O
(※ 결시자일 경우만 감독관이 표기)

※ **결시자의 답안지는 감독관이 직접 성명, 교시, 수험번호, (1), (2)와 교시 표기란 및 결시자 표기란에 반드시 컴퓨터용 싸인펜으로 표기하시기 바랍니다.**

수 험 번 호 / 과 목 코 드

(1)

(2) 수험번호 (1)과 일치되도록 표기하시오

각 자리: ⓪ ① ② ③ ④ ⑤ ⑥ ⑦ ⑧ ⑨

교시 표기란

① ② ③ ④ ⑤ ⑥ ⑦

답란

문항	답 란				문항	답 란			
1	①	②	③	④	11	①	②	③	④
2	①	②	③	④	12	①	②	③	④
3	①	②	③	④	13	①	②	③	④
4	①	②	③	④	14	①	②	③	④
5	①	②	③	④	15	①	②	③	④
6	①	②	③	④	16	①	②	③	④
7	①	②	③	④	17	①	②	③	④
8	①	②	③	④	18	①	②	③	④
9	①	②	③	④	19	①	②	③	④
10	①	②	③	④	20	①	②	③	④
					21	①	②	③	④
					22	①	②	③	④
					23	①	②	③	④
					24	①	②	③	④
					25	①	②	③	④

〈답안지 작성요령〉

1. 성명과 과목명은 응시원서에 기재된 내용과 동일하게 기재하세요.
2. 교시 표기란에는 해당교시의 번호에 ●표 하세요.
3. 수험번호 (1)란에는 아라비아 숫자를 기입하고 (2)란에는 해당번호에 ●표 하세요.
4. 반드시 컴퓨터용 흑색 수성 싸인펜을 사용하여 문항별로 정답 하나만을 해당번호에 아래 보기 ㉠과 같이 명확하게 표기해야 하며, 보기 ㉡과 같이 잘못 표기하거나 다음의 경우는 무효처리될 수 있습니다.
   - 동일문항에 컴퓨터용 흑색 수성 싸인펜 표기(아래 보기 ㉠) 외에 기타의 기구(컴퓨터용 수성 싸인펜 포함)로 아래 보기 ㉡과 같이 이중 표기한 경우
   - 이미 표기한 것을 수정 또는 칼로 긁는 등 답안지를 훼손시킨 경우

※ 보기 : ㉠ 정상답안 표기 : ① ② ● ④　　　㉡ 무효처리 답안 표기 : ⊙ ⊘ ❶ ⊗ ⊖

[주의] 본 답안지는 실전 연습용이므로 실제와는 다소 차이가 있을 수 있습니다.

OMR 카드

고등학교 졸업학력 검정고시 모의고사 답안지

성명(한글):　　　　제 (　　　) 교시　　　　과목명:

감독관 작성란

감독관 확인
서 명
결시자 표기
0
(※ 결시자일 경우만 감독관이 표기)

※ **결시자의** 답안지는 감독관이 직접 성명, 교시, 수험번호, (1), (2)와 교시 표기란 및 결시자 표기란에 반드시 컴퓨터용 싸인펜으로 표기하시기 바랍니다.

수험번호 / 과목코드

(1)

(2) 수험번호 (1) 과 일치되도록 표기하시오

0	0	0	0	0	0
1	1	1	1	1	1
2	2	2	2	2	2
3	3	3	3	3	3
4	4	4	4	4	4
5	5	5	5	5	5
6	6	6	6	6	6
7	7	7	7	7	7
8	8	8	8	8	8
9	9	9	9	9	9

교시 표기란

① ② ③ ④ ⑤ ⑥ ⑦

답란

문항	답 란	문항	답 란
1	① ② ③ ④	11	① ② ③ ④
2	① ② ③ ④	12	① ② ③ ④
3	① ② ③ ④	13	① ② ③ ④
4	① ② ③ ④	14	① ② ③ ④
5	① ② ③ ④	15	① ② ③ ④
6	① ② ③ ④	16	① ② ③ ④
7	① ② ③ ④	17	① ② ③ ④
8	① ② ③ ④	18	① ② ③ ④
9	① ② ③ ④	19	① ② ③ ④
10	① ② ③ ④	20	① ② ③ ④
		21	① ② ③ ④
		22	① ② ③ ④
		23	① ② ③ ④
		24	① ② ③ ④
		25	① ② ③ ④

〈답안지 작성요령〉

1. 성명과 과목명은 응시원서에 기재된 내용과 동일하게 기재하세요.
2. 교시 표기란에는 해당교시의 번호에 ●표 하세요.
3. 수험번호 (1)란에는 아라비아 숫자를 기입하고 (2)란에는 해당번호에 ●표 하세요.
4. 반드시 컴퓨터용 흑색 수성 싸인펜을 사용하여 문항별로 정답 하나만을 해당번호에 아래 보기 ㉠과 같이 명확하게 표기해야 하며, 보기 ㉡과 같이 잘못 표기하거나 다음의 경우는 무효처리될 수 있습니다.
   - 동일문항에 컴퓨터용 흑색 수성 싸인펜 표기(아래 보기 ㉠) 외에 기타의 기구(컴퓨터용 수성 싸인펜 포함)로 아래 보기 ㉡과 같이 이중 표기한 경우
   - 이미 표기한 것을 수정 또는 칼로 긁는 등 답안지를 훼손시킨 경우

※ 보기 : ㉠ 정상답안 표기 : ① ② ● ④　　㉡ 무효처리 답안 표기 : ⊘ ◑ ① ⊗ ◐

[주의] 본 답안지는 실전 연습용이므로 실제와는 다소 차이가 있을 수 있습니다.

OMR 카드

고등학교 졸업학력 검정고시 모의고사 답안지

성명(한글):　　　　제 (　　　) 교시　　　　과목명:

감독관 작성란

감독관 작성란
감독관 확인
서 명
결시자 표기
O
(※ 결시자일 경우만 감독관이 표기)

※ **결시자**의 답안지는 감독관이 직접 성명, 교시, 수험번호, (1), (2)와 교시 표기란 및 결시자 표기란에 반드시 컴퓨터용 싸인펜으로 표기하시기 바랍니다.

수험번호 / 과목코드

(1)

(2) 수험번호 (1) 과 일치되도록 표기하시오

0	0	0	0	0	0
1	1	1	1	1	1
2	2	2	2	2	2
3	3	3	3	3	3
4	4	4	4	4	4
5	5	5	5	5	5
6	6	6	6	6	6
7	7	7	7	7	7
8	8	8	8	8	8
9	9	9	9	9	9

교시 표기란

① ② ③ ④ ⑤ ⑥ ⑦

답란

문항	답 란	문항	답 란
1	① ② ③ ④	11	① ② ③ ④
2	① ② ③ ④	12	① ② ③ ④
3	① ② ③ ④	13	① ② ③ ④
4	① ② ③ ④	14	① ② ③ ④
5	① ② ③ ④	15	① ② ③ ④
6	① ② ③ ④	16	① ② ③ ④
7	① ② ③ ④	17	① ② ③ ④
8	① ② ③ ④	18	① ② ③ ④
9	① ② ③ ④	19	① ② ③ ④
10	① ② ③ ④	20	① ② ③ ④
		21	① ② ③ ④
		22	① ② ③ ④
		23	① ② ③ ④
		24	① ② ③ ④
		25	① ② ③ ④

〈답안지 작성요령〉

1. 성명과 과목명은 응시원서에 기재된 내용과 동일하게 기재하세요.
2. 교시 표기란에는 해당교시의 번호에 ●표 하세요.
3. 수험번호 (1)란에는 아라비아 숫자를 기입하고 (2)란에는 해당번호에 ●표 하세요.
4. 반드시 컴퓨터용 흑색 수성 싸인펜을 사용하여 문항별로 정답 하나만을 해당번호에 아래 보기 ㉠과 같이 명확하게 표기해야 하며, 보기 ㉡과 같이 잘못 표기하거나 다음의 경우는 무효처리될 수 있습니다.
   - 동일문항에 컴퓨터용 흑색 수성 싸인펜 표기(아래 보기 ㉠) 외에 기타의 기구(컴퓨터용 수성 싸인펜 포함)로 아래 보기 ㉡과 같이 이중 표기한 경우
   - 이미 표기한 것을 수정 또는 칼로 긁는 등 답안지를 훼손시킨 경우

※ 보기 : ㉠ 정상답안 표기 : ① ② ● ④　　㉡ 무효처리 답안 표기 : ⦶ ⦷ ⦸ ⦹ ⦺

[주의] 본 답안지는 실전 연습용이므로 실제와는 다소 차이가 있을 수 있습니다.

OMR 카드

고등학교 졸업학력 검정고시 모의고사 답안지

성명(한글):　　　　　　제 (　　　) 교시　　　　과목명:

감독관 작성란

감독관 확인
서 명
결시자 표기
O
(※ 결시자일 경우만 감독관이 표기)

※ **결시자의** 답안지는 감독관이 직접 성명, 교시, 수험번호, (1), (2) 와 교시 표기란 및 결시자 표기란에 반드시 컴퓨터용 싸인펜으로 표기하시기 바랍니다.

수험번호 / 과목코드

(1)						
(2) 수험번호 (1) 과 일 치 되 도 록 표 기 하 시 오	⓪	⓪	⓪	⓪	⓪	⓪
	①	①	①	①	①	①
	②	②	②	②	②	②
	③	③	③	③	③	③
	④	④	④	④	④	④
	⑤	⑤	⑤	⑤	⑤	⑤
	⑥	⑥	⑥	⑥	⑥	⑥
	⑦	⑦	⑦	⑦	⑦	⑦
	⑧	⑧	⑧	⑧	⑧	⑧
	⑨	⑨	⑨	⑨	⑨	⑨

교시 표기란

① ② ③ ④ ⑤ ⑥ ⑦

답란

문항	답란				문항	답란			
1	①	②	③	④	11	①	②	③	④
2	①	②	③	④	12	①	②	③	④
3	①	②	③	④	13	①	②	③	④
4	①	②	③	④	14	①	②	③	④
5	①	②	③	④	15	①	②	③	④
6	①	②	③	④	16	①	②	③	④
7	①	②	③	④	17	①	②	③	④
8	①	②	③	④	18	①	②	③	④
9	①	②	③	④	19	①	②	③	④
10	①	②	③	④	20	①	②	③	④
					21	①	②	③	④
					22	①	②	③	④
					23	①	②	③	④
					24	①	②	③	④
					25	①	②	③	④

〈답안지 작성요령〉

1. 성명과 과목명은 응시원서에 기재된 내용과 동일하게 기재하세요.
2. 교시 표기란에는 해당교시의 번호에 ●표 하세요.
3. 수험번호 (1)란에는 아라비아 숫자를 기입하고 (2)란에는 해당번호에 ●표 하세요.
4. 반드시 컴퓨터용 흑색 수성 싸인펜을 사용하여 문항별로 정답 하나만을 해당번호에 아래 보기 ㉠과 같이 명확하게 표기해야 하며, 보기 ㉡과 같이 잘못 표기하거나 다음의 경우는 무효처리될 수 있습니다.
   − 동일문항에 컴퓨터용 흑색 수성 싸인펜 표기(아래 보기 ㉠) 외에 기타의　기구(컴퓨터용 수성 싸인펜 포함)로 아래 보기 ㉡과 같이 이중 표기한 경우
   − 이미 표기한 것을 수정 또는 칼로 긁는 등 답안지를 훼손시킨 경우

※ 보기 : ㉠ 정상답안 표기 : ① ② ● ④　　㉡ 무효처리 답안 표기 : ⊘ ⦸ ⦶ ⊗ ⦵

[주의] 본 답안지는 실전 연습용이므로 실제와는 다소 차이가 있을 수 있습니다.

OMR 카드

고등학교 졸업학력 검정고시 모의고사 답안지

성명(한글):　　　　　제 (　　　) 교시　　　　　과목명:

감독관 작성란

감독관 확인
서 명
결시자 표기
O (※ 결시자일 경우만 감독관이 표기)

※ **결시자**의 답안지는 감독관이 직접 성명, 교시, 수험번호, (1), (2)와 교시 표기란 및 결시자 표기란에 반드시 컴퓨터용 싸인펜으로 표기하시기 바랍니다.

수험번호 / 과목코드

(1) 　

(2) 수험번호(1)과 일치되도록 표기하시오

0	0	0	0	0	0
1	1	1	1	1	1
2	2	2	2	2	2
3	3	3	3	3	3
4	4	4	4	4	4
5	5	5	5	5	5
6	6	6	6	6	6
7	7	7	7	7	7
8	8	8	8	8	8
9	9	9	9	9	9

교시 표기란

① ② ③ ④ ⑤ ⑥ ⑦

답란

문항	답 란
1	① ② ③ ④
2	① ② ③ ④
3	① ② ③ ④
4	① ② ③ ④
5	① ② ③ ④
6	① ② ③ ④
7	① ② ③ ④
8	① ② ③ ④
9	① ② ③ ④
10	① ② ③ ④
11	① ② ③ ④
12	① ② ③ ④
13	① ② ③ ④
14	① ② ③ ④
15	① ② ③ ④
16	① ② ③ ④
17	① ② ③ ④
18	① ② ③ ④
19	① ② ③ ④
20	① ② ③ ④
21	① ② ③ ④
22	① ② ③ ④
23	① ② ③ ④
24	① ② ③ ④
25	① ② ③ ④

〈답안지 작성요령〉

1. 성명과 과목명은 응시원서에 기재된 내용과 동일하게 기재하세요.
2. 교시 표기란에는 해당교시의 번호에 ●표 하세요.
3. 수험번호 (1)란에는 아라비아 숫자를 기입하고 (2)란에는 해당번호에 ●표 하세요.
4. 반드시 컴퓨터용 흑색 수성 싸인펜을 사용하여 문항별로 정답 하나만을 해당번호에 아래 보기 ㉠과 같이 명확하게 표기해야 하며, 보기 ㉡과 같이 잘못 표기하거나 다음의 경우는 무효처리될 수 있습니다.
　– 동일문항에 컴퓨터용 흑색 수성 싸인펜 표기(아래 보기 ㉠) 외에 기타의 기구(컴퓨터용 수성 싸인펜 포함)로 아래 보기 ㉡과 같이 이중 표기한 경우
　– 이미 표기한 것을 수정 또는 칼로 긁는 등 답안지를 훼손시킨 경우
※ 보기 : ㉠ 정상답안 표기 : ① ② ● ④　　㉡ 무효처리 답안 표기 : ⦶ ⦸ ⦷ ⦹ ⦺

시스컴
SISCOM

[주의] 본 답안지는 실전 연습용이므로 실제와는 다소 차이가 있을 수 있습니다.

OMR 카드

고등학교 졸업학력 검정고시 모의고사 답안지

성명(한글):　　　　　제 (　　　) 교시　　　　　과목명:

※ **결시자의** 답안지는 감독관이 직접 성명, 교시, 수험번호, (1), (2)와 교시 표기란 및 결시자 표기란에 반드시 컴퓨터용 싸인펜으로 표기하시기 바랍니다.

수험번호 / 과목코드

(1)						

(2) 수험번호 (1) 과 일치되도록 표기하시오

0	0	0	0	0	0
1	1	1	1	1	1
2	2	2	2	2	2
3	3	3	3	3	3
4	4	4	4	4	4
5	5	5	5	5	5
6	6	6	6	6	6
7	7	7	7	7	7
8	8	8	8	8	8
9	9	9	9	9	9

교시 표기란

① ② ③ ④ ⑤ ⑥ ⑦

답란

문항	답 란				문항	답 란			
1	①	②	③	④	11	①	②	③	④
2	①	②	③	④	12	①	②	③	④
3	①	②	③	④	13	①	②	③	④
4	①	②	③	④	14	①	②	③	④
5	①	②	③	④	15	①	②	③	④
6	①	②	③	④	16	①	②	③	④
7	①	②	③	④	17	①	②	③	④
8	①	②	③	④	18	①	②	③	④
9	①	②	③	④	19	①	②	③	④
10	①	②	③	④	20	①	②	③	④
					21	①	②	③	④
					22	①	②	③	④
					23	①	②	③	④
					24	①	②	③	④
					25	①	②	③	④

〈답안지 작성요령〉
1. 성명과 과목명은 응시원서에 기재된 내용과 동일하게 기재하세요.
2. 교시 표기란에는 해당교시의 번호에 ● 표 하세요.
3. 수험번호 (1)란에는 아라비아 숫자를 기입하고 (2)란에는 해당번호에 ● 표 하세요.
4. 반드시 컴퓨터용 흑색 수성 싸인펜을 사용하여 문항별로 정답 하나만을 해당번호에 아래 보기 ㉠과 같이 명확하게 표기해야 하며, 보기 ㉡과 같이 잘못 표기하거나 다음의 경우는 무효처리될 수 있습니다.
　− 동일문항에 컴퓨터용 흑색 수성 싸인펜 표기(아래 보기 ㉠) 외에 기타의 기구(컴퓨터용 수성 싸인펜 포함)로 아래 보기 ㉡과 같이 이중 표기한 경우
　− 이미 표기한 것을 수정 또는 칼로 긁는 등 답안지를 훼손시킨 경우
※ 보기 : ㉠ 정상답안 표기 : ① ② ● ④　　㉡ 무효처리 답안 표기 : ○ ○ ○ ⊗ ○

[주의] 본 답안지는 실전 연습용이므로 실제와는 다소 차이가 있을 수 있습니다.

OMR 카드

고등학교 졸업학력 검정고시 모의고사 답안지

성명(한글):　　　　제 (　　　) 교시　　　　과목명:

감독관 작성란

감독관 확인
서 명
결시자 표기
0
(※ 결시자일 경우만 감독관이 표기)

※ **결시자**의 답안지는 감독관이 직접 성명, 교시, 수험번호, (1), (2)와 교시 표기란 및 결시자 표기란에 반드시 컴퓨터용 싸인펜으로 표기하시기 바랍니다.

수험번호 / 과목코드

(1)

(2) 수험번호 (1) 과 일치되도록 표기하시오

0	0	0	0	0	0
1	1	1	1	1	1
2	2	2	2	2	2
3	3	3	3	3	3
4	4	4	4	4	4
5	5	5	5	5	5
6	6	6	6	6	6
7	7	7	7	7	7
8	8	8	8	8	8
9	9	9	9	9	9

교시 표기란

① ② ③ ④ ⑤ ⑥ ⑦

문항	답 란
1	① ② ③ ④
2	① ② ③ ④
3	① ② ③ ④
4	① ② ③ ④
5	① ② ③ ④
6	① ② ③ ④
7	① ② ③ ④
8	① ② ③ ④
9	① ② ③ ④
10	① ② ③ ④

문항	답 란
11	① ② ③ ④
12	① ② ③ ④
13	① ② ③ ④
14	① ② ③ ④
15	① ② ③ ④
16	① ② ③ ④
17	① ② ③ ④
18	① ② ③ ④
19	① ② ③ ④
20	① ② ③ ④
21	① ② ③ ④
22	① ② ③ ④
23	① ② ③ ④
24	① ② ③ ④
25	① ② ③ ④

〈답안지 작성요령〉

1. 성명과 과목명은 응시원서에 기재된 내용과 동일하게 기재하세요.
2. 교시 표기란에는 해당교시의 번호에 ●표 하세요.
3. 수험번호 (1)란에는 아라비아 숫자를 기입하고 (2)란에는 해당번호에 ●표 하세요.
4. 반드시 컴퓨터용 흑색 수성 싸인펜을 사용하여 문항별로 정답 하나만을 해당번호에 아래 보기 ㉠과 같이 명확하게 표기해야 하며, 보기 ㉡과 같이 잘못 표기하거나 다음의 경우는 무효처리될 수 있습니다.
   - 동일문항에 컴퓨터용 흑색 수성 싸인펜 표기(아래 보기 ㉠) 외에 기타의　기구(컴퓨터용 수성 싸인펜 포함)로 아래 보기 ㉡과 같이 이중 표기한 경우
   - 이미 표기한 것을 수정 또는 칼로 긁는 등 답안지를 훼손시킨 경우

※ 보기 : ㉠ 정상답안 표기 : ① ② ● ④　　㉡ 무효처리 답안 표기 : ⊘ ⬭ ⬗ ⊗ ⬯

[주의] 본 답안지는 실전 연습용이므로 실제와는 다소 차이가 있을 수 있습니다.

OMR 카드

고등학교 졸업학력 검정고시 모의고사 답안지

성명(한글):　　　　　제 (　　　) 교시　　　　　과목명:

감독관 작성란

감독관 확인
서 명
결시자 표기
O
(※ 결시자일 경우만 감독관이 표기)

※ **결시자**의 답안지는 감독관이 직접 성명, 교시, 수험번호, (1), (2)와 교시 표기란 및 결시자 표기란에 반드시 컴퓨터용 싸인펜으로 표기하시기 바랍니다.

수험번호 / 과목코드

(1)

(2) 수험번호 (1) 과 일치되도록 표기하시오

0	0	0	0	0	0
1	1	1	1	1	1
2	2	2	2	2	2
3	3	3	3	3	3
4	4	4	4	4	4
5	5	5	5	5	5
6	6	6	6	6	6
7	7	7	7	7	7
8	8	8	8	8	8
9	9	9	9	9	9

교시 표기란

① ② ③ ④ ⑤ ⑥ ⑦

답란

문항	답란				문항	답란			
1	①	②	③	④	11	①	②	③	④
2	①	②	③	④	12	①	②	③	④
3	①	②	③	④	13	①	②	③	④
4	①	②	③	④	14	①	②	③	④
5	①	②	③	④	15	①	②	③	④
6	①	②	③	④	16	①	②	③	④
7	①	②	③	④	17	①	②	③	④
8	①	②	③	④	18	①	②	③	④
9	①	②	③	④	19	①	②	③	④
10	①	②	③	④	20	①	②	③	④
					21	①	②	③	④
					22	①	②	③	④
					23	①	②	③	④
					24	①	②	③	④
					25	①	②	③	④

〈답안지 작성요령〉

1. 성명과 과목명은 응시원서에 기재된 내용과 동일하게 기재하세요.
2. 교시 표기란에는 해당교시의 번호에 ●표 하세요.
3. 수험번호 (1)란에는 아라비아 숫자를 기입하고 (2)란에는 해당번호에 ●표 하세요.
4. 반드시 컴퓨터용 흑색 수성 싸인펜을 사용하여 문항별로 정답 하나만을 해당번호에 아래 보기 ㉠과 같이 명확하게 표기해야 하며, 보기 ㉡과 같이 잘못 표기하거나 다음의 경우는 무효처리될 수 있습니다.
   – 동일문항에 컴퓨터용 흑색 수성 싸인펜 표기(아래 보기 ㉠) 외에 기타의　기구(컴퓨터용 수성 싸인펜 포함)로 아래 보기 ㉡과 같이 이중 표기한 경우
   – 이미 표기한 것을 수정 또는 칼로 긁는 등 답안지를 훼손시킨 경우

※ 보기 : ㉠ 정상답안 표기 : ① ② ● ④　　㉡ 무효처리 답안 표기 : ⊖ ⊘ ∅ ⊗ ⊙

[주의] 본 답안지는 실전 연습용이므로 실제와는 다소 차이가 있을 수 있습니다.

OMR 카드

고등학교 졸업학력 검정고시 모의고사 답안지

성명(한글):　　　　　제 (　　　) 교시　　　　　과목명:

감독관 작성란

감독관 확인
서 명
결시자 표기
0
(※ 결시자일 경우만 감독관이 표기)

※ **결시자**의 답안지는 감독관이 직접 성명, 교시, 수험번호, (1), (2)와 교시 표기란 및 결시자 표기란에 반드시 컴퓨터용 싸인펜으로 표기하시기 바랍니다.

수 험 번 호 / 과 목 코 드

(1)

(2) 수험번호 (1) 과 일치되도록 표기하시오

⓪	⓪	⓪	⓪	⓪	⓪
①	①	①	①	①	①
②	②	②	②	②	②
③	③	③	③	③	③
④	④	④	④	④	④
⑤	⑤	⑤	⑤	⑤	⑤
⑥	⑥	⑥	⑥	⑥	⑥
⑦	⑦	⑦	⑦	⑦	⑦
⑧	⑧	⑧	⑧	⑧	⑧
⑨	⑨	⑨	⑨	⑨	⑨

교시 표기란

① ② ③ ④ ⑤ ⑥ ⑦

문항	답 란	문항	답 란
1	① ② ③ ④	11	① ② ③ ④
2	① ② ③ ④	12	① ② ③ ④
3	① ② ③ ④	13	① ② ③ ④
4	① ② ③ ④	14	① ② ③ ④
5	① ② ③ ④	15	① ② ③ ④
6	① ② ③ ④	16	① ② ③ ④
7	① ② ③ ④	17	① ② ③ ④
8	① ② ③ ④	18	① ② ③ ④
9	① ② ③ ④	19	① ② ③ ④
10	① ② ③ ④	20	① ② ③ ④
		21	① ② ③ ④
		22	① ② ③ ④
		23	① ② ③ ④
		24	① ② ③ ④
		25	① ② ③ ④

〈답안지 작성요령〉

1. 성명과 과목명은 응시원서에 기재된 내용과 동일하게 기재하세요.
2. 교시 표기란에는 해당교시의 번호에 ●표 하세요.
3. 수험번호 (1)란에는 아라비아 숫자를 기입하고 (2)란에는 해당번호에 ●표 하세요.
4. 반드시 컴퓨터용 흑색 수성 싸인펜을 사용하여 문항별로 정답 하나만을 해당번호에 아래 보기 ㉠과 같이 명확하게 표기해야 하며, 보기 ㉡과 같이 잘못 표기하거나 다음의 경우는 무효처리될 수 있습니다.
   - 동일문항에 컴퓨터용 흑색 수성 싸인펜 표기(아래 보기 ㉠) 외에 기타의　기구(컴퓨터용 수성 싸인펜 포함)로 아래 보기 ㉡과 같이 이중 표기한 경우
   - 이미 표기한 것을 수정 또는 칼로 긁는 등 답안지를 훼손시킨 경우

※ 보기 : ㉠ 정상답안 표기 : ① ② ● ④　　㉡ 무효처리 답안 표기 : ⊘ ◑ ▯ ⊗ ⊖

[주의] 본 답안지는 실전 연습용이므로 실제와는 다소 차이가 있을 수 있습니다.

OMR 카드

고등학교 졸업학력 검정고시 모의고사 답안지

성명(한글):　　　　　제 (　　　) 교시　　　　　과목명:

감독관 작성란

감독관 확인
서 명
결시자 표기
O
(※ 결시자일 경우만 감독관이 표기)

※ **결시자**의 답안지는 감독관이 직접 성명, 교시, 수험번호, (1), (2)와 교시 표기란 및 결시자 표기란에 반드시 컴퓨터용 싸인펜으로 표기하시기 바랍니다.

수험번호 / 과목코드

(1)						
(2) 수험번호 (1) 과 일 치 되 도 록 표 기 하 시 오	0	0	0	0	0	0
	1	1	1	1	1	1
	2	2	2	2	2	2
	3	3	3	3	3	3
	4	4	4	4	4	4
	5	5	5	5	5	5
	6	6	6	6	6	6
	7	7	7	7	7	7
	8	8	8	8	8	8
	9	9	9	9	9	9

교시 표기란

① ② ③ ④ ⑤ ⑥ ⑦

답란

문항	답 란				문항	답 란			
1	①	②	③	④	11	①	②	③	④
2	①	②	③	④	12	①	②	③	④
3	①	②	③	④	13	①	②	③	④
4	①	②	③	④	14	①	②	③	④
5	①	②	③	④	15	①	②	③	④
6	①	②	③	④	16	①	②	③	④
7	①	②	③	④	17	①	②	③	④
8	①	②	③	④	18	①	②	③	④
9	①	②	③	④	19	①	②	③	④
10	①	②	③	④	20	①	②	③	④
					21	①	②	③	④
					22	①	②	③	④
					23	①	②	③	④
					24	①	②	③	④
					25	①	②	③	④

〈답안지 작성요령〉

1. 성명과 과목명은 응시원서에 기재된 내용과 동일하게 기재하세요.
2. 교시 표기란에는 해당교시의 번호에 ●표 하세요.
3. 수험번호 (1)란에는 아라비아 숫자를 기입하고 (2)란에는 해당번호에 ●표 하세요.
4. 반드시 컴퓨터용 흑색 수성 싸인펜을 사용하여 문항별로 정답 하나만을 해당번호에 아래 보기 ㉠과 같이 명확하게 표기해야 하며, 보기 ㉡과 같이 잘못 표기하거나 다음의 경우는 무효처리될 수 있습니다.
   - 동일문항에 컴퓨터용 흑색 수성 싸인펜 표기(아래 보기 ㉠) 외에 기타의　기구(컴퓨터용 수성 싸인펜 포함)로 아래 보기 ㉡과 같이 이중 표기한 경우
   - 이미 표기한 것을 수정 또는 칼로 긁는 등 답안지를 훼손시킨 경우

※ 보기 : ㉠ 정상답안 표기 : ① ② ● ④　　㉡ 무효처리 답안 표기 : 

[주의] 본 답안지는 실전 연습용이므로 실제와는 다소 차이가 있을 수 있습니다.

OMR 카드

고등학교 졸업학력 검정고시 모의고사 답안지

성명(한글):　　　　　제 (　　　) 교시　　　　　과목명:

감독관 작성란

감독관 작성란
감독관 확인
서 명
결시자 표기
O
(※ 결시자일 경우만 감독관이 표기)

※ **결시자**의 답안지는 감독관이 직접 성명, 교시, 수험번호, (1), (2) 와 교시 표기란 및 결시자 표기란에 반드시 컴퓨터용 싸인펜으로 표기하시기 바랍니다.

수험번호 / 과목코드

(1)							
(2) 수험번호 (1) 과일치되도록표기하시오	0	0	0	0	0	0
	1	1	1	1	1	1
	2	2	2	2	2	2
	3	3	3	3	3	3
	4	4	4	4	4	4
	5	5	5	5	5	5
	6	6	6	6	6	6
	7	7	7	7	7	7
	8	8	8	8	8	8
	9	9	9	9	9	9

교시 표기란

① ② ③ ④ ⑤ ⑥ ⑦

답란

문항	답란				문항	답란			
1	①	②	③	④	11	①	②	③	④
2	①	②	③	④	12	①	②	③	④
3	①	②	③	④	13	①	②	③	④
4	①	②	③	④	14	①	②	③	④
5	①	②	③	④	15	①	②	③	④
6	①	②	③	④	16	①	②	③	④
7	①	②	③	④	17	①	②	③	④
8	①	②	③	④	18	①	②	③	④
9	①	②	③	④	19	①	②	③	④
10	①	②	③	④	20	①	②	③	④
					21	①	②	③	④
					22	①	②	③	④
					23	①	②	③	④
					24	①	②	③	④
					25	①	②	③	④

〈답안지 작성요령〉

1. 성명과 과목명은 응시원서에 기재된 내용과 동일하게 기재하세요.
2. 교시 표기란에는 해당교시의 번호에 ●표 하세요.
3. 수험번호 ⑴란에는 아라비아 숫자를 기입하고 ⑵란에는 해당번호에 ●표 하세요.
4. 반드시 컴퓨터용 흑색 수성 싸인펜을 사용하여 문항별로 정답 하나만을 해당번호에 아래 보기 ㉠과 같이 명확하게 표기해야 하며, 보기 ㉡과 같이 잘못 표기하거나 다음의 경우는 무효처리될 수 있습니다.
   - 동일문항에 컴퓨터용 흑색 수성 싸인펜 표기(아래 보기 ㉠) 외에 기타의 기구(컴퓨터용 수성 싸인펜 포함)로 아래 보기 ㉡과 같이 이중 표기한 경우
   - 이미 표기한 것을 수정 또는 칼로 긁는 등 답안지를 훼손시킨 경우

※ 보기 : ㉠ 정상답안 표기 : ① ② ③ ④　　㉡ 무효처리 답안 표기 : ◑ ◍ ❶ ⊗ ⊙

[주의] 본 답안지는 실전 연습용이므로 실제와는 다소 차이가 있을 수 있습니다.

OMR 카드

고등학교 졸업학력 검정고시 모의고사 답안지

성명(한글):　　　　제 (　　　) 교시　　　　과목명:

감독관 작성란
감독관 확인
서 명
결시자 표기
0
(※ 결시자일 경우만 감독관이 표기)

※ **결시자의** 답안지는 감독관이 직접 성명, 교시, 수험번호, (1), (2) 와 교시 표기란 및 결시자 표기란에 반드시 컴퓨터용 싸인펜으로 표기하시기 바랍니다.

수험번호 / 과목코드

(1)

(2) 수험번호 (1) 과 일치되도록 표기하시오

0	0	0	0	0	0
1	1	1	1	1	1
2	2	2	2	2	2
3	3	3	3	3	3
4	4	4	4	4	4
5	5	5	5	5	5
6	6	6	6	6	6
7	7	7	7	7	7
8	8	8	8	8	8
9	9	9	9	9	9

교시 표기란

① ② ③ ④ ⑤ ⑥ ⑦

문항	답 란				문항	답 란			
1	①	②	③	④	11	①	②	③	④
2	①	②	③	④	12	①	②	③	④
3	①	②	③	④	13	①	②	③	④
4	①	②	③	④	14	①	②	③	④
5	①	②	③	④	15	①	②	③	④
6	①	②	③	④	16	①	②	③	④
7	①	②	③	④	17	①	②	③	④
8	①	②	③	④	18	①	②	③	④
9	①	②	③	④	19	①	②	③	④
10	①	②	③	④	20	①	②	③	④
					21	①	②	③	④
					22	①	②	③	④
					23	①	②	③	④
					24	①	②	③	④
					25	①	②	③	④

〈답안지 작성요령〉

1. 성명과 과목명은 응시원서에 기재된 내용과 동일하게 기재하세요.
2. 교시 표기란에는 해당교시의 번호에 ●표 하세요.
3. 수험번호 (1)란에는 아라비아 숫자를 기입하고 (2)란에는 해당번호에 ●표 하세요.
4. 반드시 컴퓨터용 흑색 수성 싸인펜을 사용하여 문항별로 정답 하나만을 해당번호에 아래 보기 ㉠과 같이 명확하게 표기해야 하며, 보기 ㉡과 같이 잘못 표기하거나 다음의 경우는 무효처리될 수 있습니다.
   - 동일문항에 컴퓨터용 흑색 수성 싸인펜 표기(아래 보기 ㉠) 외에 기타의　기구(컴퓨터용 수성 싸인펜 포함)로 아래 보기 ㉡과 같이 이중 표기한 경우
   - 이미 표기한 것을 수정 또는 칼로 긁는 등 답안지를 훼손시킨 경우
※ 보기 : ㉠ 정상답안 표기 : ① ② ● ④ 　㉡ 무효처리 답안 표기 : ⊙ ◐ ◑ ⊗ ◓

[주의] 본 답안지는 실전 연습용이므로 실제와는 다소 차이가 있을 수 있습니다.

OMR 카드

고등학교 졸업학력 검정고시 모의고사 답안지

성명(한글):　　　　　제 (　　　) 교시　　　　　과목명:

감독관 작성란

감독관 확인
서 명
결시자 표기
O
(※ 결시자일 경우만 감독관이 표기)

※ **결시자**의 답안지는 감독관이 직접 성명, 교시, 수험번호, (1), (2)와 교시 표기란 및 결시자 표기란에 반드시 컴퓨터용 싸인펜으로 표기하시기 바랍니다.

수 험 번 호 / 과 목 코 드

(1)

(2) 수험번호(1)과 일치되도록 표기하시오

0	0	0	0	0	0
1	1	1	1	1	1
2	2	2	2	2	2
3	3	3	3	3	3
4	4	4	4	4	4
5	5	5	5	5	5
6	6	6	6	6	6
7	7	7	7	7	7
8	8	8	8	8	8
9	9	9	9	9	9

교시 표기란

① ② ③ ④ ⑤ ⑥ ⑦

문항	답 란
1	① ② ③ ④
2	① ② ③ ④
3	① ② ③ ④
4	① ② ③ ④
5	① ② ③ ④
6	① ② ③ ④
7	① ② ③ ④
8	① ② ③ ④
9	① ② ③ ④
10	① ② ③ ④
11	① ② ③ ④
12	① ② ③ ④
13	① ② ③ ④
14	① ② ③ ④
15	① ② ③ ④
16	① ② ③ ④
17	① ② ③ ④
18	① ② ③ ④
19	① ② ③ ④
20	① ② ③ ④
21	① ② ③ ④
22	① ② ③ ④
23	① ② ③ ④
24	① ② ③ ④
25	① ② ③ ④

〈답안지 작성요령〉

1. 성명과 과목명은 응시원서에 기재된 내용과 동일하게 기재하세요.
2. 교시 표기란에는 해당교시의 번호에 ●표 하세요.
3. 수험번호 (1)란에는 아라비아 숫자를 기입하고 (2)란에는 해당번호에 ●표 하세요.
4. 반드시 컴퓨터용 흑색 수성 싸인펜을 사용하여 문항별로 정답 하나만을 해당번호에 아래 보기 ㉠과 같이 명확하게 표기해야 하며, 보기 ㉡과 같이 잘못 표기하거나 다음의 경우는 무효처리될 수 있습니다.
   - 동일문항에 컴퓨터용 흑색 수성 싸인펜 표기(아래 보기 ㉠) 외에 기타의 기구(컴퓨터용 수성 싸인펜 포함)로 아래 보기 ㉡과 같이 이중 표기한 경우
   - 이미 표기한 것을 수정 또는 칼로 긁는 등 답안지를 훼손시킨 경우

※ 보기 : ㉠ 정상답안 표기 : ① ② ● ④　　㉡ 무효처리 답안 표기 : (예시 기호들)

[주의] 본 답안지는 실전 연습용이므로 실제와는 다소 차이가 있을 수 있습니다.

OMR 카드

고등학교 졸업학력 검정고시 모의고사 답안지

성명(한글):　　　　　제 (　　) 교시　　　　과목명:

감독관 작성란

감독관 확인
서 명
결시자 표기
0
(※ 결시자일 경우만 감독관이 표기)

※ **결시자**의 답안지는 감독관이 직접 성명, 교시, 수험번호, (1), (2)와 교시 표기란 및 결시자 표기란에 반드시 컴퓨터용 싸인펜으로 표기하시기 바랍니다.

수험번호 / 과목코드

(1)

(2) 수험번호(1) 과일치되도록표기하시오

0	0	0	0	0	0
1	1	1	1	1	1
2	2	2	2	2	2
3	3	3	3	3	3
4	4	4	4	4	4
5	5	5	5	5	5
6	6	6	6	6	6
7	7	7	7	7	7
8	8	8	8	8	8
9	9	9	9	9	9

교시 표기란

① ② ③ ④ ⑤ ⑥ ⑦

답란

문항	답란				문항	답란			
1	①	②	③	④	11	①	②	③	④
2	①	②	③	④	12	①	②	③	④
3	①	②	③	④	13	①	②	③	④
4	①	②	③	④	14	①	②	③	④
5	①	②	③	④	15	①	②	③	④
6	①	②	③	④	16	①	②	③	④
7	①	②	③	④	17	①	②	③	④
8	①	②	③	④	18	①	②	③	④
9	①	②	③	④	19	①	②	③	④
10	①	②	③	④	20	①	②	③	④
					21	①	②	③	④
					22	①	②	③	④
					23	①	②	③	④
					24	①	②	③	④
					25	①	②	③	④

〈답안지 작성요령〉

1. 성명과 과목명은 응시원서에 기재된 내용과 동일하게 기재하세요.
2. 교시 표기란에는 해당교시의 번호에 ●표 하세요.
3. 수험번호 (1)란에는 아라비아 숫자를 기입하고 (2)란에는 해당번호에 ●표 하세요.
4. 반드시 컴퓨터용 흑색 수성 싸인펜을 사용하여 문항별로 정답 하나만을 해당번호에 아래 보기 ㉠과 같이 명확하게 표기해야 하며, 보기 ㉡과 같이 잘못 표기하거나 다음의 경우는 무효처리될 수 있습니다.
   - 동일문항에 컴퓨터용 흑색 수성 싸인펜 표기(아래 보기 ㉠) 외에 기타의 기구(컴퓨터용 수성 싸인펜 포함)로 아래 보기 ㉡과 같이 이중 표기한 경우
   - 이미 표기한 것을 수정 또는 칼로 긁는 등 답안지를 훼손시킨 경우
※ 보기 : ㉠ 정상답안 표기 : ① ② ● ④　　㉡ 무효처리 답안 표기 : ◖ ◗ ❘ ⊗ ◔

[주의] 본 답안지는 실전 연습용이므로 실제와는 다소 차이가 있을 수 있습니다.

OMR 카드

고등학교 졸업학력 검정고시 모의고사 답안지

성명(한글):　　　　　　제 (　　　) 교시　　　　　과목명:

감독관 작성란

감독관 확인
서 명
결시자 표기
O
(※ 결시자일 경우만 감독관이 표기)

※ **결시자의** 답안지는 감독관이 직접 성명, 교시, 수험번호, (1), (2)와 교시 표기란 및 결시자 표기란에 반드시 컴퓨터용 싸인펜으로 표기하시기 바랍니다.

수험번호 / 과목코드

(1)

(2) 수험번호 (1) 과 일치되도록 표기하시오

0	0	0	0	0	0
1	1	1	1	1	1
2	2	2	2	2	2
3	3	3	3	3	3
4	4	4	4	4	4
5	5	5	5	5	5
6	6	6	6	6	6
7	7	7	7	7	7
8	8	8	8	8	8
9	9	9	9	9	9

교시 표기란

① ② ③ ④ ⑤ ⑥ ⑦

답란

문항	답 란
1	① ② ③ ④
2	① ② ③ ④
3	① ② ③ ④
4	① ② ③ ④
5	① ② ③ ④
6	① ② ③ ④
7	① ② ③ ④
8	① ② ③ ④
9	① ② ③ ④
10	① ② ③ ④

문항	답 란
11	① ② ③ ④
12	① ② ③ ④
13	① ② ③ ④
14	① ② ③ ④
15	① ② ③ ④
16	① ② ③ ④
17	① ② ③ ④
18	① ② ③ ④
19	① ② ③ ④
20	① ② ③ ④
21	① ② ③ ④
22	① ② ③ ④
23	① ② ③ ④
24	① ② ③ ④
25	① ② ③ ④

〈답안지 작성요령〉

1. 성명과 과목명은 응시원서에 기재된 내용과 동일하게 기재하세요.
2. 교시 표기란에는 해당교시의 번호에 ●표 하세요.
3. 수험번호 (1)란에는 아라비아 숫자를 기입하고 (2)란에는 해당번호에 ●표 하세요.
4. 반드시 컴퓨터용 흑색 수성 싸인펜을 사용하여 문항별로 정답 하나만을 해당번호에 아래 보기 ㉠과 같이 명확하게 표기해야 하며, 보기 ㉡과 같이 잘못 표기하거나 다음의 경우는 무효처리될 수 있습니다.
   - 동일문항에 컴퓨터용 흑색 수성 싸인펜 표기(아래 보기 ㉠) 외에 기타의 기구(컴퓨터용 수성 싸인펜 포함)로 아래 보기 ㉡과 같이 이중 표기한 경우
   - 이미 표기한 것을 수정 또는 칼로 긁는 등 답안지를 훼손시킨 경우

※ 보기 : ㉠ 정상답안 표기 : ① ② ● ④　　㉡ 무효처리 답안 표기 : ⊘ ⊘ ❶ ⊗ ⊖

[주의] 본 답안지는 실전 연습용이므로 실제와는 다소 차이가 있을 수 있습니다.

OMR 카드

고등학교 졸업학력 검정고시 모의고사 답안지

성명(한글):　　　　　　제 (　　　) 교시　　　　　과목명:

감독관 작성란

감독관 확인
서　명
결시자 표기
0
(※ 결시자일 경우만 감독관이 표기)

※ **결시자의** 답안지는 감독관이 직접 성명, 교시, 수험번호, (1), (2) 와 교시 표기란 및 결시자 표기란에 반드시 컴퓨터용 싸인펜으로 표기하시기 바랍니다.

수험번호 / 과목코드

(1)

(2) 수험번호(1) 과 일치되도록 표기하시오

0	0	0	0	0	0
1	1	1	1	1	1
2	2	2	2	2	2
3	3	3	3	3	3
4	4	4	4	4	4
5	5	5	5	5	5
6	6	6	6	6	6
7	7	7	7	7	7
8	8	8	8	8	8
9	9	9	9	9	9

교시 표기란

① ② ③ ④ ⑤ ⑥ ⑦

답란

문항	답란				문항	답란			
1	①	②	③	④	11	①	②	③	④
2	①	②	③	④	12	①	②	③	④
3	①	②	③	④	13	①	②	③	④
4	①	②	③	④	14	①	②	③	④
5	①	②	③	④	15	①	②	③	④
6	①	②	③	④	16	①	②	③	④
7	①	②	③	④	17	①	②	③	④
8	①	②	③	④	18	①	②	③	④
9	①	②	③	④	19	①	②	③	④
10	①	②	③	④	20	①	②	③	④
					21	①	②	③	④
					22	①	②	③	④
					23	①	②	③	④
					24	①	②	③	④
					25	①	②	③	④

〈답안지 작성요령〉

1. 성명과 과목명은 응시원서에 기재된 내용과 동일하게 기재하세요.
2. 교시 표기란에는 해당교시의 번호에 ●표 하세요.
3. 수험번호 (1)란에는 아라비아 숫자를 기입하고 (2)란에는 해당번호에 ●표 하세요.
4. 반드시 컴퓨터용 흑색 수성 싸인펜을 사용하여 문항별로 정답 하나만을 해당번호에 아래 보기 ㉠과 같이 명확하게 표기해야 하며, 보기 ㉡과 같이 잘못 표기하거나 다음의 경우는 무효처리될 수 있습니다.
   – 동일문항에 컴퓨터용 흑색 수성 싸인펜 표기(아래 보기 ㉠) 외에 기타의 기구(컴퓨터용 수성 싸인펜 포함)로 아래 보기 ㉡과 같이 이중 표기한 경우
   – 이미 표기한 것을 수정 또는 칼로 긁는 등 답안지를 훼손시킨 경우

※ 보기 : ㉠ 정상답안 표기 : ① ② ● ④　　㉡ 무효처리 답안 표기 : ⊃ ⊘ ❘ ⊗ ⊂

[주의] 본 답안지는 실전 연습용이므로 실제와는 다소 차이가 있을 수 있습니다.

OMR 카드

고등학교 졸업학력 검정고시 모의고사 답안지

성명(한글):　　　　　제 (　　　) 교시　　　　　과목명:

감독관 작성란

감독관 확인
서 명
결시자 표기
0
(※ 결시자일 경우만 감독관이 표기)

※ **결시자**의 답안지는 감독관이 직접 성명, 교시, 수험번호, (1), (2)와 교시 표기란 및 결시자 표기란에 반드시 컴퓨터용 싸인펜으로 표기하시기 바랍니다.

수험번호 / 과목코드

(1)

(2) 수험번호(1)과 일치되도록 표기하시오

0	0	0	0	0	0
1	1	1	1	1	1
2	2	2	2	2	2
3	3	3	3	3	3
4	4	4	4	4	4
5	5	5	5	5	5
6	6	6	6	6	6
7	7	7	7	7	7
8	8	8	8	8	8
9	9	9	9	9	9

교시 표기란

① ② ③ ④ ⑤ ⑥ ⑦

답란

문항	답란			
1	①	②	③	④
2	①	②	③	④
3	①	②	③	④
4	①	②	③	④
5	①	②	③	④
6	①	②	③	④
7	①	②	③	④
8	①	②	③	④
9	①	②	③	④
10	①	②	③	④

문항	답란			
11	①	②	③	④
12	①	②	③	④
13	①	②	③	④
14	①	②	③	④
15	①	②	③	④
16	①	②	③	④
17	①	②	③	④
18	①	②	③	④
19	①	②	③	④
20	①	②	③	④
21	①	②	③	④
22	①	②	③	④
23	①	②	③	④
24	①	②	③	④
25	①	②	③	④

〈답안지 작성요령〉

1. 성명과 과목명은 응시원서에 기재된 내용과 동일하게 기재하세요.
2. 교시 표기란에는 해당교시의 번호에 ●표 하세요.
3. 수험번호 (1)란에는 아라비아 숫자를 기입하고 (2)란에는 해당번호에 ●표 하세요.
4. 반드시 컴퓨터용 흑색 수성 싸인펜을 사용하여 문항별로 정답 하나만을 해당번호에 아래 보기 ㉠과 같이 명확하게 표기해야 하며, 보기 ㉡과 같이 잘못 표기하거나 다음의 경우는 무효처리될 수 있습니다.
   - 동일문항에 컴퓨터용 흑색 수성 싸인펜 표기(아래 보기 ㉠) 외에 기타의 기구(컴퓨터용 수성 싸인펜 포함)로 아래 보기 ㉡과 같이 이중 표기한 경우
   - 이미 표기한 것을 수정 또는 칼로 긁는 등 답안지를 훼손시킨 경우

※ 보기 : ㉠ 정상답안 표기 : ① ② ● ④　　㉡ 무효처리 답안 표기 : ⊙ ⊘ ⊖ ⊗ ⊘

[주의] 본 답안지는 실전 연습용이므로 실제와는 다소 차이가 있을 수 있습니다.

OMR 카드

고등학교 졸업학력 검정고시 모의고사 답안지

성명(한글):　　　　　제 (　　　) 교시　　　　　과목명:

감독관 작성란

감독관 확인
서 명
결시자 표기
O
(※ 결시자일 경우만 감독관이 표기)

※ **결시자의** 답안지는 감독관이 직접 성명, 교시, 수험번호, (1), (2)와 교시 표기란 및 결시자 표기란에 반드시 컴퓨터용 싸인펜으로 표기하시기 바랍니다.

수험번호 / 과목코드

(1)

(2) 수험번호 (1) 과 일치되도록 표기하시오

0	0	0	0	0	0
1	1	1	1	1	1
2	2	2	2	2	2
3	3	3	3	3	3
4	4	4	4	4	4
5	5	5	5	5	5
6	6	6	6	6	6
7	7	7	7	7	7
8	8	8	8	8	8
9	9	9	9	9	9

교시 표기란

① ② ③ ④ ⑤ ⑥ ⑦

답란

문항	답 란	문항	답 란
1	① ② ③ ④	11	① ② ③ ④
2	① ② ③ ④	12	① ② ③ ④
3	① ② ③ ④	13	① ② ③ ④
4	① ② ③ ④	14	① ② ③ ④
5	① ② ③ ④	15	① ② ③ ④
6	① ② ③ ④	16	① ② ③ ④
7	① ② ③ ④	17	① ② ③ ④
8	① ② ③ ④	18	① ② ③ ④
9	① ② ③ ④	19	① ② ③ ④
10	① ② ③ ④	20	① ② ③ ④
		21	① ② ③ ④
		22	① ② ③ ④
		23	① ② ③ ④
		24	① ② ③ ④
		25	① ② ③ ④

〈답안지 작성요령〉

1. 성명과 과목명은 응시원서에 기재된 내용과 동일하게 기재하세요.
2. 교시 표기란에는 해당교시의 번호에 ●표 하세요.
3. 수험번호 (1)란에는 아라비아 숫자를 기입하고 (2)란에는 해당번호에 ●표 하세요.
4. 반드시 컴퓨터용 흑색 수성 싸인펜을 사용하여 문항별로 정답 하나만을 해당번호에 아래 보기 ㉠과 같이 명확하게 표기해야 하며, 보기 ㉡과 같이 잘못 표기하거나 다음의 경우는 무효처리될 수 있습니다.
   - 동일문항에 컴퓨터용 흑색 수성 싸인펜 표기(아래 보기 ㉠) 외에 기타의　기구(컴퓨터용 수성 싸인펜 포함)로 아래 보기 ㉡과 같이 이중 표기한 경우
   - 이미 표기한 것을 수정 또는 칼로 긁는 등 답안지를 훼손시킨 경우

※ 보기 : ㉠ 정상답안 표기 : ① ② ● ④　　㉡ 무효처리 답안 표기 : ◓ ◑ ◐ ⊗ ✓

[주의] 본 답안지는 실전 연습용이므로 실제와는 다소 차이가 있을 수 있습니다.

OMR 카드

고등학교 졸업학력 검정고시 모의고사 답안지

성명(한글):   제 (   ) 교시   과목명:

감독관 작성란

감독관 확인
서 명
결시자 표기
0
(※ 결시자일 경우만 감독관이 표기)

※ **결시자의** 답안지는 감독관이 직접 성명, 교시, 수험번호, (1), (2) 와 교시 표기란 및 결시자 표기란에 반드시 컴퓨터용 싸인펜으로 표기하시기 바랍니다.

수험번호/과목코드

(1)

(2) 수험번호 (1) 과 일치되도록 표기하시오

0	0	0	0	0	0
1	1	1	1	1	1
2	2	2	2	2	2
3	3	3	3	3	3
4	4	4	4	4	4
5	5	5	5	5	5
6	6	6	6	6	6
7	7	7	7	7	7
8	8	8	8	8	8
9	9	9	9	9	9

교시 표기란

① ② ③ ④ ⑤ ⑥ ⑦

답란

문항	답란			
1	①	②	③	④
2	①	②	③	④
3	①	②	③	④
4	①	②	③	④
5	①	②	③	④
6	①	②	③	④
7	①	②	③	④
8	①	②	③	④
9	①	②	③	④
10	①	②	③	④

문항	답란			
11	①	②	③	④
12	①	②	③	④
13	①	②	③	④
14	①	②	③	④
15	①	②	③	④
16	①	②	③	④
17	①	②	③	④
18	①	②	③	④
19	①	②	③	④
20	①	②	③	④
21	①	②	③	④
22	①	②	③	④
23	①	②	③	④
24	①	②	③	④
25	①	②	③	④

〈답안지 작성요령〉

1. 성명과 과목명은 응시원서에 기재된 내용과 동일하게 기재하세요.
2. 교시 표기란에는 해당교시의 번호에 ●표 하세요.
3. 수험번호 (1)란에는 아라비아 숫자를 기입하고 (2)란에는 해당번호에 ●표 하세요.
4. 반드시 컴퓨터용 흑색 수성 싸인펜을 사용하여 문항별로 정답 하나만을 해당번호에 아래 보기 ㉠과 같이 명확하게 표기해야 하며, 보기 ㉡과 같이 잘못 표기하거나 다음의 경우는 무효처리될 수 있습니다.
 – 동일문항에 컴퓨터용 흑색 수성 싸인펜 표기(아래 보기 ㉠) 외에 기타의 기구(컴퓨터용 수성 싸인펜 포함)로 아래 보기 ㉡과 같이 이중 표기한 경우
 – 이미 표기한 것을 수정 또는 칼로 긁는 등 답안지를 훼손시킨 경우
 ※ 보기 : ㉠ 정상답안 표기 : ① ② ● ④   ㉡ 무효처리 답안 표기 : ⊘ ◐ ◑ ⊗ ⊘

[주의] 본 답안지는 실전 연습용이므로 실제와는 다소 차이가 있을 수 있습니다.